國家社科基金重大項目（10&ZD104）

上海師範大學古籍整理研究所編
項目首席專家、主編　戴建國
主編　朱易安　傅璇琮　周常林

国家出版基金项目
NATIONAL PUBLICATION FOUNDATION

全宋筆記

第八編　六

大象出版社

顧　　問　王水照　朱瑞熙　徐　規　李裕民

項目首席專家、主編　戴建國

主　　編　朱易安　傅璇琮　周常林

編纂委員會（以姓氏筆畫爲序）

王劉純　朱易安　李亞娜　周常林　俞　鋼　查清華

徐時儀　陳　新　張劍光　傅璇琮　虞雲國　戴建國

目録

⊙羅璧撰

識遺

趙龍整理

點校説明

《識遺》十卷，羅璧撰。羅璧，字子蒼，號默耕，生卒年不詳。《乾隆岳州府志》卷二二《人物志·文苑》載其爲宋末鄉貢，宋亡隱居不仕。關於羅璧籍貫，《四庫全書總目》著爲新安（今安徽黄山市）人，清李元度《天岳山館文鈔》卷三〇《書羅氏識遺後》，力辨其爲平江（今湖南岳阳市）人。考是書卷三《左傳非丘明》之「鄉先達萬見春鎮嘗著論，辨《傳》非丘明作」、卷五《泮水辟雍》之「鄉先達魯寶潭士能，嘗言《泮水》非頌僖公詩」等語，知璧爲平江人，當無疑議。

據羅璧自序，及卷一《成書得書難》條之「宋楊誠齋序《易》」、《文繁省》條之「楊誠齋《挽張魏公詩》」、卷二《三策中原》條之「善乎誠齋之言」等語，《識遺》當初撰於宋代，「歲久成帙」，「暇日因剔繁纂要，萃爲一書」。其間，或因與師友書信往來、切磋學問而被人引用，故明代藏書大家吴岫跋曰：「宋元著述家多援引之。」全書理學傾向十分明顯，尤奉朱子之學。作爲一部考據類筆記，以「考據確而精，論斷審而正，記載書絶高品」，爲後世所稱道。如卷一《成書得書難》條考《古文尚書》之僞，實開宋元人辨僞孔之先河。又如清人嘗辨左氏非丘明，而是書卷三《左傳非丘明》條已然發明。盡管四庫館臣批判是書部分文字有「委巷之談」之嫌，但亦云：「其所説則多引經述史，考訂異同，而不屑爲性命之空談，故其議論，往往精博可取。」肯定羅氏「在講學之家，猶可稱言有根柢矣」。

此次整理，以《學海類編》本爲底本，校以文淵閣《四庫全書》本（簡稱四庫本）、《碧琳琅館叢書》本（簡稱碧琳琅館本）、《芋園叢書》本（簡稱芋園本）、《説郛》本。其他訛誤文字，據有關典籍訂正。整理過程中，吸收了岳麓書社王建、田吉校點本部分成果，謹以致謝。

目録

序

余舊爲册記，凡經傳所得、家庭所講、師友所聞，莫不筆置，以備遺忘。歲久成帙，追憶舊讀，閒于是編有考。暇日因剔繁纂要，萃爲一書，曰《識遺》，庶幾往者之筆力不徒爾。嘿畊羅璧子蒼甫。

卷第一

成書得書難

《易》更四聖而始備；《書》歷二千餘年，存者僅五十八篇【一】；《詩》之删也【二】，夫子十取其一；《春秋》，魯史之名，記者非一人，其後夫子修之，左氏傳之，又其後劉歆、杜預合經傳而一之，然後經以傳明，事以類著。經之成亦難矣！周衰極文之世，晉韓宣子適魯，然後見《易象》與《春秋》；吴季札聘上國，始聞《詩》之風雅頌【三】，楚獨有左史倚相能讀《三墳》、《五典》、《八索》、《九邱》。士生其時，得全見六經者無幾。《商頌》至正考父纔得十二篇于周太師；孔子周旋杞、宋間，欲究夏、商遺禮而不得；劉歆言漢經秦火，書惟有《易》，至孝文時，伏生始口授《尚書》，孝武時，壁出者皆朽腐散絶。《詩》之萌，或傳《雅》，或傳《頌》，合而成《詩》。其後，得書二十篇，以爲《尚書大傳》，謂左氏不傳《春秋》【四】。唐孔穎達曰劉向、班固、劉歆、賈逵、馬融、鄭玄、服虔、杜預，皆不曾見今《尚書》，建安蔡氏謂揚雄亦未見《尚書》。余按：《書》出孔壁者，皆科斗文字，凡二十五篇，號爲「古文」；出伏生口授者，三十四篇，其後夏侯勝等傳之，洛陽石經刻之，漢號「今文」。孔壁初出，孔安國上之官，承詔總

校勘記

【一】僅五十八篇　「僅」下衍「存」，據芋園本删；「五」原闕，據四庫本、碧琳琅館本、芋園本補。

【二】詩之删也　「删」原作「剛」，據四庫本、碧琳琅館本、芋園本改。

【三】風雅　原作「雅歌」，據四庫本改。

【四】左氏　原作「爲」，據碧琳琅館本、芋園本改。

爲五十八篇，作傳。傳成，會國有巫蠱事，不獲上，壁書復湮。行于漢者，伏生三十四篇而已，故壁書世儒多不見。後有張霸者，習聞《書》五十八篇之説，僞造二十五篇，并伏書爲五十八篇。惟劉向父子所著《五行傳》，是其本法【五】。鄭玄注《書》，依用之，多乖異。晉興，壁書漸出，至梅頤爲豫章内史，全得孔書，盡上之，官爲施行，壁書方大傳，猶缺《舜典》。江左蕭齊建武中【六】，姚方興始獻《舜典》，孔傳五十八篇始備。隋開皇間，始流河朔，見《書》疏。但漢武至前晉，凡五百餘年間，歆、向父子披羣書甚精，不應孔書皆不傳，直逮晉始得之，故或者亦疑梅頤之僞【七】。宋楊誠齋序《易》曰：「韓起嘗見《易象》而喜，然起之所見者，羲文之《易》而已，非夫子之《易》也。今乃得見起之所未見。子貢在三千七十之中，嘗嘆夫子之言性與天道不可得而聞。今夫子之《易》，性與天道之言也，乃得聞子貢之所不聞。」其述古人不得多書而讀之，備矣。韓、柳未出，歐陽公得韓文六卷于漢東李堯輔敝篋中，脱落顛倒無次序，乞歸讀之。後官洛陽，與尹師魯補綴方成全書。穆伯長敘柳文謂：「初不全見于世，亡字失句，闕墜爲甚。凡用力二紀，文始成定。」今讀韓、柳者，未必察也。司馬温公《進資治通鑑表》曰：「臣之精力，盡在此書。」又《與宋次道書》曰：「光自到洛之日，專以修《資治通鑑》爲事，於今八年【八】，僅了得晉、宋、齊、梁、陳、隋六代奏御。唐文字尤多，託范夢得將諸書依年月編次爲草卷【九】，每四丈截爲一卷【一〇】，自課三日删一卷，有事故妨廢，以夜補日。自前秋始删【一一】，到今已二百餘卷，纔至大歷末年。向後卷數，增倍於此，共計不減六七百卷【一二】，更須三年方可粗成編。文須細删，所存不過數十卷而已。」公閒居洛十五年，朝

【五】惟劉向父子所著五行傳是其本法　四庫本作「□□緯曹起霸弋釣其中後」。

【六】建武中　「中」，四庫本作「四年」。

【七】梅頤之僞　「僞」原作「意」，據四庫本、碧琳琅館本、芋園本改。

【八】於今八年　「八」原作「六」，據《緯略》卷一二、《苕溪漁隱叢話》後集卷二二改。

【九】託范夢得將諸書依年月編次　「託范」、「依」原闕，據同上補。

【一〇】每四丈　「丈」原闕，據《苕溪漁隱叢話後集》卷二二補。

【一一】自前秋　「自」原闕，據《緯略》卷一二、《苕溪漁隱叢話後集》卷二二改補。

【一二】六七百卷　「七百卷」原闕，據《緯略》卷一二、《苕溪漁隱叢話後集》卷二二補。

廷許開局，自隨辟官授廩，命吏給札，故成此書。使無如許歲月，及官主其上，未必成也。蔡氏云：古書自篆籀變而爲隸，竹簡變而爲縑素，縑素變而爲紙，紙變而爲摹印。摹印便而書益輕，後生童子習見以爲常，與器物等，藏之者祇觀美而已。余謂書少而世不知讀，固可恨；書多而世不知重，尤可恨也。唐末年猶未有摹印，多是傳寫，故古人書不多而精審。作册亦不解線縫，只疊紙成卷，後以幅紙槩黏之，猶今佛老經。其後稍作册子。後唐明宗長興二年，宰相馮道、李愚始令國子監田敏校六經板行之，世方知鐫甚便。宋興，治平以前猶禁擅鐫，必須申請國子監，熙甯後方盡弛此禁。然則士生於後者，何其幸也！

經題籤

題籤經目雖小節，古人亦審。朱文公見題《伊川易傳》者，謂題《周易程氏傳》方是。蓋後傳先經，得尊經之意，且言漢、晉諸儒經注皆如此。余按：古傳《春秋》者三家，而曰《春秋左氏傳》、《春秋公羊傳》、《春秋穀梁傳》，皆先《春秋經》。但先儒又有大名居下之説。大名，《易》、《詩》、《書》、《禮》、《傳》是也。《易》以文王序，加周字；周，岐陽地名，姬先代所封，《詩》曰「周原膴膴」是也。後爲代號，因以名《易》。《書》以上古書，加尚字；孔壁只得虞、夏、商、周之書，孔安國序《書》伏生之下經曰【一三】：以其上古之書謂之《尚書》，則「尚」字伏生加。《詩》以毛萇傳，加毛字；傳《詩》者初四家，曰齊、魯、毛、韓，今之《詩》，傳自漢博士毛萇，因目《詩》曰《毛詩》，以別三家。《禮》述周制，加周字；《禮》出劉

【一三】之下經曰　碧琳琅館本、芋園本作「口授下言」。

歆，題周必歆。《傳》以左氏作，加左字。以别《公》、《穀》，未詳所始。後來班固《漢書》、陳壽《三國志》，皆大名居下，取法于經也。若伏羲始畫八卦，重爲六十四卦，鄭玄以爲神農，孫盛以爲夏禹，史遷以爲文王，惟王弼、孔穎達以爲伏羲所重。蓋《説卦》曰：「昔者聖人之作易也，兼三才而兩之，故《易》六畫而成卦。」伏羲作《易》之人，已言兼三畫六而成卦【一四】，則重卦伏羲無疑也。但上《繫》言伏羲以來之制作十三卦，皆云蓋取，則卦名伏羲前已有矣。矧畫前有易理，且素具乎？况于伏羲前言《易》，皆從曰「聖人」，蓋有深意。薰叔嘗面問朱文公以卦設名之始，公答以無所考。《詩》名之説，或謂國史，或謂子夏、毛萇。而《書·金縢》曰：「公乃爲詩以遺王，名之曰《鴟鴞》。」則詩名乃作者自定，至分爲風、雅、頌，説者以爲始于孔子自衛反魯，樂正雅頌，各得其所，不知吴季札聘魯在孔子未反魯之先，而魯太師已爲札歌風、歌雅、歌頌，則夫子乃衰周之僭禮樂者爾。《周禮》雖有太師掌六詩之説，然先儒謂《禮》出劉歆，則六詩安知非後世依倣而托之者。余按：魯駟詩序曰：「于是季孫行父請命於周，而史克作是頌。」《樂記》曰：人不耐無亂，先王恥其亂，故制雅頌之聲以道之。《史記》曰：「微子過殷墟而作雅。」觀此，則雅、頌亦作者自别也。孔子序《書》以置篇端，始孔安國。《左傳》、《春秋》，初各一書，後劉歆治《左傳》，始取傳文解經，晉杜預註《左傳》，復分經之年與傳之年相附，于是《春秋》、《左傳》二書合爲一。因傳解經，事見《歆傳》；《左傳》、《春秋》合爲一，見杜預《左傳序》。

【一四】兼三畫六　「三」原作「言」，據四庫本改。

筆史

范蔚宗東漢《黄憲傳》述諸人敬慕之説，而憲之美無可尋，至今讀者欽其賢，慕其器。唐史于房、杜解善謀善斷外，事迹亦不多見，但王、魏善諫，英、衛善兵，例推爲房、杜功。項羽殘暴，班固書之曰：「羽西屠咸陽。」曰：「所過無不殘滅，嘗攻襄城，無噍類。」語不激而羽之暴十分著露，此史筆之妙。至於敘列人物傳，褒之者贊，貶之者贊【一五】，稱美者傳無載。按：史著贊，始遷、固，實法《左傳》。《左傳》每于事終斷以「仲尼曰」、「孔子曰」、「君子曰」，故遷、固法而爲贊，「史臣曰」、「太史公曰」、「臣某曰」之類。蓋人非堯、舜，安能盡美？作史之道當爾，勸懲之意因寓焉。蘇老泉曰：馬遷傳廉頗，本傳不載其議閼與之失，而見于《趙奢傳》；傳酈食其，本傳不載其謀撓楚權之繆，而載之《留侯傳》；傳周勃，本傳不載其汗出浹背之恥，而載之《王陵傳》；傳董仲舒，本傳不載其和親之疏，而載之《匈奴傳》。蓋四臣者，功十而過一，不欲因一以疵十，乃與善之意也。論蘇秦曰其智過人，論北宫伯子愛人長者【一六】，班固贊張湯曰推賢揚善。蓋四人者，過十而功一，併其一者廢之，是塞人自新之路而堅其肆惡之心，懲惡不已甚乎！後之讀者甯復識哉！

【一五】貶之者贊　「贊」原闕，據碧琳琅館本、芋園本補。

【一六】北宫伯子　「子」原作「盱」，據四庫本、《史記》卷一二五改。

孔子師

孔子師老聃之説，肇於《莊子》。莊子師老子，故其著書譏侮古今聖賢，獨推老子，甚至假借孔子言語譬之。後來漢儒輯《禮記》，承其言曰：「聞諸老聃。」司馬遷《史記·老子傳》復增許多老子訓誨孔子言語，孔鮒作《家語》，著孔子事實，因據以爲證。《家語》後有晉王肅所加，故益難據信。由是益堅後學之信，不知《莊子》一書多駕空寓言，時去孔子未遠，知天下崇信其學，故託言世之最重者尊其師，庶幾聃之道益隆，此莊子抑孔子、尊老子之迹也。後儒不察《禮記》、《家語》、《史記》出《莊子》後，見孔子萬世師表，不應禮樂無所自來，而問禮老聃一語，又備見諸書，未詳始自《莊子》。不知老子之教主于清靜無爲，其著書厭薄禮學，曰：禮者，忠信之薄而亂之首也。莊子傳其學，從而有掊斗折衡、攘棄仁義、焚符破璽、絶聖棄知等論，則聃之學何禮之可問耶？太史公謂道家虛無爲本，因循爲用，有法無法，有度無度。故後之宗者蕩棄禮法，蓬首垢面，喪酒弔肉，晉代可證已，豈有以禮訓孔子，而勖其徒則廢棄耶？孔子于人之有善，若管仲之仁，子産之惠，皆亟稱不暇，豈有聃其師而故没之耶？故愚爲《莊子》寓言無疑。余嘗謂孔子師表，盍推周公，彼其夢想猶冀見之。孟子去孔子未遠，具曾、思之傳最的，誦孔子泒接不過文、武、周公。使孔子果師聃，于莊子輩爾，聃學之是非莊子述而傳之足矣，何必假孔子言明之？此其借孔子尊師可見也。後之衛道者皆與孔子分説，未以寓言及尊師之意照破莊子之妄爾。若孔子從聃之事，《莊子·外篇》著聃爲周藏史。藏史，書所。或者聃所職多書【一七】，孔子因往問聃焉，容有此理，不然魯論何無一言及聃，而聃之禮何不書傳其後，而甘爲棄名檢蕩禮教之罪人耶？東坡嘗謂莊子雖排孔子，實尊孔子，書末敘百家之學興曰：「譬如耳、目、鼻、口，各有所明，而不能相通。故墨翟、禽滑釐、彭蒙、田駢、慎到、關尹、老聃，以至莊周皆列敘名之，至鄒魯之士、搢紳先生，其在《詩》、《書》、《禮》、《樂》多能明之，則推而不敢斥。」此又可見莊子前之推老聃者，借孔子也。余舊輯《素王事記》，只據諸書纂輯，未暇辨理，今輒附此。

文繁省

司馬遷《史記》敘三千年事，五十萬言；班固漢史敘二百年事【一八】，八十萬言，晉張輔以此優劣班、馬。王逢原解《論語》「夫子爲衛君」章曰：賢兄弟讓，知惡父子爭矣。包咸解「子見齊衰者」章曰：哀有喪，尊有爵，矜不成人。朱文公括「富與貴是人之所欲也」章曰：君子審富貴而安貧賤。視若稽古二萬言者有間矣。《左傳》敘晉獻公殺申生事曰：君非姬氏，居不安，食不飽。《禮記·檀弓》約以四字曰：君安驪姬。《公》、《穀》敘晉使齊事，晉郤克眇、季孫行父禿、衛孫良夫跛、曹公子以手僂【一九】，齊使眇者逆眇者、跛者逆跛者、禿者逆禿者、僂者逆僂者。劉知幾《史通》曰：宜除「眇者」以下句，但云各

【一七】或者　「或」原作「藏」，據四庫本改。

【一八】敘二百年事　「二」原作「一」，據四庫本、《漢書》改。

【一九】晉郤克眇季孫行父禿衛孫良夫跛曹公子　「晉」原作「由」、「衛」原作「季」、「子」原闕，據四庫本、《春秋公羊傳注疏》成公卷一七、《春秋穀梁傳·成公第八》改、補。

以類逆足矣，此句煩也。《漢書》：張蒼年老，口中無齒。《史通》曰：宜去「年」、「口中」三字，但云「老無齒」足矣，此文煩也。朱文公云家藏歐陽公《醉翁亭記》草，前數行鋪叙滁州之山，忽大圈了，但注「環滁皆山也」。梁伍安貧記武陵桃源事曰【二〇】：「洞中人問：今乃何代，後歷幾何。漁人黄道真曰：今晉代，秦後復爲漢、魏矣。」至陶淵明但曰：尚不知有漢，無論魏、晉。司空圖曰：辨于味而後可以言詩，江嶺之南凡資于適口者，若醯非不酸也，止于酸而已；鹺非不鹹也，止于鹹而已。華人以之充饑而遽輟者，知其酸鹹之外，醇矣有所之爾，彼江嶺之人習之而不辨也。東坡約之曰「梅止于酸，鹽止于鹹，飲食不可無鹽、梅，而其美嘗在酸鹹外」，然皆只《中庸》「人莫不飲食也，鮮能知味也」之説。《莊子・山木》篇曰：豐狐、文豹棲于山林，伏于嵒穴，静也；夜行晝居，戒也；雖饑渴隱約，猶且胥疏于江湖之上，求食焉，定也。然且不免于網羅、機辟之患，是何罪之有哉？其皮爲之災也。至《應帝王》篇，但一語曰：虎豹之文來田。《列子》叙少壯老死曰：其在嬰孩，志氣專一，物不傷焉，德莫加焉；其在少壯，則血氣飄逸，欲慮充起，物所攻焉，德故衰焉；其在老耄，則欲慮柔焉，體將休焉，物莫先焉；其在死亡，則之于息矣，反其極矣。《莊子》約以四句曰：大塊載我以形，勞我以生，逸我以老，息我以死。《列子》叙人壽無幾曰：百年，壽之大劑，得百年者千無一焉。設有一者，抱孩以逮昏老居其半；夜眠之所弭，晝覺之所遺，又幾居其半；疾痛、哀苦、亡失、憂懼，又幾居其半，

【二〇】伍安貧　「伍」原闕，據《全唐文》卷七六一、《輿地紀勝》卷六八、《方輿勝覽》卷三〇補。

量十數年之中泰然自得，亡介焉之慮者，亦亡一時之中爾。《莊子》敘此則曰：人上壽百歲，中壽八十，下壽六十，除疾病、死喪、憂患，開口而笑者，一月之中不過四五日而已。視列語明省多少。詩中如介甫「眠分黄犢草」、后山「一身當三千」之句，前輩嘗評其善約。然語簡又須意足，白樂天《壽裴晉公詩》曰【二一】：「聞説風情筋力在，只如初破蔡州時【二二】。」敘其壽康功業三事于兩句中。楊誠齋《挽張魏公詩》曰：「出晝民猶望，回軍敵尚疑。」敘其出督去國，内得人心，外攝夷狄四事于十字中。歐陽公《上杜祁公詩》曰：「貌先年老因憂國，事與心違始乞身。」祁公年四十即髮白，當朝以權倖不悦，未及七十謝事，故祁公謂此兩句道盡他一生心事。所以意足方見簡之工也。歐陽子謂簡而法，惟《春秋》可當之。後學之立言，法乎宋景文修唐史，務簡而奇，如震霆不及掩聰之類，皆以奇而舛。若其猶有未當者，柳子厚《段太尉逸事狀》曰：吾戴吾頭來矣。《宋史》削去下一「吾」字，曰：吾戴頭來矣。河南邵氏謂：去下一「吾」字，戴頭來，果誰頭耶？豈知段之不懼，正以自請一死，詞之工，正在下一「吾」字，此則不詳文義而省者。

書史訛名

堯、舜、禹、湯，或以爲四聖人名，或以爲謚，或以爲號。以爲謚者，謚法始周，古未有也；以爲號者，索之舊説，謂孟子稱堯曰放勳、舜曰都君，屈原稱舜曰重華，孔穎達《尚書

【二一】白樂天　原作「李□」，據《華陽集》附録卷七、《芥隱筆記》、《老學庵筆記》卷一〇改、補。

【二二】聞説風情筋力在只如初破蔡州時　「聞」原作「見」，「州」原作「中」，據同上改。

疏》曰【二三】：《書》遭秦火，《舜典》最後出，江左蕭齊時，姚方興獻《舜典》，「重華」句乃方興所加，不知《離騷》先秦之書已有「嗟重華之不可迕【二四】」、「就重華而陳辭」等語，則孔《疏》亦難盡憑。《尚書中候》稱禹曰文命【二五】。蓋放勳謂堯能依倣上世之功化，重華謂舜繼堯重光，文命謂禹布文德。然則堯、舜、禹、湯爲號無義。名或近是，況堯命舜之辭曰「咨，汝舜」，舜命臣曰「咨，汝禹，若稷契」，則知舜、禹盡名也。湯名，《論語》著曰「予小子履」，《世本》乃謂湯名天乙，皇甫謐《世紀》謂名履字天乙，不知商代帝王以甲、乙、丙、丁爲次，則天乙乃湯别號。至舜命棄爲稷養官也。在當時以稷與禹、皋陶竝稱，名已覺混，及他書凡稱棄者竝曰稷，不知夏以前祀柱爲稷，殷興始廢柱以棄代，謂稷可代棄名，非也。殷史：帝乙崩，子辛立，是爲紂。則紂名辛，非受也。《尚書·西伯戡黎》及《武成》皆言商王受。二孔釋《書》謂：受、紂，音相亂。鄭玄謂紂轉爲受，及《立政》曰【二六】：「其在受德。」孔又釋【二七】：「受德，紂字。」余按：殷人名其惡曰紂，其轉紂爲受，或者僞書者過也，至謚法，「以殘義損善爲紂【二八】」，亦未詳殷無謚法而妄爾。《列子》注：伊尹生伊水之上，故姓從其地。屈原《離騷》、孫武兵書、吕不韋《春秋》、孔穎達《詩》《書》疏，皆著伊尹名摯。謂之尹者，正也，言能正天下，鄭玄注：尹，言正；孔安國注尹【二九】。故號伊尹。而《太甲》、《伊訓》等篇述其言曰「惟尹躬克左右厥辟」，曰「惟尹躬先見于西邑夏」，曰「惟尹躬暨湯咸有一德」，皆指尹爲自稱之名。君前臣名，以號與字可乎？《史記索隱》著太公望姓名曰姜子牙，故《左傳》、《毛詩》齊例稱姜，

【二三】尚書疏　「尚」原作「圖」，據四庫本、《尚書注疏》改。

【二四】嗟重華之不可迕　「嗟」原作「差」，據四庫本、《路史》卷三六改。

【二五】尚書中候　「尚」原闕，據《隋書》卷三二《經籍一》、《玉函山房輯佚書續編》補。

【二六】及立政曰　「立政」原作「名方」，據四庫本、《尚書注疏》卷一六改。

【二七】孔又釋　「又」原作「文」，據碧琳琅館本改。

【二八】殘義損善　「義」原作「書」，「善」原作「義」，據碧琳琅館本、芋園本、《蔡中郎集》卷一改。

【二九】言正孔安國注尹　「正」原作「究」，據四庫本、《尚書注疏》卷一一改；「尹」下四庫本作「字」，疑脱漏字。

姜先封吕，他書復稱吕尚，以可師可尚也。孫子兵書存其名，猶稱吕牙。謂之太公望者，《史記》曰：文王遇吕尚于渭濱，曰：「自吾先君太公曰：『當有聖人適周，周以興。』子真是耶？吾太公望子久矣。」則太公非爵，望亦非名也。後世不察，謬曰「吕望」、「吕尚」，蓋緣《史記》以太公望與周公旦竝稱，又曰太公望北海人也，讀者從而亦訛。

雉釋文

《左傳》：都城過百雉；《周禮》名城以五雉、七雉、九雉。釋者謂一雉之牆長三丈，高一丈。其取以名文之義未詳。《公羊》：五堵而雉，則二百尺。山陰陸氏著《埤雅》，謂雉性妒，壟護疆飛不越分界之内，以一雄爲長。潘安仁《射雉賦》曰「畫墳衍而分畿」者【三〇】，此也。其飛榮不過丈，修不過三丈，所以以雉計丈也。《禮記》「晉太子申生縊死」，鄭玄注曰：雉經。《晉語》亦曰：申生雉于城廟。孔氏釋：雉性耿介，被獲，必屈折其頭而死，言申生以介死也。因思城之大有取于雉，有望于耿介死守封疆之臣，豈泛然哉！

孔門多才

孔門多才，可使治賦，可使爲宰，可使從政，可使與賓客言。子華之使，冉求之藝，子路、良孺之勇，《左傳》：微虎宵攻吴師，卒三百，有若與焉。冉求清郊之戰，樊遲爲戎右【三一】，則勇非一夫。子

【三〇】射雉賦曰畫墳衍而分畿　「射」原闕，「而」原作「以」，「畿」原作「兀」，據《文選》卷九改。

【三一】卒三百有若與焉冉求清郊之戰樊遲爲戎右　「三」原作「二」，據《春秋左傳注疏》卷五八改；「戎」原作「我」，據四庫本、碧琳琅館本、芋園本改。

貢辭命外善貨殖，公冶長能通禽言。言語、德行、文章外，無往不有。聖人從而以道德禮樂陶鎔之，譬天地閒生生職職，各正性命，所以爲萬古大化治。聖人歷聘列國，雖因道德所宗，亦多因弟子而重。楚謀欲以書社封孔子，子西忌之曰：王之輔相有如顔回者乎？王之帥師有如子路者乎？王之使列國有如子貢者乎？王之官尹有如宰予者乎？其後季孫啓哀公聘孔子，亦以冉求之勝學軍旅於孔子也。《史記》言仲尼没後，弟子大者爲諸侯師，小者爲卿相。蓋其平日琢磨使有用，非止章句之末也。《漢·藝文志》曰：孔子没，羣弟子各編成一家之言，名曰九流：一儒、二道、三陰陽、四法、五名、六墨、七縱横、八雜、九農。則孔門之學，何所不參；孔子之教，何所不講。所以爲聖，而當時共慕，至没而弟子異昔，故曰孔子没而微言絶，異端起而大義乖。春秋之後無聖人，戰國孟嘗、平原輩，亦皆聚客數千，書之史者，鷄鳴狗盜、袖椎竊符、縱横狙詐，賈生民之禍而已。下惟是珠履瑇瑁，以雄其國，所以士益衆，世益卑。近世伊洛學興，始以修齊平治爲教，故胡氏謂伊洛發明，然後人知孔孟可學而至。視漢、晉以來，第以詞學名儒者有閒矣。至紫陽集諸家之大成，其精本之義理，其粗究之經濟。嘗書儲才之説，曰：有天下者必諏詢咨問，取之無事之時，而參伍折衷，用之有事之日。方其事之未及也，無旦暮倉卒之需，則親之得以久；無利害紛拏之擾，則察之得以精。誠心素著，則可得之多，歲引月長，則所蓄獨富。久且精，故知其長短而不謬；多且富，故更迭爲用而不竭。今人平居不以才爲意，及臨事倉卒泛然求之，所以用之欲稱其任，難哉！又曰：不以小惡掩大善，不以衆短棄一長，不以近遺遠，不以小加大。則其聚一時英彦，請之者豈直曰文爲而已。又當參堯禪舜，舜禪禹，皆是積歲程年，稷、契、夔、龍之任，曰「三載考績，三考黜陟幽明」，則決非以驟致也。若傳説起於版築，膠鬲舉於魚鹽，管夷吾舉於士，漢祖倉卒羅致，販繒、屠狗、吹簫、織簿皆爲用，則短不可棄長，小不可掩大，又可驗也。況物有不求，未有無物之歲；人有不用，未有無才之時。特患教無孔子，而取之之説又不大公爾。

孔子諱魯

北魏史著魏之祖詰汾田山澤，見輜軿自天而下，有美婦人稱天女，受命與詰汾偶。期年復會，果以生男授詰汾曰：此君之子也，自此世爲帝王。竊詳古帝王受命之符，未有神異如此者。考之當時，魏太武嘗命崔浩撰國記。浩書魏先世事，詳列通衢，事皆直筆，北人見者無不忿恚。浩以暴揚國惡，身滅族夷，乃知詰汾之偶，史官懲浩失而失之者也。古以訐直取禍不一，若史權所在，尤嫉之招，矧國諱乎？故班固、蔡邕皆不得其死，聖人慎亂邦，安得不以孫言爲貴？孔子在《春秋》，凡魯失多爲諱護，《詩三百》例録變風，魯獨著頌，與商、周等。《論語》：禘自既灌而往者，曰吾不欲觀之矣。或問禘之説，曰不知也。夫子禮樂所宗，豈不明禘者。朱文公謂《禮》不王不禘。魯，侯國，舉禘實僭，故夫子託以不知。鄭玄謂禘則序昭穆，魯以僖公爲閔公庶兄，躋僖閔上，有逆祀之失，故夫子不欲觀禘。余案：躋僖閔上，乃文公二年孔子仕定公時【三二】，陽虎已順祀先公，無緣尚爲逆祀。不觀禘，玄未詳爾。文姜通淫于齊，書會于禚之類，雖不泯其實，及文姜與弒桓公，不容于魯，書夫人之歸曰孫于齊，言若孫讓而去之義。桓、閔二公，皆弒死，經例書曰薨。成公適晉爲所留，經没不書。其諱國惡也審矣。昭公娶吴，姬姓，泰伯之後也，陳司敗之問，正以娶同姓之醜。夫子甯受以爲己過，而不别爲辯辭。至《春秋》書孟子歸，曰夫人至自吴【三三】。及其死也，書孟子卒。不表夫人之爲姬氏【三四】，蓋不殉昭公之失，書孟子凡皆爲魯諱也。皇甫氏謂孔子若不受司敗之議，則千載之後遂永信我言，謂昭公果知禮，是亂禮之事從我始，今得司敗見非，受以爲過，則他人不謬，所以幸也。孔穎達謂孔子于魯事不可無法者，不奪其所諱，亦不爲之過諱。每事諱護，則爲惡者無復忌憚，後世安知所懲？故爲魯諱，禮也；不爲魯隱，爲世教也。《公羊傳春秋諱例》曰：爲尊者諱，爲親者諱，爲賢者諱，爲中國諱。《左氏》曰諱國惡禮。曰諱史著崔浩才比張良而稽古過之，惜未稽仲尼之法也。

理根本

秦據崤函，事耕織，修戰守，復取蜀爲富饒之本，卒滅六國。漢高委蕭何治關中，光武委寇恂保河内，曹操撫河濟，屯許下，俱濟大業。唐興，因隨關中之資；宋興，籍周之富。

【三二】文公二年　「二」原作「三」，據四庫本、《春秋公羊傳注疏》卷一三、《春秋穀梁傳注疏》卷一〇改。

【三三】夫人至自吴　「人」原作「子」，據芋園本、《禮記集説》卷一二二、《欽定禮記義疏》卷六五改。

【三四】夫人之爲姬氏　「人」原作「子」、「姬」原作「曰」，據四庫本、芋園本、《禮記集説》卷一二二、《欽定禮記義疏》卷六五改。

視高、光特易者，根本有素也。若項羽之敗，全是漢遣彭越等入楚地，謀撓楚，故兵疲食盡，以此不支。羽恃其勇悍，日事外攻，略不于根本究心，一旦兵敗，方有「無面目見江東父老」之語。大概根本不立，則進退無據，耕織不偏廢，然後表裏可以交敷。高宗南渡，胡致堂進計，乞措置荆襄爲根本，安行所謂老小者，陛下分部諸將，謹斥候，治盜賊，自以精兵爲輿衛，巡歷往來，征代四出，如高祖在滎陽、成皋、京索，而留蕭何于關中，光武戰臨淄、韹坻，而置寇恂于河内。又言置行宫，或建康、南昌、江陵一處，安太后、六宫，量留兵將爲營衛，陛下復兵按行，周旋彼此，不爲定居。又言既定講武，其餘庶常日力不暇給者，别置行台區處之。此建炎規恢復一大議論也，惜當時玩其説。蓋一身在外，則足以禦寇，而根本之地不加傷意，于事務之大，庶常日不暇給者，置行台處之則可一意講武，圖所謂興創之大功有志天下者。致堂此説，萬世法程也。

曹參不伐

山谷以韓信勝趙不自驕，而師李左車，爲武夫悍將所難，詠以詩曰：「功成千金募降虜，東面置坐師廣武【三五】。雖云晚計太疏略，此事亦足垂千古。」信事固難矣。若曹參佐漢祖起兵，未有韓、彭輩，戰勝攻取多出于參，異時論功，爭以參爲第一者，此也。高祖先項羽入關，參功爲最速，逮得韓信，參已封建成侯。一旦舉信爲大將，不聞參有軋己之嫌。

【三五】東面置坐　「面」原作「西」，據四庫本、《苕溪漁隱叢話》後集卷三二改。

雖信奇才，然參視之實爲後出。至信擊魏擊趙，參皆與俱，擊齊，參以相國屬焉，則參不特不忌信，乃降心出其下。此于士君子不足道，而見之參則難矣。其謙讓不伐，不待舍蓋公、隨蕭規而後然，宜其善終于菹醢之世。參本傳言：韓信東擊齊，參以左丞相屬焉。又言信立爲齊王，引兵東與漢王共破項羽，討齊未服者。漢王即帝位，徙信王楚，參國相印。觀此則參終始出信下。噫！難哉！

有國二權

國之大權二，政與兵而已。故權宜專不宜分，分則事無統；兵權宜分不宜專，專則亂生。成王將終，命大臣相康王。時掌兵者齊侯吕伋，宰臣召公奭。迎嗣子命仲桓、南宫毛取二干戈虎賁百人于伋。先儒謂齊侯掌兵而不可發，召公發兵而必資仲桓、南宫毛，則其權之不統屬也尚矣。西漢郡置守一人掌政，置都尉一人掌兵，二者不復相統，置南北兩軍，亦不相攝。高后時，周勃以太尉掌宿衛，初得北軍而不得南，可證也。唐季府衛制壞，兵聚方鎮，卒以取亡。宋興，鑑其弊，郡置通判貳太守，道置轉運貳制。有兵權者錢賦不之寄，有錢穀者兵無所預，思慮視古人益密矣。内則政事歸于中書，故外戚不得撓，宦官不得與。于兵典以樞密，宰相可知之而不可總之，三帥可總之而不可發之，發兵之權歸樞密，而樞密置使必置副，欲彼此相制也。州兵典以指揮，隨郡大小爲員多少，每指揮四五百人，給餉在運司，統制領守倅。神宗嘗言藝祖養兵只三十萬，京師十餘萬，諸道十餘萬，使京師之兵足以制諸道，則無外亂，諸道之兵足以當京師，則無内變。此又内外相制也。

明辭識時

萬事古今有一定之理，亦有隨時之宜。湯、武征伐雖不若唐虞揖讓，然桀、紂之暴如是，非湯、武伐而除之，天下何時得安乎？所以伊川讀《易》，先明辭，次議時。如孔子作《春秋》，尊王；《孟子》七篇之書，教諸侯爲王。以時觀之，孔子時王室政教猶行，列國義理相尚，使有桓、文復出，王室猶可扶持也。至孟子時，七國日事戰爭，周君曾不能爲時重輕，而民生憔悴，虐政日甚一日，故孟子以王道曉諸侯，亦明時者也。張南軒曰：君子救世，時宜而已。孔子作《春秋》，文王事殷之心也。孟子勸時君行王政，湯、武順天之心也。惜伯夷叩馬，李盱江《常語》、司馬公《疑孟》等作，似非識時者。然有武王、孟子之書，又不可無後世盱江、温公之説，乃扶持世變之一端。高祖稱義兵伐隋，隋煬之惡，視紂尤甚。高祖爲隋方伯，有湯、武之資，當時聲煬之罪，義旗東指，爲天下除殘，民心響應，舉動豈不正大？乃竊臣突厥，遥尊煬帝，别立代王，徐行禪讓之理，所以胡致堂謂正大之舉反委曲行之，皆不明時者也。孟子有獨夫紂之説。南軒曰：王者，天下之義主，民以爲王則謂之王，民不以爲王則獨夫而已。況所謂王者，以其能生殺，能廢置，能弭亂息爭，紂、煬雖苛暴爲獨夫，生殺廢置猶在也。若衰周二君，無紂、煬之惡而安于衰弱，使文、武德澤斬盡，制度大壞，付天下于自盛自衰，自在自亡，于世治亂茫然不與焉，亦安得不謂之獨夫哉！

十六相四凶

《五運歷譜》載黄帝之子相承四百年，次顓帝即高陽氏。在位七十八年，次帝嚳高辛在位七十年，次唐堯在位七十年。以其數考之，意子孫至舜時，已六百一十餘年。魯太史克稱舜舉十六相、去四凶族。蒼舒至叔達八人爲高陽氏之才子，天下謂之八元；如《歷譜》之數，八人至舜時，已三百一十餘年。伯奮至季貍八人爲高辛氏之才子【三六】，天下謂之八凱。如《歷譜》之數，八人至舜時，已一百四十年。少皞有不才子曰窮奇，至舜時，已一百六十餘年。帝鴻氏有不才子曰渾敦，《歷譜》曰：帝鴻氏，黄帝孫，與顓帝同。顓頊氏有不才子曰檮杌，至舜時，皆二百一十餘年。縉雲氏有不才子曰饕餮。《歷譜》曰：縉雲氏，黄帝臣，至舜時，亦七百餘年【三七】。竊意舜時未必皆尚有其人。雖古人多壽，然數人者不皆壽，縱壽亦未必如此其久也。若曰自其世濟美惡者言之，鯀歷六百餘年之遠【三八】，未必代代皆元、愷，人人爲凶類也。夫謂之世濟者，世代相仍，積累皆然也。不思堯、舜大聖，生朱、均；瞽、鯀頑圯，生舜、禹。父子相去一間，聖愚懸隔。禹治水可謂有大功于世，啓、少康之外，咸無可稱。文、武之興，后稷稼穡之休

【三六】伯奮　「奮」原作「審」，據四庫本、《春秋左傳注疏》卷二〇、《經典釋文》卷一六改。

【三七】亦七百餘年　「七」四庫本作「六」。

【三八】六百餘年　「百」原作「十」，據四庫本改。

烈猶有存者【三九】，成、康、宣王外可數無幾焉。以帝王之胄猶若此，彼十六相世爲元、凱，四凶族代爲惡人，吾不信也。況更歷六六百餘年，謂之元、凱，其閒豈無一凶德敗祖宗之美；謂之凶族，其閒豈無一良善掩前人之愆。謂皆自其世濟而言之，亦非也。

姬周姓

《左傳》：晉平公以同姓四人備嬪御，鄭子產聘晉，言于叔向曰：「今君内實有四姬焉。」蓋指四人，别同姓之醜，非目賤妾爲姬也。按：古婦人皆有字與謚，或國名下繫其姓，先儒謂其不忘本，且别他族。今考字下繫姓，如周女曰伯姬、叔姬，齊女曰孟姜、季姜，宋女曰孟子、仲子，狄女曰叔隗、季隗是也。謚下繫姓，如齊女曰宣姜、莊姜，宋女曰聲子，秦女曰文嬴，楚女曰文芊【四〇】，杞女曰定姒是也。國下繫姓，如秦女曰徐嬴【四一】，陳女曰息嬀之類。豈惟姬姓後世以目賤人？《戰國》曰幸姬、如姬，《漢史》曰諸姬、薄姬、愛姬，釋者不辨其爲用。如淳曰【四二】：「姬，音怡。」臣瓚曰：「漢内官也。」秩比二千石，位婕妤下。惟顔師古謂漢内官無稱姬者，周姓貴于衆國之女，故婦人美號皆稱姬。宋大觀閒，公主易號曰帝姬，貴之也。若世例以目妾，豈反賤乎？然則姬女貴而以姓著，反不若齊、宋女不辱其姓之爲愈。

【三九】猶有存者　「有」原作「可」，據四庫本、碧琳琅館本、芋園本改。

【四〇】楚女曰文芊　「文」原作「江」，據四庫本、説郛本、《春秋識小録》卷八改。

【四一】徐嬴　「嬴」下四庫本有「梁嬴」二字，説郛本有「葛嬴」二字。

【四二】如淳曰　「淳」原作「薄」，據碧琳琅館本、芋園本、説郛本改。

卷第二

擔頭上看花

九疇興而《易》道晦，三《傳》作而《春秋》散，《齊》、《韓》、《毛》、《鄭》，《詩》之末也，《大戴》、《小戴》，《禮》之衰也。古經爲後儒所斷者多矣，況去籍于周，壞于秦，雜于漢，魏晉後儒惟鄭、王諸儒臆説是拘，于是根本不立。故魏鶴山云：「人須將三代以前規模在胸次，一一從聖經看來，庶親到地位涉歷，可以自得。若只在諸儒脚下盤旋，終不濟事，缘擔頭上看花，終不若樹枝頭天然活精神也。」此語蓋爲舍六經、泥訓詁者發。朱文公亦謂：「《詩》、《易》之類，多爲先儒穿鑿所壞，使人不見當年立言本意。人須是虚心平氣于本文之下，不要留一字先儒舊説，及他是何人所尊、所敬、所憎、所惡，一切閣置，惟本文本意是求，則聖賢之指得矣。」皆自亂經學，以先入之説汨之也。今人學文者不參六經，而拾韓、柳、歐、蘇之緒餘；筆史者不本《春秋》，而希馬遷、班固之近似；賦詠者不探三百篇、《離騷》之雅奥，而唐人章句之是尋。故皆只襲古人脚迹，不能專門名家者，此也。近時，蜀士董梁可曰【二】：「文字用事，要從元出處推究，不可只撏撦他人見成事來使，譬

校勘記

【二】董梁可　「梁」四庫本作「君」。

如賈物，出産處得來，既可擇其美惡，又可兼貨竝畜。若只他人擔上販來，不惟美惡不辨，亦得少而售狹矣。」姑即《莊子》大鵬事言之，就全篇討究，則知鯤以魚大而化鵬，鵬從南溟曰天池，擊水三千里，以六月息，搏扶摇羊角之風，來蜩鳩斥鷃之笑，出《齊諧》志怪之書，是多少曲折，筆端自然活動。若見他人用大鵬事，已亦從而大之，則事狹而意促矣。此亦不欲擔頭上看花也。

經根人事作

司馬遷謂古人有激而作書，曰：「西伯拘而演《周易》，仲尼厄而作《春秋》，屈原放逐，乃作《離騷》，左邱失明，厥有《國語》，孫子臏脚，《兵法》修列，不韋遷蜀，世傳《吕覽》，韓非囚秦，《説難》、《孤憤》，《詩》三百篇，大抵聖賢發憤之所爲。」遷罹腐刑，故有此言。即其言推之，太康失邦，而五子作歌；太甲不明，而伊尹有訓；三監亂周，而周公作誥；孟子不遇齊梁，患楊、墨，而述七篇；仲舒、劉向下獄，而著《説苑》、《新序》、《繁露》、《玉杯》等書；柳子厚、劉禹錫、李白、杜甫，皆崎嶇厄塞，發爲詩章。遷之言，信而有證也。然考六經、《論》、《孟》，皆根人事作，《周易》著吉凶悔吝之理，《春秋》録是非善惡之迹，《毛詩》載政教美刺之詞，《尚書》推唐、虞、三代之懿，《禮記》威儀之詳備，《周禮》制度之纖悉，《論語》立身行己之大方，《孟子》發明王道之極致，無有空言者。所謂治道而爲經，豈專舒憂洩憤之爲哉？

史闕文

天開于子，地闢于丑，人生于寅。邵康節「十二會」謂氣運至子方有天，未有地；至丑方有地，未有人；至寅方有人，三代皆即天地人始處建正。當堯時在巳，今在未，到戌當人物都消盡。《經世書》以十二萬四千五百年爲一會，自開闢至堯正當中數。詳此則戌、亥、子、丑乃古今一日之夜，寔天地混沌閉塞之時。堯至宋歷三時，凡三千餘年，上此寅至巳歷四時，當幾五千年【二】，但孔子書斷自唐、虞，茫昧者不究詰，後儒因只據聖經爲說。史家雖上及三皇，然皆裒取后人僻書襍傳而成之，非真有得于當時事實也。但以康節堯、舜上猶有四時說推來，帝王前世代緜歷，有《莊子》敘伏羲上猶十一氏，鄭玄《六藝論》、譙周《古史》、皇甫謐《帝王世紀》、羅泌《路史》及《廣雅》，皆述伏羲前帝王數十百氏，年逾數萬。所謂肇自伏羲，特就其所推者言之爾。又以《易繫》參之，伏羲、黄帝、堯、舜以來之制作十三卦，皆云蓋取，則《離》、《涣》、《益》、《隨》等卦，伏羲前有矣。卦畫不耑伏羲始也，司馬遷《史記》、劉道原《通鑑外紀》又皆遺伏羲，只斷自黄帝始，不思《周易》萬世文字之祖，經秦火獨完備者也。《大傳》言伏羲氏没神農氏作，神農氏没黄帝、堯、舜氏作，敘三五傳次甚明。二史不然，故東漢張衡、近代朱文公皆咎遷。《春秋》不王吴、楚以尊周室，所以嚴

【二】幾五千年　「幾五」原作「凡三」，據四庫本及文義改。

正僞之辨也。後世史官徒知徇編年之説【三】，周史厲王流彘之後，繫之共和者十四年，而周統中絶。遷、固漢史，惠帝崩，紀吕后爲政者八年，歐陽公厠武后于《唐本紀》，司馬温公黜蜀帝魏，皆拘于編年説也。定奪于文公《綱目》，然後正僞分而統紀明，豈史氏瑣瑣之見哉？但秦後項梁與諸侯共立楚懷王孫心爲義帝，當時合書義帝爲正統，然後繼以漢。王莽篡漢，漢史爲新者十八年。張衡謂時漢元后猶存，只當爲《元后本紀》【四】，編年月，紀災祥，而莽篡事第著之莽本傳。更始居位，光武常爲之將，後始即真。則光武初亦當以更始爲正，文公《綱目》俱不與。以漢昭烈之例，豈以其君人之道有未足邪？

子夏子思

司馬温公《通鑑》著魏文侯師卜子夏于周威烈王二十三年，來歷本《戰國策》。以《史記》考之，子夏少孔子四十四歲，則子夏乃周敬王十二年、魯定公二年生，孔子卒周敬王四十一年【五】、魯哀公十六年，寔七十三歲，子夏時二十九歲，後十一年哀公卒，繼元王七年【六】、貞定王二十八年、考王十六年、威烈王二十三年，子夏當一百一十四歲【七】。周王更代之際，年有重疊，不過差之三四年，如《史記》則子夏當威烈王二十三年，亦百零四歲。孔子既没，子夏已有老西河之説，但不知果得如許歲數否。柳子厚論孔子弟子曾參最少，曾子之死，孔子弟子略無存者。《論語》出于有子、曾子門人，已有曾子啓手足之

【三】編年之説　「年」原作「言」，據四庫本、碧琳琅館本改。

【四】元后本紀　「元后」原作「后元」，據四庫本、碧琳琅館本、芋園本改。

【五】周敬王四十一年　「四」原闕，據四庫本、《容齋續筆》卷二補。

【六】元王七年　「七」四庫本作「九」。

【七】一百一十四歲　「四」四庫本作「六」，《容齋續筆》卷二作「三」。

事，則子夏死曾子先矣。《通鑑》書周命三晉爲諸侯于威烈王二十年，魏之始侯文侯斯也。或子夏無如許歲數，温公以師子夏爲文侯美事繫之，然當加初字，以著其始。《史記·世家》曰：盜殺晉幽公，魏斯立其子烈公，烈公立十九年，始命三晉爲侯。則師子夏未必魏斯既侯以後事也。《通鑑》又著子思言衛侯事于周安王二十五年，來歷本《孔叢子》，時去孔子卒一百一十二年，伯魚先孔子卒五年，計伯魚最末年言衛侯事，時亦已一百一十七年。凡此疑皆往事追書之，但温公既書曰某年，必有實據。

崛奇可味

駢儷貴整，散文忌律，各有當也。《尚書·禹貢》敘九州地理之分畫，山水之離合，物産之參差，貢賦之高下，功力之作止，鋪敘隨之而異，更不淆雜。《顧命》敘成王導揚之語，儀文之列，去之千百載而讀者尋文可辨【八】。此千古文章之妙。故東坡嘗推《禹貢》，曾子固諭后山學文且讀《顧命》。《周禮》文章之奇不一，而狀物最精，《内饔》曰：牛夜鳴，則庮；羊冷毛而毳，羶；犬赤股而躁，臊；鳥皫色而沙鳴，貍；豕盲眡而交睫，腥；馬黑脊而盤臂，螻。六者各物之病與臭也【九】。却行、仄行、連行【一〇】、紆行，蚓、蟹、魚、蛇之行各態也。以脰鳴者，以注鳴者，以旁鳴者，以翼鳴者，以股鳴者，以胸鳴者，物之鳴各處也。厚脣弇口、出目短耳、大胸燿後、大體短脰，與夫鋭喙決吻、數目顧脰、小

【八】尋文可辨　「文」原作「丈」，據四庫本改。
【九】六者　「六」原作「五」，據四庫本及文義改。
【一〇】連行　「連」原作「運」，據四庫本、《周禮注疏》卷四一改。

體饕腹等語，贏羽之屬各形也。皆隨其異而筆之。深其爪，出其目，作其鱗之而則必撥爾而怒。苟撥爾而怒，則于任重宜。爪不深，目不出，鱗之而不作，則必頹爾如委。苟頹爾如委，則加任焉，必將廢措。狀飛走翕張之勢，而無力、有力輕重可以想見。此猶有形狀可寫也。若無形無影之聲，摹寫最難。《禮記·樂記》曰：「上如抗，下如墜，曲如折，止如槀木，倨中矩，句中鉤，纍纍乎端如貫珠。」何啻親聆其抑揚高下之聲，後來昌黎聽琴等作，雖寫此而費辭矣。經後文字之奇，推《莊子》大木異竅穴之風聲，天籟變爲八聲之妙，至「厲風濟則衆竅爲虚」一語，又自有聲入無聲，乃古人狀物之妙。至敘物之遞遞相生，曰：「種有幾，得水則爲㡭，得水土之際則爲鼃蠙之衣，生于陵屯則爲陵舄，陵舄得鬱棲爲烏足，烏足之根爲蠐螬，其葉爲胡蝶。胡蝶，胥也，化而爲蟲，生於竈下，其狀若脱，其名爲鴝掇。鴝掇千日爲鳥，其名爲乾餘骨。乾餘骨之沫爲斯彌，斯彌爲食醯。頤輅生乎食醯，黄軦生乎九猷，瞀芮生乎腐蠸。羊奚比乎不箰，久竹生青寧，青寧生程，程生馬，馬生人，人又反入于機。」物生凡十八變，而句法十五易，妥律中雜崛曲，是以其語可味。後人以東西南北行文者，甚多平鋪直敘，外無委曲。東坡《超然臺記》：「南望馬耳、常山，出没隱見，若近若遠【一二】，庶幾有隱君子乎？而其東則盧山，秦人盧敖之所從遁也。西望穆陵，隱然如城郭，師尚父、齊桓公之遺烈猶有存者。北俛濰水，慨然太息，思淮陰之功，而弔其不終。」鋪敘四顧而文法四易，味其語殆非一索可竭也。後來如洪景盧又多尚此，

【一二】若近若遠　「近」、「遠」原顛倒，據《東坡全集》卷三六改。

記馬遂良怡齋曰：「方吾家居，入怡顔以事父母，出怡色以與兄弟處【一二】，暇時讀書以怡吾心。食與口怡，寢與體怡。」敘五怡事而句四易。又《養拙堂記》曰：「人必有所養，以直養氣，以蒙養正，以智養情，以寡欲養心，以靜養身，以義方養子，以善養民，以學養士，以法制養兵，以節養財。養木于山，養禾于田，養牛羊于牢，養鷄于塒，養魚于淵，養龍于江湖，養萬物于天地。由書契以來，亘古今之理具是矣。一失所養，則位養驕，勢養敖，侮養高，酒食養四體。養奸以誇，養盜以竊，養虎以貽害，養稂莠以蠹苗，養蟣蝨以蕃搔，養癰疽以戕身。」反正備論養字之義，文亦四變，又短中攙長，皆懼其律也。景盧如此甚多，姑録一二，以見前輩文法。

寅正非夏

《易》曰：「帝出乎震。」震，東方之卦，其行爲木，建朔合從寅始。堯以中星定四時。《尚書》：二月、五月巡東南，八月、十一月巡西朔。皆寅正仲月，故孔安國、王肅皆謂自夏至前建寅首正月。劉道原《通鑑外紀》因書禹即位仍有虞，以建寅爲歲首；書湯即位，乃改正朔。是歲首建寅非專夏正也。孔子曰「行夏之時」，曰「吾得夏時焉」，蓋就此較而言之，非推本而言之。後商建丑，周建子，秦建亥，漢興因秦，至武帝太初元年，始復用建寅爲歲首，而寅遂不改。朱文公曰：孔子取夏正，以陰陽之氣終始著明也。蓋子月作一陽生時，則陽氣

【一二】出怡色　「怡」下原衍「怡」，據四庫本、碧琳琅館本、《古今事文類聚》續集卷八删。

未出于地，寅則陽出地上而温厚之氣從此始。巳月六陽雖備而温厚之氣未終，至未月復窮而温厚之氣始盡。午月一陰生時【一三】，則陰氣未出于地，申則陰出地上而嚴凝之氣從此始，亥月六陰雖備而嚴凝之氣未終，至丑月復窮而嚴凝之氣始盡【一四】。蓋地中之氣難見，地上之氣可驗，夫子所以取寅正也。但自子亥爲日一周，日以子始，歲以寅始【一五】，亦有可議。

改朔

三代建正，大抵改朔，後人不深考，遂謂并改月號。王肅謂：古歷遭戰國及秦而失。夫月改則十二月紊其經，時改則四時易其位。月可强改，時有定序，可改乎？余以經求之，無改正之説。《尚書》：舜二月、五月巡東南，八月、十一月巡西朔。隨四仲月以巡方，月何嘗改？《堯典》：以正仲冬，曰平在朔易。朔，北方，訓盡也。萬物至此盡而復蘇，蘇則皆當改易，則歲一周之理也。是猶曰未有子、丑、寅建正之説。若商以丑爲正，曰：惟元祀十有二月。商謂年爲祀，太甲嗣位，改元而稱十二月爲首，其後桐宫服闋，伊尹以冕服奉嗣王歸亳，告新君始，亦曰：惟三祀十有二月。朔月不改也。或疑《伊訓》序稱太甲元年，又曰三年復歸于亳，不知序作于周世，所以年異祀。又曰：服田力穡，乃亦有秋。時亦不改也。周建子，《書》亦曰秋大熟，未獲。周以子爲正，《毛詩》稱首歲雖曰「一之日」，然「一之日觱發，二之日栗烈」之後繼之曰「無衣無褐，何以卒歲」，則未嘗不以十二月爲歲終。又「十月蟋蟀」之後，言

【一三】午月　「午」原作「五」，據碧琳琅館本、芋園本改。

【一四】丑月復窮　「復」原闕，據上下文義補。

【一五】歲以寅始　「以」原作「亦」，據四庫本、碧琳琅館本改。

「曰爲改歲」，則歲雖改而十月之號不改也。至「四月維夏」，「六月徂暑」，「七月流火」，「九月授衣」，「八月其穫」，「九月築場圃」，「十月納禾稼」，一與今之氣序合，亦不改時也。《周禮・大司徒》曰：正月之吉始和，中春，詔内外命婦始蠶于北郊，上春，詔王后六宫之人生穜稑之種，正歲十二月斬冰。賈公彦釋正歲是夏正月，若徇周建子，即今十月冰未堅，不得斬之。以此推之，諸言正歲皆建寅月。籥章於仲春仲秋逆暑逆寒，司裘於仲秋季秋獻裘，與夫春蒐、夏苗、秋獮、冬狩、春祠、夏祫、秋嘗、冬烝，賈釋《周禮》祭祀田獵，皆用夏正。亦與今之氣序合，不因子正而改也【一六】。《禮記・月令》所紀四時，亦皆夏正。漢魯恭謂《書》出秦吕不韋而實周世書，所據皆夏正，改者惟正朔服色、犧牲、徽號【一七】、器械而已。此猶以秦焚之前論者。秦焚後史最可證，《史記》書秦改年，始朝賀，皆十月朔，秦以建亥爲正，故秦史書年之下，皆首書十月。《漢書》文穎解云：周火德，秦以水取火，建亥之月，水得位，故以爲歲首。此亦爲改朔不改月之證。又秦歷應置閏者，皆在歲末，《左傳》歸餘于終之義也。《史記》及《漢書》凡未改秦歷之前，屢書後九月，蓋閏月於歲終也。顔師古謂不然則經謂之十月矣。此又可見秦以九月爲歲終也。《月令》：季秋之月合諸侯，制百縣，爲來歲受朔日。秦建亥，戌月言爲來歲受朔文，可見《月令》秦世書也。胡文定公引《商書》元祀十月二月及漢史建亥之下即書冬十月，明周改正不改月。朱文公謂杜元凱《後序》載汲冢《竹書》皆古晉史記，以建寅爲歲首【一八】。又嘗曰：改月者，後王之彌文，不改時者，天時不可改。獨疑《孟子》七八

【一六】不因　「因」原作「曰」，據碧琳琅館本、芋園本改。

【一七】正朔服色犧牲徽號　「正朔」原闕，「徽號」原作「號令」，據《後漢書》卷二五《魯恭傳》補、改。

【一八】以建寅爲歲首　「寅」原闕，據四庫本、《春秋左傳注疏・左傳後序》補。

月之間旱，爲建午建未之月，及「十二月輿梁成」之語，于是門人問答多曰闕疑，但《春秋》用正，伊川以爲只周正建子月，非春而書春，則夫子行夏時之意。胡文定傳《春秋》周建子正，且曰：夫子以夏時冠周月，垂法後世，以周正紀事，亦無其位不敢專。余以《春秋傳》本文考之，則又不然。蜀士王容溪嘗著説曰：周果以建子爲正，時月與之俱改，則《春秋》何以書「春二月己亥【一九】，焚咸邱」乎？「夏五月，鄭伯克段于鄢」乎【二〇】？「秋八月庚辰【二一】，公及戎盟于唐」乎？「十有二月【二二】，祭伯來」乎？凡此紀四序，皆合寅正，可見夫子只用夏時。杜預注乃曰：四月，夏二月，七月，夏五月，秋乃今之夏，冬乃今之秋。夫月可改也，時可改乎？又隱三年《傳》書：四月，鄭祭足帥師取溫之麥。秋，又取成周之禾。四月取麥、秋取禾，夏時明矣。杜預乃訓取爲芟踐，以附會周正之説。隱九年《經》書：三月庚申大雨雪。三月當五陽之月而大雪，書之非時也。杜預乃謂夏之正月。正月有雪，亦豈異哉？《經》又書：秋，大水【二三】，無麥苗。秋，種麥生苗，水忽漂之。記異也。杜預記：五月謂之秋，漂殺熟麥及五穀之苗。經言麥苗而預言五穀之苗，不知四月小滿，麥已登塲，五月又安有麥之可漂耶？桓八年春，正月己卯【二四】，烝。烝，冬祭。春而烝，非時也。杜預注：夏之仲月。桓四年《經》書：正月，公狩于郎。冬獵曰狩，書之正月，重公失狩也。而左氏曰：時禮也。大率左氏、杜氏把持周正之説，故每牽合周，而亦有知經用夏正處甚多，不知何前後反覆如此。余謂堯命羲和敬授人時，暘谷、

【一九】春二月　「二」原作「三」，據《春秋左傳注疏》卷六改。
【二〇】鄭伯克段于鄢　「克」原作「尅」，據四庫本、碧琳琅館本、芋園本改。
【二一】秋八月庚辰　「庚辰」原闕，據《春秋左傳注疏》卷一補。
【二二】十有二月　「有」原闕，據同上補。
【二三】秋大水　「秋」上衍「春」，據四庫本、《春秋公羊傳注疏》卷六删。
【二四】桓八年春正月己卯　「桓」原作「威」，「己」原作「乙」，據《春秋左傳注疏》卷六、《春秋公羊傳注疏》卷五、《春秋穀梁傳注疏》卷四改。

南交、昧谷、幽都，定之方中；　出日、納日，占之昏旦；　東作、南訛、西成、北易，測之時氣；　日中、永、短，齊之晷刻；　鳥、火、虚、昴，之中星；　析、因、夷、隩，察之民事；　孳、革、毨、氄，驗之物類，然後中氣定而四序正。此其氣序不差，雖巧歷莫違。杜預乃移易四序以附會周正，豈理也哉！後世魏景初復建丑，唐載建子，未幾俱復寅正，蓋氣序不可得而移者。

歷代帝陵

西漢劉向疏曰：黄帝葬橋山，堯葬濟陰邱壟，皆卧葬，奥甚微。舜葬蒼梧，二妃不從。葬蒼梧之説，見《禮記》與《竹書》，然《孟子》先秦古書，云：「舜生于諸馮【二五】，遷于負夏，卒于鳴條。」鳴條，衛、晉地，實今河中府安邑，無緣葬蒼梧，況蒼梧在堯五服外，虞、夏爲荒服之境。或曰陟方乃死，不知舜享年百有餘歲，晚乃傳位于禹，十七年而後崩，則巡狩晚，當爲禹，舜未必耋年猶任奔走也。考《阿中紀》：市有舜墓。疑象封有鼻，正今道州，或象冢也。禹葬會稽，不改其兆。殷湯無葬處。崔駰、薛瓚言：湯冢在濟陰亳縣。《皇覽》云：在亳城北。杜預曰【二六】：在梁國蒙縣北薄伐城中。《漢書》：湯冢隸扶風縣。湯冢數出。文、武、周公葬于畢，秦穆公葬雍槖泉祈年館下，樗里子葬于武庫，皆無邱壟之處【二七】。惠、文、武、昭、襄五王，皆大作邱壟，多其瘞，後盡發掘。始皇葬驪山，壙高五十丈【二八】，周迴五里餘，石槨爲遊館，人膏爲燈油，水銀爲江海，黄金爲鳧雁，珍寶之藏，機械巧變，不可勝記。又多殺宫人【二九】，埋工匠。其後項籍焚毀宫宇，雖已發掘，餘空藏，牧兒亡羊其中，持火索羊，遺火

【二五】舜生于諸馮　「馮」原作「逢」，據四庫本、《孟子注疏》卷八上改。

【二六】杜預曰　原闕，據《漢書》卷三六《劉向傳》補。

【二七】祈年館下樗里子葬于武庫皆無邱壟之處　「下」原作「右」，「無」原闕，據同上改、補。

【二八】高五十丈　「五」原作「數」，據同上改。

【二九】又多殺宫人　「宫」原作「害」，據同上改。

燒其棺。夫死者無終窮而國家有廢興，明君智士，遠慮無窮，故甘薄葬之，誠乃奉安之道也。余按《周禮》，言天子之喪，斂用圭、璋、璧、琮、璜、琥，皆爲渠眉。鄭司農注：開渠爲眉，令汗得流去也。鄭玄注：渠眉，玉飾之溝瑑也【三〇】。以組聯六玉溝瑑中，以斂尸，圭在左，璋在首，琥在右，璜在尻，璧在背，琮在腹。《漢舊儀》曰：帝崩，含以珠，纏以緹繒十二重，以玉爲襦，如鎧狀，連縫以黄金縷，腰以下玉爲札，長一尺，廣二寸半，下至足，亦縫以黄金縷【三一】。陵制用地七頃，方中用地一頃。深十三丈，堂壇高三丈【三二】，墳高十二丈。《皇覽》曰漢家之葬，方中百步，已穿築爲方城，開四門，容大車六馬，錯渾褋物。東漢《禮儀志》紀載甚備，其言藏明器數曰：筲八，甕三，甒二，瓦鐙一，彤弓一，彤矢八，卮八，牟八，豆八，籩八，酒壺八，槃匜一，杖、几各一，蓋一，鐘、磬各十六，簫四，瑟六，壎、篪、笙、柷、敔、琴【三三】、竽、筑、坎篌、干、戈、笮、甲、胄各一，輓車九乘，芻靈三十六，瓦竈二，瓦釜二，瓦甑一，瓦鼎十二，匏杓一，瓦案九，瓦大杯十六，瓦小杯二十，瓦飯槃十，瓦酒尊二，匏勺二。後王彌文益甚，且持不以天下儉其親之説。周禮漢制未必餘也。經王莽亂，赤眉發前漢諸陵，其玉匣斂者率如生，吕后至遭污辱，獨霸陵完。光武美文帝之儉，東都首以薄葬送終，令陵但令流水，與邱壟同，明帝亦然。《古今注》載光武陵制：山方三百二十三步，高六丈六尺。垣四出司馬門，寢殿、鐘簴，皆在周垣內。隄封田【三四】十二頃五十七畝八十五步。明、章以下陵制不甚相違。遭董卓亂，吕布盡發諸陵，以珍寶，解金縷，探含璣。魏文帝懲之，故終制曰：世未有不亡之國，亦無不掘之墓。

【三〇】玉飾之溝瑑　「瑑」下衍「冢」，據四庫本、碧琳琅館本、芋園本删。

【三一】玉爲札長一尺廣二寸半下至足亦縫以黄金縷　「札」原作「押」，「廣」原闕，「縫」原作「終」，據《漢書》卷六八《霍光傳》改、補。

【三二】高三丈　「三」原作「二」，據四庫本、《後漢書》志第六《禮儀下》改。

【三三】杖几各一蓋一鐘磬各十六簫四瑟六壎篪笙柷敔琴　「杖几」原作「几丈」，「各十六」下衍「錢四」，「瑟六」原闕，「琴」原作「匏瑟」，據同上改、删、補。

【三四】方三百二十三步　高六丈六尺　垣四出司馬門　隄封田　「三」、「六丈六尺」、「田」原闕，「馬」原作「墨」，據同上補、改。

喪亂以來，漢氏諸陵無不發掘，至燒取玉匣金縷，尸骸殆盡，古焚烙之刑也。豈不痛哉！吕不韋生戰國末，言荆、齊、燕、宋、中山、韓、趙、魏，自此以下亡國不可勝數，其大墓無不掘者。故《吕氏春秋》曰：知生者不以物害生，知死者不以財害死。凡生必有死，孝子重其親，故有送終之義。葬者，藏也。以生人之心爲之慮，則死莫若無動，莫如無利。又曰：死者彌久則生者彌疏，疏則守者彌怠，而藏器如故，理勢必掘。今有銘墓曰：此中有金寶，不可掘也。而爲之闕庭以自表，何以異彼哉？又曰：欲利而反害之，欲安而反危之。孔子止季孫以璠璵斂，爲無窮慮也。司馬遷《史記·貨殖傳》：田叔以掘冢致富。大概喪亂之後民無生業【三五】，國典復隳，而名邱大墓雄麗自兢，豈達幽冥哉？唐世十八陵，五代周高祖西征，見無不發者，按：温韜發唐陵。因遺令世宗曰：我死當以紙衣葬。宋興，藝祖詔諸道檢校前代帝陵，各製禮衣一副，常衣一襲，具棺槨。于是西京、鳳翔、雄、耀等州奏【三六】：周文、成、康【三七】，秦始皇，漢高祖、文、景、武、元、成、哀七帝，後魏孝文，西魏文帝，後周太祖【三八】，唐高祖、太、中、肅、代、德、順、文、武、宣、懿、僖、昭十二宗，凡二十七陵【三九】，竝曾經開發。《容齋五筆》辨諸陵地理，異正史。又漢文陵，據所書後亦發。宋藝祖至哲宗七陵葬西洛，靖康之變，亦皆不免。紹興中，宗臣士㒟同張燾往省，燾歸奏高宗曰：願陛下萬世無忘此賊。時惟昭陵無恙，哲宗猶暴骨。初樞密樓炤同往，炤歸述昭陵之制曰：陵因平岡【四〇】，種柏成道，周以棖橘，闕閣樓觀環之，神關内列石人、羊、虎、駝、馬等

【三五】喪亂之後　「亂」原闕，據四庫本、碧琳琅館本補。

【三六】雄耀　「雄」原作「雍」，據《宋史》卷二《太祖本紀》改。

【三七】周文成康　「周文」下衍「武」，據同上删。

【三八】周太祖　「周太祖」下衍「文帝」，據同上删。

【三九】凡二十七陵　「七」原作「九」，據同上及文義改。

【四〇】陵因平岡　「平」原作「乎」，據四庫本、《北山集》卷一三、《建炎以來系年要録》卷一二九、《西征道里記》改。

像，神臺三層，高二丈，俱植柏，下廣十五丈【四一】，爲水道，有五大門，門外石人對立，其號下宮者，乃酌獻之地，餘陵皆然。昔人謂葬金玉而墳，是爲盜標識其處，帝陵不加標識猶將慮盜，況闕觀環之乎？下是官庶刻銘勤誌，亦未免有類金玉之標識。劉向曰：邱壟彌高，宮廟彌麗，發掘彌速。要知葬也者，藏也，藏也者，欲人之不得見也。安事外飾以爲身累乎？漢武曰：古帝王之葬，不使人知其處。孔子曰：古也墓而不墳，今邱也，東西南北之人不可以弗識也，于是封之，崇四尺。則墳乃是孔子始。按：墓是葬塋，墳則封土。《爾雅》曰：墳，高也。

兩韓信非

司馬遷、班固漢史《韓信傳贊》中，皆稱兩韓信。據其說，韓王古韓國之後，項羽殺其父成，復立信爲韓王，都晉陽，與淮陰侯韓信不同。劉知幾《史通》闢遷、固之謬曰：韓王名信都，古韓國後，姓姬。則名姓都者，非姓韓，亦不單名信。二史不別姬、韓兩姓，且失韓王名信都字，遂與淮陰侯韓信無辨。余考班、馬誤姬爲韓，誠如劉說，但謂韓王名信都，劉知幾亦差。王符《潛夫・姓氏論》云【四二】：沛公起，張良屬焉，沛公使韓信略定韓地，立橫陽君成爲韓王，而拜良爲信都。又曰：信都者，司徒也，或爲勝徒。《漢功臣表》云：張良以厩將從起下邳，以韓申徒下韓。《楚漢春秋》作信都。信，音申。《史記》亦作韓申徒，良傳直作韓司徒。蓋信都、勝徒，昔賢謂司徒之聲轉，然則信都乃張良官名，即非

【四一】下廣十五丈　「丈」原闕，據《北山集》卷一三、《建炎以來系年要録》卷一二九、《西征道里記》補。

【四二】王符　「符」原作「充」，據《潛夫論》改。

韓王名。知幾之説，亦未免繆，何班、馬責乎？

三策中原

周公瑾勝曹操於赤壁，進計孫權，乞由蜀結韓遂、馬超於關中，時超、遂反操于關中。還由襄陽取宛、洛，北方可圖也。諸葛孔明説先主亦曰：天下有變，命一上將將荆州之衆向宛、洛，將軍以身率益州之衆出秦川。關中别號。二説皆欲由關以搗魏之裏，由襄以制魏之表，使之腹背受敵，則中原可舉。公瑾謀之不及行，孔明行之不及竟，又公瑾之謀蜀非吴有，孔明舉事荆非蜀有，所以罔功。宋南渡，張德遠出帥川陝，實祖周、葛遺策，全有吴、蜀，又孫、劉所無，而竟如是，可見興廢有天。善乎誠齋之言曰：天與時相遭，則以百敗之漢高取百勝之項羽；天與時相違，則以諸葛之雄傑熟視孱弱之曹丕。

川陝江河上游

昔人謂川陝繫南北重輕，蓋其勢各占天下上游，得之則可順流收下流之利。黄河南注永興，秦、鳳寔居其上，故據陝則可順黄河之險、江漢之險，下瞰吴楚，而取中原也易。張德遠圖復宋祚，首身任川陝，計蓋出此，而以富平一跌棄之，豈知公之所以勝者哉！

子冠氏上

子者，男子通稱。孔子大聖，孟子大賢，例只稱子。孔子復號夫子者，邢昞《孝經疏》云：孔子嘗爲魯國大夫，故弟子連官稱尊之，以别餘人也。後之尊師者因例曰夫子。近時朱文公稱周、程，特曰子周子、子程子，復于姓上繫子。按《公羊傳》曰：子沈子、子公羊子、子司馬子。何休釋云：加子姓上，名其爲師也。若非師而但有德者，不以子冠氏上。朱子於周、程，蓋師尊之。

三大處置

漢初病於諸侯强大，主父偃建分王諸侯子弟之説，諸侯遂弱。唐衰，病於藩鎮跋扈，趙普建收其精兵制其錢穀之計，藩鎮遂消。宋南渡息兵，張、劉、岳、韓擁兵方面不釋，秦檜各除樞密使召之，由是兵權去手。偃之説賈誼發之，普之説烏重允發之，檜之策范同言之【四三】，但偃、普忠謀，檜則奸謀也。

大横

二《禮》灼龜之法，卜人占坼，漢文入立。卜兆曰：大横庚庚，余爲天王。應劭注：

【四三】范同　「同」原作「周」，據四庫本、《建炎以來系年要録》卷一四二、《三朝北盟會編》卷一八四改。

龜文正横也，而横所以吉之義未詳。按占人賈氏疏云：灼龜，灼其腹骨近足高處，占其坼兆，直向背爲木，直下向之爲水，斜向背爲火，斜向下爲金，横者爲土。朱文公解《易》，因謂漢文兆得横木，得土也，所以吉。

十二州

黄帝畫野分州，封域不經見【四四】，《漢書·地理志》統言得百里之國萬區【四五】。《通鑑》劉《紀》善，黄帝土地東至海，南至江【四六】，北逐薰鬻，封域皆九州内。舜肇十二州。孔安國傳《書》謂：析青爲營，析冀爲幽、并。鄭氏因疑析青、析冀之説，謂《王制》言四海之内九州，州方千里，州建百里之國三十，七十里之國六十，五十里之國百有二十。此時井地法行【四七】，州有定域，國有定制，不可得而增減者也。今曰析青爲營，析冀爲幽、并，則二州地削于七州，古制紊矣。况冀爲天子之都，豈可削哉？先儒謂《王制》言國制與五經背馳【四八】，難盡憑，但冀爲王畿，乃制度所當先定者，不應泛然在可增可削之外。或者九州外别建營、并、幽三州，且流共工于幽州，正以罪人屏之荒服外之窮處。若析冀爲幽，則近在王畿，何取爲流竄哉？今按《書》正文，幽州之州從洲【四九】。《左傳》敘四凶投之四裔。裔，遠也。遠則非近冀之幽矣。況流四凶在治水前，時未析營、并、幽，無幽州之名。孔氏《書疏》著鄒衍説【五〇】，曰中國于天下八十一分居其九爾，中國名赤縣，内有九州，禹所敘是

【四四】封域不經見　「不」原作「才」，據四庫本、碧琳琅館本、芋園本改。

【四五】百里之國萬區　「區」原作「世」，據四庫本、《漢書》卷二八上《地理志》改。

【四六】南至江　「江」原闕，據四庫本、《資治通鑑外紀》卷一補。

【四七】井地法行　「井」原作「并」，據四庫本、《致堂讀史管見》卷一五改。

【四八】王制　「王」原闕，據四庫本補。

【四九】從洲　「洲」原作「州」，據四庫本、芋園本改。

【五〇】孔氏　「氏」原作「子」，據四庫本改。

也，中國外如赤縣者亦有九。《漢書》顔師古注亦謂：九州外別有營、并、幽三州。余謂天下之傳久矣，竟莫究三州所在，故疑二説荒誕。但《地鏡》盡括地著，地中脊曰崑崙，其東南方曰神州。賈氏《禮》疏曰：崑崙在西北，別統九州，其神州東南一州，其禹分爲九。又曰：神農上有大九州，曰桂州、神州之類，今惟有神州分爲九。《後漢書》注【五一】：崑崙在肅州酒泉縣西南，地之中也。《博物志》：崑崙，赤水出其東南陬，河水出其東北陬，洋水出其西北陬【五二】，刺水出其西南陬。河水入東海，三水入南海。《山海經》曰：崑崙有五水環其墟，其東南流爲中國河。朱文公曰：地形猶饅頭，崑崙山猶揚尖處，其水四分。合以山勢求之，黄河始崑崙，瀉入中國，不應偏居一隅，三隅亦有水焉【五三】。據《禹貢》，導山、導河、導江，皆始于西，則中國特崑崙一面，九州外之州必有無限，不特營、并、幽之名也。傳記言：人皇兄弟九人掌九州，共工氏霸九州，帝嚳制九州，則九州古地。益爲十二，則始舜，禹平水，復仍爲九。故商以來，但言九圍、九有。《周禮·職方氏》亦只列九州，鄭衍言水中可居曰洲，堯遭洪水，地之高可居者有九，故州以洲名【五四】。古州惟十有二，秦分天下爲三十六郡【五五】，名遂次于州。十二州非古制，明矣。但析九爲十二不無紊井制之疑【五六】。意黄帝肇封地之廣，容有封制未盡者，舜因其隙復創三州，故三州與九州竝列，必盡九州析也。鄭疑蓋拘孔傳，若《王制》難憑，亦爲以今九州幅員計之，百里、七十里、五十里之國須數十倍建置可也，豈三十、六十、百二十八國之能限哉？《王制》蓋又拘地方千里之論。若流共工於幽州，蓋爲北裔水居之洲，近冀之幽非也。

【五一】後漢書　「後」原作「徵」，據四庫本、《後漢書》卷二改。

【五二】洋水出其西北　「洋」原闕，據《楚辭》卷一、《水經注》卷一、《困學紀聞》卷一六補。

【五三】三隅亦有水　「水」原作「少」，據四庫本、《朱子語類》卷八六改。

【五四】水中可居曰洲堯遭洪水地之高可居者有九故州以洲名　二「洲」原俱作「州」，據四庫本、《毛詩注疏》卷一三改。

【五五】三十六郡　「郡」原作「都」，據四庫本、碧琳琅館本、芋園本、《史記》卷六改。

【五六】井制　「井」原作「并」，據四庫本改。

卷第三

古文不相襲

河南邵氏闢班固作史，不敢輒易司馬遷之詞，謂孔子作經，讀《易》者如無《春秋》，讀《書》者如無《詩》，固所不知也。唐李習之曰：六經創意造言，皆不相師。故讀《春秋》也，如未嘗有《詩》；讀《詩》也，如未嘗有《易》；讀《易》也，如未嘗有《書》；讀屈原、莊周也，如未嘗有六經。洪容齋云：「六經之後，百家之言興【一】。老聃、列、莊至于劉向、揚雄，皆自成一家之文。」余觀後世讀書能得古意者惟昌黎。曰：「上規姚姒，渾渾無涯；周《誥》、商《盤》，佶屈聱牙；《春秋》謹嚴，《左氏》浮誇；《易》奇而法，《詩》正而葩【二】；下逮《莊》、《騷》，太史所録，子雲、相如，同工異曲。」李漢曰：「《易》繇爻象，《春秋》書事，《詩》詠歌，《書》、《禮》別其僞。」皆不以一概視經，窺見古人者熟也。立言如此，意者濂溪《易通》【三】，横渠《正蒙》、《西銘》，邵子《經世書》，抉理剔微，皆無一言相襲，至羽翼六經，又漢、唐諸子所無也。故陳壽緣遷、固而不美于史，范甯緣歆、向而不美于《穀梁》，《文中子》之書識頗正大而拘拘模倣《論語》，皆後人之疵。宋子京曰：文章

校勘記

【一】百家之言興　「興」原作「與」，據四庫本、《容齋隨筆》卷七改。

【二】春秋謹嚴左氏浮誇易奇而法詩正而葩　原作「易奇而法詩正而葩春秋謹嚴左氏浮誇」，據《韓昌黎文集校注》卷一《進學解》改。

【三】易通　「通」原作「補」，據四庫本、《周元公集》卷四、六、八改。

必自名一家，然後可以傳不朽，若其體規畫員、準方作矩，終爲人之臣僕。黄山谷曰：文章最忌隨人後。楊東山曰：丈夫自抱衝天志，莫向如來行處行。觀此，則諸賢所以傳不朽者有道矣。

左傳非丘明

《左傳》敘及韓、魏滅智伯事，時去孔子卒已十六年，後儒以孔子有「左丘明恥之」之語，遂謂《傳》爲丘明作。自漢以來，如出一口。唐啖助爲左氏學，始言别有左氏。若夫子言左丘明，蓋史佚、遲任之類，便謂左氏爲丘明，非也。宋伊洛諸儒研經最精，伊川謂《左傳》無丘明字，未可考。朱公以《傳》敘及韓、魏殺智伯事，謂《傳》是箇博記人作。答黄義剛曰：左丘是古有此姓，左丘明自是一人，作《傳》左氏又别一人，必非丘明。程公説《春秋分記》【四】，首辨《傳》非丘明，謂《公》、《穀》皆子夏門人書，疑《傳》亦出孔氏門人之門人，蓋書多戰國秦語也。然未嘗剖析指證其迹。鄉先達萬見春鎮嘗著論，辨《傳》非丘明作，云古者天子建德，因生賜姓，豈止一丘明姓左哉？衛有胥靡逃之魏，衛君請以左氏易之。韓非《内儲説》著左氏衛之都邑，若以邑爲姓，則後之子孫皆可得姓，不止丘明可姓也。揚雄曰：左氏品藻。司馬遷曰：左丘失明，厥有《國語》。獨劉歆《七略》斷然曰：左丘明與聖人好惡同，親受經於仲尼而作《傳》。三人同出漢朝，立言異同如此。

【四】春秋分記　「記」原作「曉」，據四庫本、《春秋分記》改。

余按稱《傳》爲丘明作始司馬遷，劉歆引《傳》解經，書方大傳，後人遂皆祖歆。自歆以《左傳》爲丘明，其後諸儒從而和之，至杜預集其説注《春秋》，遂錮不可解，所以乘虚襲僞而不察者也。嘗以《傳》語考之，左氏端爲戰國時人。當戰國時，齊有鄒衍著書推五德之運，以符應爲驗，而昭九年《傳》云：陳，水屬也，水火配也，而楚所相。哀九年：炎帝爲火師，姜姓其後也。凡此等語皆與鄒子同意。《周官》保章氏雖以星土辨九州土地，然不言某國爲某星。自三家分晉之後，堪輿書出。亦出鄒衍。十二次之説行，始有燕爲木，趙爲火，梁齊爲玄枵，衛爲豕韋，吴越爲星紀等説。而左氏昭十一年《傳》云：今歲在豕韋，歲及大梁【五】。襄二十八年《傳》云：歲在星紀而淫于玄枵。凡此等語皆與堪輿書合。酎酒之名起周末，而《傳》敘鄭人對晉曰：寡人以朝見于嘗酎。秦惠王十二年初臘，《傳》敘宫之奇之言曰：虞不臘矣。秦孝公時，商鞅始立賞級，爵曰不更，曰庶長，而《傳》云：秦敗績，獲不更女父；又云：秦庶長鮑帥師及晉戰于櫟。如此數者，皆出《春秋》後，而左氏之《傳》其爲戰國時人可知矣。又子不語怪力亂神，使丘明果受經于仲尼而作《傳》，必當達聖人之旨。何公子彭生之爲豕，太子申生之請帝，伯有之厲寔沈臺駘之爲祟，鯀化黄熊，石言于晉，内蛇外蛇，新鬼故鬼，鳥鳴亳社，神降于莘等説，累累書之？是足信左氏非受經之丘明，明矣。

【五】大梁　「大」原作「火」，據四庫本、碧琳琅館本、芋園本改。

班史出劉歆

葛洪《西京雜記後敘》云：洪家有劉子駿《漢書》一百卷，無首尾題目，但以甲、乙、丙、丁紀卷數。歆欲撰《漢書》編録漢事，未詮次而亡，故書無定本，雜記而已。後來班史始全取劉書，小異同爾。固所不取者，洪抄出爲《西京雜記》。觀此，則固史之妙端有自焉。

公羊穀梁

公羊、穀梁二姓，自高、赤作《傳》外，考之前史及後世，更不見再有此姓。萬見春嘗謂：公羊、穀梁，皆姜字切韻脚，疑其爲姜姓假託也。按：文公《語録》已有此語。蓋戰國時去春秋未遠，《傳》之所載，多當時諸侯、公卿、大夫及其家世事迹，有當諱悔者，難直斥之，而事之直者又不容曲爲之筆，故高、赤傳其事，因隱其姓。後世史官於當代難言之事，每闕之或晦其姓名，疑其辭義。高、赤緣時忌，没其姓，容有此理。《左傳》作者之名曾無真的，是傳者亦欲假託也。按：二《傳》皆云出自子夏，子夏授公羊高，漢景帝時胡母子都始以《公羊》著之《竹書》。穀梁云秦孝公時人，其書宣帝時始傳，先儒因謂二書皆作自漢。孔穎達曰：《公羊》，道聽途説之學。杜預言膚引《公》、《穀》，適足自亂大觀。羣與曰：《公》、《穀》詭辨之言，非先儒説，或者又漢儒假託也。

形容失當

漢武本窮兵黷武之君，相如《諭巴蜀檄》首言蠻夷自擅不討之罪，次言陛下存撫天下，安輯中國，發使靡有兵革之事等語，雖皆爲武帝文過，然初不爲尊者諱。唐明皇寵貴妃寔爲子婦，白樂天《長恨歌》乃曰：「楊家有女初長成，養在深閨人未識。天生麗質難自棄，一朝選在君王側。」其後誅貴妃，寔六軍迫之。杜子美《北征行》乃曰：「不聞夏殷衰，中自誅褒妲【六】。」白秘其爲子婦，杜歸之于内斷，皆立論當然也。唐取蜀，擒劉闢，韓退之誦聖德曰：「婉婉弱子，赤立傴僂。牽頭曳足，先斷腰膂。次及其徒，體骸橍拄。末乃取闢，駭汗如瀋。揮刃紛紜，爭寸膾脯。」摸寫慘毒之狀，惟恐不真。不知刑而如此，非寬大之朝所宜有，可謂之元和聖德乎？東坡《錢氏表忠觀碑》言河東劉氏百戰死守，以抗王師，積骸爲山，灑血爲池【七】，竭天下之力僅乃克之。雖影帶錢氏不煩兵而下甚好，而于有宋以仁厚兵不血刃之意非矣。此皆文人形容之過。嘗記唐牛元翼除制一聯，昔人謂語勝《尚書》：「殺人盈城，汝當深戒；孥戮爾衆，朕不忍聞。」制自元微之作，信大哉王言也。

【六】中自誅褒妲　「褒」原作「妺」，據四庫本、《杜工部集》卷二《北征》改。

【七】灑血爲池　「灑」原作「驪」，據碧琳琅館本、芋園本改。

古事難詰

《禮記》記文、武夢齡之事曰：文王九十七而終，武王九十三而終。據其說，武王少文王四歲，然文王崩，武王未及終喪伐紂，其曰十有一年，武王伐殷者，通文王九年，大統未集計之也。克商二年而武王崩，出入纔七年，是文王七歲生武王。況伯邑考，武王兄，劉氏《外紀》且明著文王十三年生伯邑考，不知男子十三有生育理乎？若以武王後文王七年崩較之，生伯邑考纔四歲，故夢齡紀年難據。按：文王大統未集而終。越二年爲誓，十有一年帥師孟津伐殷，十有三年大會孟津克商。既克商二年【八】，《金縢》著王疾弗豫，則武王後文王崩僅七年。及武王崩，成王嗣，鄭康成《書》注謂年十歲，《通鑑》謂王三歲，則武王生成王年登八十上。史以成王爲武王嫡子，故立，則成王母邑姜也。武王年八十，計邑姜最少亦不下六十矣。史又言唐叔爲成王同母弟，邑姜之年又不知幾何。孔子生周靈王二十一年庚戌歲【九】，二十三年壬子歲，父叔梁紇卒，孔子時三歲，故不知父卒葬，誠有之。逮周敬王十七年癸酉歲，母顏氏卒，孔子時二十四歲，越明年，乃求合葬于防。《禮記・檀弓》言孔子少孤，不知父墓，母死殯于五父之衢，問于郰曼父之母，然後得合葬于防。然叔梁紇卒，孔子雖少，其母尚在，豈不能示以父墓所在乎？《史記》著叔梁紇年七十娶徵在少婦，因野合生孔子。先賢釋野合爲野哉由也，不備禮之謂。徵在恥，故長不告孔子，緣此孔子不知父墓。竊謂娶不備禮，

【八】既克商二年　「克商二」原闕，據四庫本、《尚書注疏》卷一三補。

【九】孔子生　「生」原闕，據四庫本及文義補。

不告其子容有之。父死，葬不告處，恐不然也。且孔子萬世人倫之表，年如此而父墓不問，何以爲孔子？《檀弓》又言孔子既得合葬于防，防墓崩，泫然流涕曰：古不修墓。聖人舉事審重，未必旋踵而崩，又不修墓，則當聽其崩壞乎？凡此見漢儒之言古事，不復驗之人情，參之道理，只是臆説。

洞庭古九江

《漢志》言潯陽九江，曰烏江、蚌江、烏白江、嘉靡江、畎江、廩江、提江、箘江、源江。孔安國書傳「九江孔殷」，援以爲證，不知潯陽今江州，在《禹貢》爲揚州之域。《禹貢》：「淮海惟揚州。」在孟瀦之下，但言三江既入，至「荆及衡陽惟荆州，江漢朝宗于海」之後，始言「九江孔殷」，「雲土夢作乂」，其後「導嶓冢，至于荆山；內方，至于大别。」「岷山之陽，至于衡山」，及「岷山導江」之後曰：「過九江，至于東陵。」東陵即巴陵，江北夷陵號西陵，故岳東陵西。以經考之，《周禮·職方》云：「荆州藪澤曰雲夢。」釋者謂：雲夢，澤名，方八九百里，華容、枝江、江夏、安陸皆其地。據《禮》，雲夢只一澤。按《書》言「雲土夢乂」，已析雲夢爲二。《傳》昭三年：鄭朝楚，楚子田于江南之夢，邳子之女生子文，弃之夢中，則夢，一澤也【一〇】。定四年：吴人入郢【一一】，楚子涉睢濟江，寢于雲中，則雲，一澤也。按江北爲雲，即今玉沙、監利、景陵等縣；江南爲夢，即今公安、石首、建甯等縣。跨江南北，因總謂之雲夢。凡《禹貢》敘九江皆在今荆衡之域，《唐志》以岳州巴陵是九江。

【一〇】則夢一澤也　原作「入郢則夢夢澤也」，據四庫本、碧琳琅館本、芋園本、《尚書注疏》卷六改。

【一一】吴人入郢　「入郢」原闕，據芋園本、《春秋分記》卷三〇、《禹貢指南》卷二、《夢溪筆談》卷四補。

《山海經》云：洞庭山在九江中。《博物志》言君山即洞庭山。張勃《吳録》曰：岳之洞庭，荆之九江也。近世胡旦、晁説之皆以九江爲洞庭。建安蔡氏釋《書》，援《水經》曰：九江在長沙下雋西北；又援《楚地記》曰【一二】：巴陵瀟湘之淵，在九江間。按：洞庭，九水所聚，沅水、漸水、元水、辰水、敘水、酉水、澧水、資水【一三】、湘水，九江非潯陽，明甚。鄭印亦云：《禹貢》九江在荆州，即今岳州洞庭，但析九江之目，無漸、酉二水，而附錦、靖二水，然均爲九江也。唐孔穎達謂潯陽九江之名起。近朱文公嘗著《九江辨》，以洞庭、潯陽九江各不同也。余以《漢志》考，當在九江郡。今淮東、江西諸郡。漢復置九江郡。今淮東滁、和、真、濠、壽九郡【一四】。如此則潯陽九江自秦始，而洞庭九江則古也。

禽釋擒

《易》曰：「即鹿無虞，以從禽也。」伊川解無虞人而即鹿，是有貪禽之心。「王用三驅，失前禽。」釋者云旁走者不射，惟向前背走者射之，不中而已，故失前禽。則鹿言禽，驅走皆禽也。《禮記》：鸚鵡能言曰不離飛鳥，猩猩能言曰不離禽獸。如《特牲》「郵表畷禽獸」，下文專以貓虎言之。《月令》「祭禽于四方」及「豺祭獸戮禽」，釋皆云：禽者，獸通名。《周禮・大宗伯》以禽作六贄，雁、雉、雞、鶩外，虎皮、羔其二。《庖人》：禽獸春羔豚，夏腒鱐，秋犢麛，冬鱻羽。《獸人》：弊田，令禽注于虞中。注謂取禽左耳致功。鄭玄

【一二】楚地記　「記」原作「説」，據四庫本、《太平御覽》卷一六八、《禹貢指南》卷二改。

【一三】資水　「資」原作「瀟」，據四庫本、《禹貢指南》卷四、《晦庵集》卷五一改。

【一四】滁和真濠壽　「真」原作「貞」，據四庫本、《續資治通鑑長編》卷四六六、《宋會要輯稿》兵九改。

因謂凡鳥獸未孕曰禽【一五】，且援《白虎通》説曰：禽者，鳥獸總名。《大司馬》：「大獸公之，小禽私之。」賈公彦疏曰：已孕曰獸，輸之于公，未孕曰禽，田衆得之【一六】。又孔穎達《禮記》疏曰：禽者，擒也，言力小可禽制也【一七】；獸者，守也，言力多不易擒，須圍守而獲也。詳衆説，則禽不拘羽，故古人言荒于獵者曰禽荒，曰從禽，不别言獸，以小大兼獵，禽足該之也。又《左傳》擒獲字例單禽。而柳下惠名獲字禽，則禽者擒也。孔説亦然。獨《爾雅》言二足而羽爲禽，四足而毛爲獸。然其言飛曰雄雌，走曰牝牡，不知《詩》「雄狐綏綏」，則雄雌不特飛也；《書》「牝雞之晨」，則牝牡不拘走也。故賈氏闢其説非通義。余按經中，惟二《禮》乘禽。《易繫》：隼者，禽也。《公羊》：鸜鵒來巢，曰非中國之禽。惟言羽，餘多獸通名。使禽果羽之雅言，則《書》之「鳥獸蹌蹌」、「陽鳥攸居」、「鳴鳥不聞」，《易》之「鳥焚其巢」、「飛鳥遺之音」，《詩》之「黄鳥」、「玄鳥」，《記》之「不離飛鳥」、「故鳥不獝【一八】」，《禮》之「羅鳥」、「鳥共卵」等語，聖人皆當易鳥以禽，何必若今之直敘邪？

【一五】獸人弊田令禽注于虞中注謂取禽左耳致功鄭玄　原闕，據四庫本、《周禮注疏》卷四補。

【一六】田衆得之　「田」原作「曰」，據同上改。

【一七】言力小　「言」原作「方」，據四庫本、碧琳琅館本、芋園本改。

【一八】故鳥不獝　「獝」原作「橘」，據四庫本、碧琳琅館本、芋園本改。

終命椽筆

《洪範》九，五福：富、壽、康甯、好德外，考終命居其五。此非生者之美也。後人祝頌，概曰五福全備，不知考終命之當諱。晉王珣夢人以大筆如椽與之，覺而語人曰：此當有大手筆事。俄而晉武帝崩，哀册謚議，皆屬珣草。而筆如椽事，後人不辨爲不祥之筆。

封略自然之險

蘇秦説戰國諸侯，各言其四封之限。蓋國有限界方可自固。狄梁公曰：天生四夷，在先王封略之外，故東距滄海，西阻流沙，沈括云：流沙，履之百步，皆勒如軒幕，上或人馬車駝無孑遺，凡千餘里，四面茫然，以人畜骸骨爲志。每風將作，老駝知之則聚鳴，而擁其鼻口，否則危斃。北横大漠，浮沙數千里，逾者進寸退尺，暴風一起，沙卷如席，壓人，多不能出，斃者十九。南隔五嶺，瘴霧能死人，其外限以惡溪、沸海。惡溪，逾者脚腐；沸海，鰐産其中。此天所以限中外也。後世封略不謹，華夷混處。按周東遷而後，吴、越、楚、蜀盡蠻，隴、秦、晉、魏悉戎，河南陸渾【一九】、河西白狄，淮有羣舒處諸隗，洛陽有揚拒、泉皋、陸渾、伊洛之戎，衣冠俗無幾也。至邾、鄫處魯甸而用夷號，徐在京東而有夷名。當時四夷錯居中國，漢、魏以來然矣。至東晉，中原消磨混一，其原皆出夷狄。先王荒服之制既混，識者猶欲守在四鄰，然泛言守，亦難。嘗以天下大勢考之，莫不各有自然之險。河北以居庸諸關爲險，蓋居燕百里外，關外名虎北口，即漢上谷郡，其山西連太行，東亘遼海，狼居胥諸山爲襟帶，關南北通處，路遶兩崖間，風起，人行或爲所掀。彭文子謂隘如線，側如傾，其升峻絶，其降如趨井。下有澗，巨石磊塊，凡四十五里，甚艱折萬狀。山外寒氣，先山南兩月。燕之東百里曰榆關，蓋由虎北口下皆亂山層複，至此循海，方有狹徑，寔遼東諸州之障阻。昔時守以土兵，狄不能入。自石晉割

【一九】河南陸渾　「河」原闕，據四庫本、《春秋左傳注疏》卷四二補。

關南十六州，劉仁恭割營、平、欒三州賂契丹，由是北自定武達遼海，千里失險。凡漢、唐所以限狄者，狄皆有之。按：漢北邊之中曰定襄、雁門、雲中，各有要害。夷狄患多出朔方，即今靈夏州，而山河無幾。其後拓地逾塞，關外皆漢有。光武興，民苦胡寇，盡徙居關以東。唐藩鎮崛强，田承嗣有幽燕十六州也；唐無北顧憂者，惟据諸關故也。宋興，諸關皆在契丹裏，故太祖、太宗嘗有志取燕。燕人宋琪時言古北口、野狐門、松亭關三路，皆有古人堡壘成迹【二〇】，於此置守，南牧自絶。後富弼使北，亦言士人云：若守居庸關、古北口、松亭關、符家寨，則虜不得南矣。按：《書・禹貢》：導山自梁、岐、荆山，逾于河，壺口、雷首至太岳，底柱、析城至王屋，太行、恒山至碣石，入海。則河北諸山發原雍西，逾河而冀，而幽，而營，至碣石入海，蓋天然華夷之限。秦築長城，起臨洮，盡遼東，史亦言因地形制險塞。五代失險，周世宗首於深、冀間浚胡虜河爲限。宋守塘濼而雄霸二州間，塘水不接，遂中置保定軍，餘塘水瀰漫而保州以無，多植榆爲蔽。宣、靖間，童貫輩爭燕雲而不取險，故岳飛曰：金坡諸關不獲，則燕雲未可有。後金人逾關【二一】，黏罕嘆曰：「關險如此，而我過之，南朝可謂無人。」由此觀之，居庸諸關寔河北屏蔽也。至越河而南，黄河、潼關，乃中原之蔽。宋失汴，保江關河，置而不問。《北夷録》載金有蒙患【二二】，南徙都汴，保關守河。黄河自洛陽、三門、積津，東至邳州、桃園、崔鎮，東西長二千餘里，設四行院，每行院管五百里，以精兵二十萬守之，夜則傳更，冬則敲冰；潼關邊西南大小關口三十六，約千餘里，亦設四行省，分精兵十萬守之，布置周密，水洩不通，如是垂十五年【二三】。北兵渡河不可，越關

【二〇】皆有　「皆」原作「晉」，據四庫本及文義改。

【二一】後金人逾關　「後」原作「役」，據四庫本、碧琳琅館本、芋園本改。

【二二】北夷録　「北」原作「又」，據《東都事略》卷一〇五改。

【二三】十五年　「十五」芋園本作「五十」。

不能，乃謀闖山東，假道宋，由蜀出襄、鄧，金坐此不支。由此觀之，黃河、潼關，中原屏蔽也。按：劉宋元嘉中，與魏爭河南，魏斂戎歸北，宋圍魏碻磝、滑臺、洛陽、虎牢，劉守南岸至潼關，其後魏主引兵南下，四鎮各失守。晉杜預嘗于孟、潼建河橋。五代兵爭者束槍結筏，或候水而渡，則黃河不如江水迅急，及岸甚易，水面或有高於地面處，所以多決。沿河古設長隄限水【二四】，其守必以兵固。若東南以大江爲固，而防人守江多在江北，吴人築濡須塢，修東興隄，城巢湖，皆守淮蔽江。淮東地多石磧，險在水；關中地重岡複嶺，險在山。胡安國嘗言欲固上流，必保漢沔；漢上流曰沔。欲固中流，必以重兵鎮安陸；欲固下流，必守淮泗。張魏公亦曰：淮南之地，正所以蔽大江，無淮南則長江與虜共，彼得淮南，因粮就運，以爲家計，江南其得安乎？蓋淮南魚鹽桑麻之富地，他郡不可比，所以守江者急宜保淮。楊誠齋曰：有淮而後江者，吾之江；無淮則江者，非獨吾之江，亦敵之江也。按：淮水二千里，其北方水道通淮有四：汴、潁、渦、蔡也。其通南方入江，江淮老鸛河故道在，淮爲南北喉襟，荆襄南國門户者，其地左顧關陝，前瞰宛洛，右通吴會，後接巴蜀。昔人謂得人則中原可定，失人則社稷可憂，是也。但處四達之衝，中原交經可入者錯出。胡五峰謂其地利進取，不利固守，須以兵險近時固荆。長安東有函關，南有散關，西有隴關，北有蕭關，故號四塞之地。漢祖東據函關，必外嚴滎陽【二五】、京索之守，若西則玉門、陽關，古稱天限。漢、魏世氏羌徙居關輔，實處其衷。故漢言三輔利害者，欲保西凉州。其地南隔氐羌，西通西域，北斷匈奴右臂。漢武取休屠王地建州，今名姑臧、燉煌等郡。唐苦吐番，元載欲城隴山口原州。按：隴西南連秦嶺，北抵黃河，東西一百八十里，其坂九回。

【二四】設長隄　「設」原作「談」，據四庫本、碧琳琅館本改。

【二五】滎陽　「滎」原作「榮」，據《三國志》卷一《魏書一》改。

上者七日乃越。登隴東望秦外，極目泯然。隴外無蠶桑，八月乃麥，五月凍解。漢隗囂據凉塞隴，光武遣來歙取之，密謀山道而後濟。帝復自帥諸將攻隴。宋經略西夏，韓、范議取横山，唐張仁愿守朔方，河外築三受降城。由此觀之，關中四隅之守，又各有要地。蜀險，李熊嘗謂：北據漢中，杜褒、斜，南守巴郡，拒峽口。東下漢水，可窺中原，南順江流，可震荆、揚。所以計蜀悉矣。近代宋保蜀，以南制北，階成、岷、鳳爲藩籬，漢中爲門户。紹興中，固蜀專倚鳳州和尚原，其後金欲割之，帥臣胡世將力爭不可，四州内漢中雖有諸關而支徑甚多，故和尚原守蜀之要也。南方限以五嶺，甌、粵無西北之勁，中國反以象犀珠貝所在通焉。三國曹操守洛陽，東拒吴，倚淮漢；西拒蜀，倚秦嶺。故魏明帝以爲地有所必爭。觀此，則守國之險可無哉？

古税不拘什一

《禹貢》田賦别上、中、下九等。《周禮》辨上地、中地、下地，有年、無年。魏平糴法亦隨上熟、中熟、下熟。《孟子》曰：「請野九一而助，國中什一使自賦。」則邦中郊外各不等，無槩取税也。又「方里而井，井九百畝」，「八家皆私百畝，同養公田」，實九取一。班固《漢・食貨志》謂九百畝中除二十畝爲廬舍，耕只八百八十畝，符合什一之説。而《孟子》無此文。夏五十而貢，殷七十而助，周百畝而徹，其實皆什一也。百畝取一，徹是也。貢五十，助七十，若何什一乎？趙岐謂耕五十畝者，貢五畝；耕七十畝者，以七畝助公家。説亦什一。孔穎達謂古者人衆田少，故一夫惟得五十畝，殷一夫惟得七十畝，皆不具周數。然畫井而田，古制也。具歷夏、殷至周，周當生齒富倍二代，豈有愈久愈耗乎？賈公彦謂《周禮》地有一易、再易、不易之分，貢乃一易地，二百畝而税，百畝助，則上地百畝，菜三十畝，而税其半。徹則上地全税之。夫地古今共是，天下無緣可專有貢地，殷兼有助地與菜【二六】，而周全有徹也。此皆求合什一之説不通，因臆説也。按《春秋》魯宣公初税畝。收公田外取八家私田。杜預注：什取二，故曰：二，吾猶不足。《公羊》曰：大桀小桀，過于什一也；大貉小貉，輕于什一也。《周禮·載師》：凡任地，園廛二十而一，漆林之征二十而五，近郊十一，遠郊二十而三，甸稍都鄙皆無過什二。則古税各隨地之宜，不拘什一也。

不署字之福

宋興，王全斌平蜀，殺降兵三千人。曹彬爭之不可，但不署字，收其文案。他日藝祖詰責，彬以不署字得明。文潞公、劉沆同官中書，仁宗不豫，有告禁卒謀反者。潞公詰知無他，令斬告者。或啓公委劉相處分，遂屬沆。仁宗疾平，沆白上曰：陛下病時，彦博斬告反者。索卷視之，沆獨無著筆，遂得釋。二臣當危疑間，皆以不署字脱禍，若曹本不與謀，而沆乃同事異心，又從而訐之，真岌岌乎小人之用心！余邑舊有帥司酒課，例設監釀

【二六】兼有助地　「助」原作「物」，據四庫本、碧琳琅館本、芋園本改。

一員，月有薄給，宰每賙私人某宰處以處客。客，智士也，受給不廢，督視第酒計出入，不犯一筆。後客去，帥司磨筭酒課，追逮合千人，客獨以無迹免。此亦不署字之福也。

大計不惜小費

司馬温公曰：天地生財，止有此數，不在官則在民，譬猶夏旱則冬澇。雖曰救正荆公一時之偏，實古今財計乘除一的論也。然有國者操斂散之權，後世又有摘山煮海，曲盡阜生之道，非止天地之生也，猶曰乏財，拙亦甚矣。唐劉晏領漕運，與造船執事錢皆過與，曰：當先使之私用無窘，則官物堅完矣。其後有司減半，漕運遂廢。謝君直論六國成敗曰：秦兵百萬，六國兵不下四百萬，秦能滅六國者，黄金、爵級、敢戰，則得六國所有美人、珠玉也。沛公兵十萬，項羽兵四十萬，沛公終能滅楚者，輕侯王以賞戰士，捐金帛以富功臣。項氏印方刓而人心已在敵國矣【二七】。高祖令陳平間疏楚君臣，予以黄金四萬斤，縱其出入。蓋足陳平之私用，然後可責其爲漢用。大率喜事赴功之人，未必高潔不污之士，賢如王述猶有足則自止之論。矧平等皆楚降漢者乎？晉羊祜深知王濬，或言濬志奢侈，難信任。祜曰：濬有大才，將以濟其所欲，必可用也。後濬卒平吴。使智勇建功，惟豁達大度者方可語此。唐李絳曰：錢用盡更來，機事一失不可復追。所以曉世主者至矣。宋藝祖經制西北，邊臣悉厚以官爵，寬其繩墨，所部租税一不計其如何，故皆得其死力。趙

【二七】印方　「印」原作「即」，據四庫本、碧琳琅館本、芋園本改。

普常言：桑維翰愛錢難用。上言：苟用其長，當護其短。又曰：契丹精兵十萬，我以二十匹絹易一胡人首，止費我二百萬絹。規模宏遠如此，宜其光啓一代也。

忍字二義

小説著太公勸忍之言曰：吞鈎之魚，悔不忍飢；羅網之鳥，悔不忍飛；人生悮計，悔不忍爲。故唾面將襟拭，嗔來把笑迎，則知辱之當忍矣。被駡招功德，嗔來送福田，則知忍之爲福矣。數語雖不真出太公，而著忍字之益甚備。又唐人詩曰：忍事敵災星，灰心缘忍事。張公藝至以百餘忍字九世同居，皆有得于懲忿窒欲之效然也。然忍有二義，鄱陽饒氏解《論語》「是可忍也」章，謂忍有甘忍之忍，有容忍之忍。甘忍之忍，正夫子責季氏之意，如州吁阻兵而安忍及經言殘忍、忍人，大抵甘忍爲之而不顧。其説忍字有是非。梅亭李氏言：忍有二，有抑情之忍，有知道之忍。抑情之忍如飢忍食，砭忍楚，隄漏川决，閑之惟難；知道之忍則克己而復于禮，禮人而反其敬，如噎而霽，冰而澌，容而消之，所過皆化。其説忍字有淺深。人能由抑情之忍以造知道之忍，又能戒其甘忍之忍，然後忍字之義方備。不然，季氏州吁之忍，亦忍也。

温公獨樂園

古人遇不可有爲之時，多有所記以自晦。文王囚羑里，忘憂于《易》；孔子轍環不遇，寄志《春秋》；范蠡知句踐不可共樂，遊五湖而去；張良知高祖難與保終，託赤松子而行；蕭何慮高祖之疑，買田宅以自汙；陳平當禄、産擅權，飲酒戲婦人；司馬懿見曹爽等用事，假病爲飲啜不收之態；劉伶、阮籍、羊曼、謝緄，一皆用醉酒遠禍。前儒謂張良智計過人，豈不知神仙爲荒誕哉？蕭何繫獄，韓、彭俎醢，良之明哲保身不特著，而爲先蹈高隱出漢初人物。然則陳平輩以酒避事，飲非真飲，醉非真醉也。司馬温公熙、豐間言不見用，退居于洛，創獨樂園，以澆花種竹爲事，自比晉、唐間人。公豈獨樂者哉？伯父怡庵嘗曰：古人之用晦不一，如豫讓漆身吞炭，使人不識，是晦其形；范蠡去，號陶朱公，元結隱，稱猗玗子，是晦其名；公羊、穀梁，今古無此姓，獨高、赤託焉，是晦其姓；魯三桓淩公室，樂官師摯以下適齊、適楚、適秦、入河、入漢、入海，舍魯而去，是晦其居。余因謂蕭何、陳平、劉、阮輩，假酒自困，是晦其行，張子房是晦其智，司馬懿是晦其姦。若温公自比晉、唐間人，似欲晦其爲宋忠賢也。

卷第四

識其大者

六經後，子書皆昔人垂世之言，惟《孟子》爲經者，談王道，貴仁義也。韓、柳竝稱，昌黎獨得祀孔庭者，闢佛老，扶正道也。《離騷》怨而實忠，所以《騷》名經。杜詩一飯不忘君，所以詩稱史。蘇老泉著《衡書》、《權論》，楊龜山曰：書名已不正，豈有山林逸民乃汲汲於用兵？王荆公編百家詩，置李太白於後，曰：十首九説婦人與酒。子美、退之各有示兒詩，子美曰曾、顔、游、夏，則導之聖賢；退之曰玉帶金魚，則誘之利禄。宋文章多粹，伊洛發明孔、孟，推究性理，便覺歐、蘇氣餒不長。《毛詩·國風》，後代騷人極力摹倣不到；鄭、衛之詩，淫奔語也，被之絃歌，聖人必遠。觀此，則所謂大者識矣。雖然，此以文論也。魯昭公如晉，自郊勞至贈賄無失禮者，女叔齊以爲非所以守其國家，行其政令，無失其民者也。今政在大夫，公室四分，民食於他，魯侯焉知禮。翟璜與魏成論功，李克曰：璜所進五人，君皆臣之；魏成東得卜子夏、田子方、段干木，君皆師之。吴起與田文論功，將三軍，擯秦、趙，實府庫不如起，至主少國疑，大臣未附，百姓不親，則起咋舌不敢談。陳平爲宰相，不問錢穀訟獄；丙吉爲宰相，不問横道死人，但以鎮國家、理陰陽、親諸侯、附百姓爲事；汲黯爲九卿，拾遺補過；范文正公所至爲政，敦禮教、厚風俗，皆識其大者也。故昔人論治必首三代，論人必希聖賢，論文必本六經，非過於矯亢也。

今存經注

古之學者專門名家，箋注經文者不一，其徒各守其師之説，所以某氏《易》、某氏《書》、某氏《詩》，傳授異派。自唐太宗詔諸儒撰定五經疏義，於《易》取王弼，於《書》取孔安國，於《詩》取鄭康成，於《春秋》取杜預，由是他説盡廢。今板行經注，四家之説獨存，始太宗也。

孔子生年

《左傳》記孔子卒而不記其生，《公羊》記孔子生魯襄二十一年十一月庚子，《穀梁》以爲生十二月二十二庚子，與《公羊》差一月。《五行書》謂孔子生庚戌年二月二十三庚子日甲申時。考庚戌乃魯襄公三十二年、周靈王二十一年，與《公》、《穀》年月俱差。如《公》、《穀》，則孔子乃生己酉，非庚戌也。故劉氏《外紀》謂孔子年七十四終【一】，與他書生庚戌終壬戌不同。三人之説異，從《公》、《穀》也。信《五行書》，固不若信《公》、《穀》。

【一】劉氏外紀　「氏」原闕，據四庫本、劉恕《資治通鑑外紀》補。

然《公羊》言十一月庚子，而杜預《長歷》魯襄二十一年庚戌歲十一月無庚子。《左傳》書孔子壬戌歲夏四月己丑卒。杜注歲四月無己丑，有乙丑。故《孔子家譜》、《祖庭廣記》俱云魯襄二十二年十月二十七日庚子孔子生，與《公》、《穀》、《五行書》俱差，不知又有所本乎？或謂周建子，魯襄十月實寅正八月，以改朔不改月之説推之，又不然。

瞽瞍武后

古今事關綱常處最要知體。桃應問孟子：舜爲天子，瞽瞍殺人則如之何？蓋即其難處者覘之，孟子曰：執之而已。前輩卑孟子此答，以爲天子父尊之至也，豈有身爲天子，不能屈法申父之理？《史記》著石奢相楚，奢父殺人，奢曰：以父立政，非孝也，遂自刎死。五代周世宗父柴守禮殺人，世宗不問。朱文公《綱目》特書之，以能權輕重也。歐陽公謂世宗甯受屈法之過，以申父子之道，且刑一人未必能止殺，殘其父則滅天性，是固有當權輕重者，非可以殺人論也。張南軒涖官日，有以嫌疑訐父者，南軒以事關綱常，置狀不省。近時某官宦江西，有子訐父私牛者，官論父罪合杖。徐詢子曰：「汝居家孝否？」子曰：「孝。」又問：「子孝，曾爲父母代勞否？」子對曰：「嘗代勞。」遂移父杖杖之。處置真得體。陳止齋曰【二】：直躬之直，直也，君子以爲可以無直，不可以無父；仲子之廉，廉也，君子以爲可以無廉，不可以無母。其論美矣。又嘗以武后簒唐，昔賢所

【二】陳止齋 「止齋」原闕，據陳傅良《八面鋒》卷八補。

以處之之説曰：武后易唐爲周，得罪唐室，中宗武后子，又當有唐祚，尊其子而除其母，實于名義未安。然五王召禍，正爲賊后未除。胡致堂謂：武后易唐爲周，不得爲高祖、太宗之婦，大臣當告之宗廟，廢之，中宗不得以母庇也。議論甚正，處置亦有理。且謂桀、紂失道，湯、武不得以臣庇君；管、蔡間王室，周公不得以弟庇兄。文公《綱目》俱不之録。今於衛輒拒蒯聵事，識公去取之意。公謂蒯聵得罪先君而出奔，輒只當見父子之爲親，不可一日立乎其位，如衛大夫以蒯聵爲先君罪人，請命天子，討之可矣。然輒聽大夫所爲，又似假手他人以脅父，于輒處心終未安，故只逃去爲得策。《綱目》不録，想爲此也。然此可以全中宗母子之天，難以洗唐室篡移之禍。故南軒謂當并易中宗，蓋天下者高祖、太宗之天下，非可私中宗母子。又嘗究胡文定傳《春秋》：文姜與弑魯桓【三】，其子莊公嗣位。文定曰：徇私情則害天理之大義，舉王法則傷母子之至恩。此固論之難斷者也。然文姜逐于魯，孔子書之曰：夫人孫于齊。《傳》謂去其姜，因絶不爲親也。文姜逐齊即歸，哀姜逐齊不反，孔子例書曰孫。不緣以公示輕重，深絶之也，然則恩輕而義重矣。梁人有繼母殺其父者，子殺之。有司欲當論逆，孔季彦援文姜絶不爲親之説【四】，但以非司寇擅殺論。武后遷中宗于房陵，豈有母子之恩乎？漢光武中興，以吕后殺劉氏三王，背高帝約束，王諸吕，幾危社稷，謂不宜配享高廟【五】，即位後遷吕后别祭園寢，追尊薄太后爲高皇帝廟配祀。然則致堂告廟棄廢之論亦有本。

【三】魯桓　「桓」原作「伯」，據四庫本、碧琳琅館本、芋園本改。

【四】孔季彦　「季彦」原作「子季」，據四庫本、《孔叢子》卷下、《吕氏春秋集解》卷五改。

【五】不宜　「宜」原作「遺」，據四庫本、碧琳琅館本、芋園本改。

言不相副

李長吉詩云：「黑雲壓城城欲摧，甲光向日金鱗開。」王荆公曰：是兒言，不相副也。方黑雲壓城如此，安得向日之甲光？昌黎《送孟東野序》，首句「物不得其平則鳴」乃一篇大意，然其敘言咎、禹假言以鳴，夔假韶鳴，伊尹鳴商，周公鳴周，此豈所謂不得其平者乎？東坡序《六一文集》，前面言歐陽子之學推韓愈、孟子以達於孔、周，著仁義禮樂之實以合於大道。又云自歐陽子出，天下爭自濯磨，以通經學古爲高，以救時行道爲賢，以犯顔敢諫爲忠。議論關涉什麽大，到末後却只説詩賦似李白，記事似司馬相如。故皆啓昔賢之譏，然則措辭立論，其可苟乎？

矯古説之過

世人談王者鄙霸，崇義者薄利，飾治者厭兵，秉正者賤術，循實者陋名，尚行者輕文。此正説也。余以古説參之，亦有後世矯之之過。霸于古爲伯，《公羊》著周、召二公分陝東西而治，號二伯。釋者謂九州除王畿千里外，二伯各治四州半，故《傳》曰：五侯九伯，女實征之。各四州半而言九伯，舉全數也。《詩·清廟》之詩周公朝諸侯【六】，率以祀文王，則周以二伯領諸侯，實霸之始，特未有霸之號。《左傳》：五伯之霸也。杜注：霸，把持也，把

【六】清廟之詩　「詩」原作「私」，據碧琳琅館本、芋園本、《毛詩注疏》卷二六改。

持天子之政。孔穎達曰：五霸字或作五伯。顔師古：伯讀爲霸。司馬温公曰：二伯職廢，乃轉爲霸。故《周禮》：九命伯。《禮記》：五官之長曰伯。三國吴求封爲九州伯，晉桓玄侈其父温曰：父爲九州伯。皆長諸侯之號。司馬温公曰：方伯連帥，能率其屬尊天子謂之霸。又曰：王、霸，非若白黑、甘苦之相反。荀子論霸政曰：辟田野，實倉廪，便備用，閲材技，存亡繼絶，衛弱禁暴。又曰：不欺其民，不欺其與。又曰：重法愛民。皆非不善之目也。雖以粹、駁辨王、霸，然李盱江曰：西伯霸而粹，桓文霸而駁，三代王而粹，漢、唐王而駁。則王亦有駁，霸亦有粹也。蓋王道所以安天下，霸道所以尊京師，本無粹、駁之分也。《祭義》曰至弟近乎霸，使臣子扶持王室能如弟之順兄，何不可之有？自孟子羞稱五霸，説者遂視霸爲强梁之義。不知仲尼不道，孟子羞稱者，以桓、文假公濟私，非真有扶持周室之心，羞其人之不誠也。豈謂霸爲不足尚哉？又孟子多有激而論，戰國諸侯慕尚桓、文，又迷於功利，慕桓、文而不至，故曰：今之諸侯，五霸之罪人也。孟子方以王道進諸侯，因例卑桓、文。今承其言，果謂霸爲非，不可也。南軒但以公私辨五伯，王者無所爲，伯者有所爲。「利」之一字大，《易經》、四聖之書，「利貞」、「利有攸往」等語，每卦必言，何嘗不擇利而行者。財利雖曰害義，孔子贊《易》：「何以守位？曰仁。」便次以「何以聚人？曰財。」十三卦之制作，首以畋漁之《離》，耒耜之《益》，交易之《噬嗑》，且舟車致遠以通之，擊柝弧矢以衛之，所以爲財計者甚密，然後宫室、棺槨、養生送死，可無憾也。孟子言王道之始，在牆下之桑，鷄豚狗彘之畜數語。人主享有天下之奉，膳服、祭祀、賓客、朝覲、聘饗、水旱、兵凶，尤非可以空談理也。故禹平水土，必先貢賦，《周禮》衡虞，亦且設官。世儒不察，何必曰利一語激于齊、梁，懵不知義，遂謂財利孔、孟不尚。則士當知諱不幸，國用告急，則倉卒聚斂之不恤，是皆識偏論固之所致也。不知君子惟當見得思義，謂當諱不尚，非也。兵者，所以威不軌、備不虞，羲、黄、唐虞可謂淳矣，而神農伐補遂，黄帝伐涿鹿、征蚩尤，堯伐驩兜，舜伐三苗，皆不得已而有者也。叔末血氣之私愈熾，利欲之爭不息，飭仁義者動以去兵爲美談，不知天下雖安，忘戰必危。秦銷鋒鏑，卒肇鋒鏑，晉去武備，卒開武備。宋襄仁義，梁武諱戰，皆不滿識者一笑。可以卒伍之法、車乘之賦、蒐閲之時、擊刺之教、侵伐之事輕之。國家常政，干戚衛文德，俎豆寓軍旅，雖聖人不廢。或者顧謂孔子不學，不知有激而云也。故古人戢兵不曰去兵，偃武不敢忘武。今飭治者欲諱兵不事，亦非也。「術」之一字，只道理之巧者爾。天下之事有不可直，遂須委曲斡旋【七】，成之，亦是道理合如此，不成，朴直付之無可奈何便已。齊王愛牛，孟子進以仁術，是乘其善心之發，誘之充拓，不成，謂其不足進此，安其愛牛而止。今之治衆有方曰政術，教人有方曰道術，思慮之巧曰心術。術非不善之目也，特隨所施之邪正有美惡爾。名由實正，猶形影相隨，故名教、名檢、名節皆礪世之具。君子修之，則善名生；小人悖之，則惡名著。三代之王，必先令聞蚤有譽于天下，中庸取之。盧毓曰：常士畏敬慕善，然後有名。宋范堯夫曰：人

【七】斡旋　「斡」原作「幹」，據四庫本、碧琳琅館本、芋園本改。

若避好名之嫌，則無爲善之路矣。士處窮約，若無美名，人何從？知孔子疾没世而名不稱，特在上之人因名索實爾！今謂之鄙，亦非也。若夫文之爲文，古不專以辭采言，凡文之義，只有條理不相紊亂之謂。俗學之説興，談文者指爲末技，不思堯、舜、禹大聖，《書》贊之曰文思、文明、文命，孔子稱堯曰焕乎其有文章，子貢稱夫子之文章。子以四教，曰文、行、忠、信。值匡人之圍曰：天之將喪斯文，天之未喪斯文，此豈摛華掞藻之末哉？先儒謂文乃古先聖王經世之道，有以制度禮樂言者，有以道德言者，有以辭藻言者。辭藻則世人浮華之辭，道德則六經精粹、萬世之辭，制度禮樂則聖人制作維持斯世之法程也。蓋上古洪荒朴野，斯人禽獸之不如也，聖人出而汙尊抔飲易爲俎豆揖讓，土階茅茨易爲上棟下宇，蕢桴土鼓易爲八音六律，獸皮鳥裳易爲衮冕黻舄，事有條制，上不可陵，卑不可僭。凡其粲然可觀者，皆文也。故《語》曰：文之以禮樂。特上古生齒未富，俗淳事簡，義、黄可以遊乎無爲之天，而文爲可略。堯、舜以來俗日熙，事日繁，儻不事爲之制，尚仍朴野之舊，則世浸以紊。故夫子稱堯曰：焕乎其有文章，稱周制作大備曰：郁郁乎文哉！皆美制度禮樂之文也。子由《古史》曰：文之爲言，猶曰物各得其理爾。昔者生民之初，父子無義，君臣無禮，兄弟不相讓，夫婦之倫理不立。後聖審其淆亂，從而屬父子，辨君臣，聯兄弟，正夫婦，削去鄙野之習，遂文于前世，此世所以稱治也。《考工記》：青與赤謂之文，赤與白謂之章。亦曰：繪畫之事後素功。周衰，王政不綱，幽、厲以亂，故詩人刺之曰：動無禮文，天下蕩蕩無紀綱。文章盛衰，係世治亂如此。向使冠昏饗射之制存，則乖爭之俗不作矣；朝覲聘問之禮存，則崛强之國不聞矣；宫室車旂之有等，則僭擬之風不起矣；號令賞罰之既行，則統御之權不失矣。文之秩然者常存，則世之泰然者常在，先王所以有貴于文也。後世動以末技視文，豈識文之所爲文哉？

與齒去角

顔師古《漢書》注：董仲舒策語云：牛無上齒則有角，其餘無角者則有上齒。參之其信然。按韻書角字注：人下用，音權，頭角上出也，觸也，競也；兩點下用，音鹿，四皓名中角里先生【八】，正同音。宋崔偓佺嘗辨正二字，未釋其義。余按《詩·行露》「誰謂雀無角」，陸氏注：雀有味無角，且援東漢注云：角謂觜。故晦庵《詩傳》作鹿，音翻。董敬庵雲章。雙峰謂同鹿，鳥味骨也。鳥有味者無齒，獸有齒者無味。此天有所分予也。蓋從曾氏説。字書只有角字，無兩點下用及人用之字。

寺觀藏

漢改秦典客官爲大鴻臚，掌諸侯，歸義蠻夷，古行人之官也。因設鴻臚寺，待四方賓客。永平中，佛入中國，首名其居曰白馬寺，以白馬負經來，故號。蓋竝緣鴻臚待四方賓客之

【八】角里先生　「角」原作「角」，據四庫本、《史記》卷五五、《漢書》卷七二改。

故，此中國有寺之始。詳其故，寺非佛得專。漢世官有九寺之目，劉昭注曰：寺，官舍也。《風俗通》：寺，司也。又曰：寺，嗣也。理寺之吏，嗣續之中，則非獨爲佛也。觀之義，《禮運》仲尼與于蜡賓事畢，出遊于觀之上。蓋魯有兩觀，門旁高處也。《爾雅》釋觀爲闕。孫炎曰：宫門雙闕，懸法象，使民觀之。闕居巍巍高處，因名象魏。謂之闕者，觀法象則可闕去疑事。《春秋》晉楚邲之戰，潘黨請收晉尸，築爲京觀，封土觀示後人也。胡澹庵言觀有四：一曰朵樓，魯兩觀是也；一曰藏書所，漢東觀是也；一曰遊觀處，謝玄暉賦屬玉觀是也；一曰高可望，《黄帝内傳》曰始置真容於高觀上是也【九】。今老氏居，疑本《内傳》。詳此，觀非老可專。凡高可縱觀，皆觀也。至於藏，只貯藏之義。狐兔穴居州吕藏，老聃爲周守藏吏，名柱下史，藏乃庋書所。漢東觀藏書，號柱史藏室，書所在也。釋道法其制度，經遂爲二氏之私。今復以事祈禳，豈以經典所積，福可集乎？若鐸鈸，胡致堂謂本西夷樂，夷俗吉凶竝奏，今華俗事以送終，不察夷亦以從吉也。

【九】曰始置　原作「置曰始」，據碧琳琅館本、芋園本、説郛本改。

聖賢綱常之變

娶妻必告父母，而舜不得告。《禮記》言舜三妃。注謂：天有妃星四，故帝嚳有四妃，法天也。舜三妃，一娥皇，一女英，一癸比，獨缺正妃，爲未命于父母也。但舜娶堯三女，《世本》：堯爲黄帝玄孫，舜，黄帝八代孫。堯女與舜曾祖爲類，孫祖匹配，豈不亂倫？余按堯舉舜曰「明明揚側陋」，曰「有鰥在下」，曰「虞舜側微」。《孟子》曰：舜發于畎畝之中。《莊子》曰：堯舉舜童土之地。則舜起于寒微，況別生分類，《舜典》且云，故《世本》多繆，《史記》從而論世之氏族盡始黄帝，皆循習《世本》之誤也。有天下當傳子，而堯、舜舍朱、均。《孟子》、《淮南子》皆曰：堯九子。《莊子》曰：堯不急子。漢代祖堯，曰堯長子考監明之後。《舜世紀》：舜子朝鮮。《記》云：子堯、舜。子衆如此，何朱、均一不肖，遂舍之，初意傳賢，二聖之公心，初不計其子之君否也。君臣定分，而湯、武取桀、紂；兄弟同氣，而周公誅管叔；夫婦人道之始，而仲尼、子思、孟子皆出妻。孔氏三世出妻，見《禮記》、《家語》；孟子出妻，見《荀子·解蔽篇》。父子情之至親，而孟子不責善言，易子教之。後世昏庸之君不足論，賢明如漢文帝、唐太宗、宋太宗、理宗不足於兄弟，漢武帝、宋文帝、宋孝宗不足于父子，漢光武、宋仁宗不足于夫婦。

送終不諱

世俗殮葬，羽毛鱗介諱近之，嫌人物溷也。按：古不然。《禮記》喪禮最備，《檀弓》曰：天子之棺四重【一〇】，水兕革棺被之，埋厚三寸。鄭玄注：以水牛、兕牛革爲棺一重。孔氏疏云：以次而差，公棺去牛用兕，侯伯以下水兕皆去【一一】。二皮能濕，故在裏近尸。《喪大記》：大夫裏棺用元緑、用牛骨鐕。説者謂以繒貼棺裏，以牛骨或象骨鐕釘之。曰君大夫士蓋棺漆外，各施衽束。束者謂束以牛皮。孔子之殮佩象環，蓋古者天子諸侯死，舍以珠玉，以實口也。《周禮》：互物蜃物以共闉壙。鄭玄注：以蚌蛤屬爲灰，置槨下禦

【一〇】四重　「四」原闕，據四庫本、《禮記正義》卷八改。

【一一】皆去　「去」原作「式」，據《禮記正義》卷四五改。

溼。《左傳》：宋文公葬用蜃炭【一二】，禮敖用魚腊或蚳蜉。皆不嫌人物溷也。

封建限百里

封建，古以褒有功，崇有德也。犬牙相制，朝覲而上下之分明，聘問而與國之情通，且人主無私土地之心。周衰壞於兼并，遂至君弱臣强，侵陵不已。秦變以郡縣，李斯輩因謂同姓屬疏攻擊如仇，不如守令時其賢否而進退之。其後漢裂七國，晉封八王，皆肇兵事。或者遂謂古法不可用於今，不知漢、晉之弊，與地逾制也。按黄帝畫野分州，古言得百里之國萬區。史言封建肇黄帝，而神農伐補遂，攻夙沙，伏羲時有紀侯、陽侯，則封建肇黄帝前。《禮記·王制》、子思、孟子、《史記》、《漢·地理志》，皆只言公侯方百里。《論語》千乘之國，釋者計以井賦，方百里國。《左傳》：鄭子産對晉曰：昔天子之地一圻，列國一同。自是以衰，白公子張言齊桓、晉文之始入，四封之内不備一同，句踐之地，東西南北纔廣百里。商、周肇封皆在唐、虞，傳至湯、文亦已久矣。而湯七十里，文王以百里，未之或改。後漢丁恭曰：古封建限百里，取法于雷，雷震驚百里，故屯卦震下坎上，曰利建侯百里，下伯七十里，子男五十里。故唐、虞稱萬國，益、稷州十有二師。鄭玄注：一師領百國，州十有二師【一三】，則每州千二百國，除王畿外，八州總九千六百國，餘四百國在畿内，國各五十里，謂之采地。采者，采取賦税自侯，不得有其土地人民，及不得世封。但《書·大傳》言采地之異，百里國以三十里爲采，其七

【一二】宋文公　「宋」原作「郲」，據四庫本、《春秋左傳注疏》卷二五改。

【一三】十有二師　一師領百國　州十有二師　「師」原作「帥」，據四庫本、《藝文類聚》卷六、《玉海》卷一五改。

十里國以二十里，五十里國以十五里，其後子孫雖有陟黜而采地不與，使子孫賢者世守之，以祀其始受封之人。豈故曰與，抑以采地各制乎？蓋萬國竝建侯，多則勢分，勢分則易制，乃古防閑維持之深意。按：神農封制，欲强本弱枝，海山至有十國，唐、虞慮强國迫近，凡設國遠大近小。獨二《禮》言侯制異諸書，《周禮》曰：公地方五百里，侯地方四百里，伯地方三百里，子地方二百里，男地方一百里。《禮記·明堂位》曰：魯封七百里。然《孟子》言周公封魯，太公封齊，皆儉于百里。故魯七百里之説，或者疑爲戰國侯者分謗之書，漢儒妄采之。《周禮》之制，釋者亦謂周公設此以待有功，封建制行，三年一行修封之法，視諸侯功罪益削之，如《詩》「錫之山川，土田附庸」，「錫山川土田，于周受命」，皆是益封。又或謂《周禮》各國有大其數者，寔包附庸在其中。《王制》曰：五國爲屬，屬有長；十國爲連，連有帥；二百二十國以爲州，州有伯。故附庸小國皆總屬大國，其大比一國之大夫也。然則弊漢、晉非封建也。文公謂故侯國初封【一四】，只言百里，後來漸大，皆是并吞，若百里國增至五百，須并四國方作得一國，宗廟社稷豈不勞動？泥小國例古功臣之後，移小增大，封制既行，地有分限，又何緣有餘地別爲小國乎？余按文王由方百里起，其後克須、密，遂國於岐渭之間。克崇，遂涉渭改都豐。三分有二，何往非并。文王且然，春秋以來可知矣。故二《禮》説難据信，朱説爲是。

古制既亡，後之所以統天下者勢而已。而勢之强弱，古今一惟其人，苟上有明辟，封建而治，郡縣亦治，上失其道，封建者亡，郡縣亦亡。故言封建者息焉。

【一四】文公　「文」原闕，據四庫本、碧琳琅館本、芋園本補。

興創規模

事無大小，皆須先定規模，規模立則意向堅，意向堅則事功成。若泛圖浪謀，斷無有成之理，矧爭帝王之資者乎？漢高爭天下，先據關中爲根本，任三傑司謀戰，更無遷就。唐興晉陽，亦先掩取關中，征戰乃出，太宗規模都不出據形勝、揀人才之外，宜其光啓二代也。劉先主未得孔明，流離轉徙，一無所就，及孔明説以跨有荆益，遂成鼎峙。宋藝祖知五代之弊在君弱臣强，用趙普謀，首削藩鎮，施爲建置，一洗姑息之習，卒安天下。晉、宋偏安江左，皆正統，後父兄爲虜，廟社爲墟，有不共戴天之仇，當事剋復，無可疑者。而晉祖清談，規模不知立；宋徇和議，規模不能立。紹興中，張燾進言曰：今日事，大體重莫如六飛慎勤。往者前臨大江，繼又退守吳會，朝夕所與斷國論者，二三大臣而已，一紀之間凡命十四相，執政遞遷無慮二十人，宜其和戰紛紜，迄無成功。故燾直指以爲規模不定。又以人臣事業求之【一五】，仲尼、子産初相鄭、魯，皆名國人之謗，及其終也【一六】，易謗以頌。韓信、孔明終身事業，皆決于初見高祖、先主時數語。王猛見桓温不渡灞水，雖署以官而不就，亦其出處施爲，皆有素定規模也。

【一五】又以　「又」原作「人」，據四庫本及文義改。

【一六】及其終　「其」原作「無」，據碧琳琅館本、芋園本改。

分數明

古今以多兵敗者，紂億萬臣敗于武王三千，趙括四十萬敗長平，漢高合兵五十六萬敗彭城，三十萬困白登，王恢三十萬伏馬邑無功，王尋、王邑百萬敗昆陽，黄巾百萬敗壽昌，曹操六十萬敗赤壁，苻堅八十萬敗合肥，隋九十萬敗遼東，唐九節度六十萬敗鄴城。其以多兵勝者，獨秦王翦六十萬勝楚，項籍四十萬勝秦。此外多多益善惟韓信，伊川謂信是分數明。按：信勝趙、勝魏，兵皆是分用。近代陳學士規著《守城録》，論靖康援太原之非，蓋分數不明也。規謂初朝廷遣兵援太原二十二萬，皆敗績，所以敗者，兵二十二萬直前而行，先鋒遇敵者能幾？先鋒一不勝而却，後皆聞風而却，兵二十二萬敗正坐此。不知攻城者分攻城兵、備戰兵、運粮兵、扼援兵。今且以五萬爲率，分爲五十將，留十將護主帥，兼聽策應，内分二將扼敵援兵，以二十將分地入敵境，擣其虚隙，以二十將前設伏于偏僻，伺候敵兵出抄，多則避，少則擒之，其賊自困。大概兵既分遣，則人力竝用，假令失利，亦不至一齊敗衄。此分數明之説也。當時張魏公帥川陝，合六路兵四十萬與虜戰富平，始於環慶一路兵潰，諸軍皆潰。然則分數不明，於是一齊敗衄之患生矣。魏段超曰：衆者在得衆人之死，人衆而俱肯致死，於是不徒衆矣。

古將不專兵

上古寓兵于農，無事則耕，有警則戰，侯國之兵各將以命卿，大事則會諸侯。卿視國大小爲員多少。故兵不聚而將不專，内難亦少。春秋晉作三軍，某將上軍，某將中軍，某將下軍，于是將始專兵，上之人稍失控御，末大不舉之患生矣。後世惟西漢初制近古，兵皆取之郡國，賦以丁而不以田，每郡設守一人主政，尉一人主兵，兵隨土宜取之。巴蜀、三河、潁川諸處出材官，以才力取。隴西、天水、安定諸處出騎士【一七】，以騎射取。西北輕車，東南樓船，臨淄掔手，荆楚劍客。每歲八月，郡國會試，又隨土宜課之，平地習車騎，山阻習材官，水澤習操船，有事徵諸屯所，不通用則守尉貶，兵屬天子而將無專權，故漢將少跋扈。至命將皆出臨時，《通典》謂：漢有四夷侵軼，則從中命將，如伏波、樓船、下瀨等將軍名號，咸因事立稱，事畢則省。雖衛、霍高勳，退奉朝請之不暇。今考文帝三年，遣灌嬰擊匈奴，將丞相也。武帝元光二年，遣韓安國屯馬邑，將御史大夫也。文帝遣張武屯渭北，遣宗正劉禮軍灞上，將九卿也。高后遣隆慮侯竈擊長沙，文帝遣河内太守周亞夫軍細柳，將列侯郡守也。將不專兵，所以亟拜亟罷，可誅可放，無一人負固攬權要上者，此制之善也。又漢將多遷宿衛，蓋其出入殿廬，人主識其材武有素。如夏侯嬰以奉車將，李廣以騎郎將，趙充國、韓延壽以羽林郎將，衛青、霍去病以侍中將，所以漢將多良者，審而後用也。又設六郡良家，以爲取將之方。山西境。置羽林、期門，以爲蓄將之地，如京師南北二軍。

【一七】安定　原作「鎮安」，據四庫本、芋園本、《漢書》卷六改。

宫城内爲南軍，京城外爲北軍。高祖初制亦番調郡國士爲之，而不遠戍。至武帝始召募，而更番之法廢，昭、宣始遠戍，而屯衛之制疏。

自古有死

世俗惑佛老者期不死復生，然孔子曰：自古皆有死。老子曰：人生大期，以百二十年爲節度。釋氏經云：天地及日月，時至皆歸盡。況天裂、星隕、郡陷谷遷【一八】，沙漠遺滄海之縱，邑穴暑螺蚌之窟。乾坤且有毁時，人欲久不死，理乎？後世方氏言黄帝、老聃例不死。余考《易・大傳》言：神農、黄帝、堯、舜氏没，而黄帝葬橋山。《莊子》述老聃死，秦人弔之，而鄠縣柳谷有老子墓。故近時劉潛夫詩云：「無藥可延黄帝壽，有人曾哭老聃來。」則黄帝鼎湖攀龍之事，老子青牛上升之説，何往非幻？又釋迦云：我今背痛將入【一九】。《涅槃經》云：佛於桑樹下右脅側卧而化。《老子・化胡經》云周匡王五年，佛七十九歲，死于拘尸那城雙林水下，葬于回塵山。他如彭祖七百，佺偓千歲，例以歲紀，亦同歸於盡而已。況其事不經見，皆寓言稗説之録乎？《禮・外傳》曰：壽者百二十，過此不死爲失期，爲祅怪。然則秦皇、漢武殆未知失期之怪也。唐牛僧孺曰：人以得其死爲壽。兵爲刀死，刑爲獄死。不耕織爲餧死、寒死、老無依、病無託爲孤死，舍是皆可言壽。老子亦曰：死而不亡者，壽則必有可傳，雖死猶生也。

【一八】郡陷谷遷　「谷」原作「各」，據四庫本、《路史》卷三改。

【一九】我今背痛　「背」原作「皆」，據四庫本、《後村詩話》卷四改。

卷第五

秦後六經

經焚於秦，《易》以卜筮獨存。孔子言《詩》三百一十篇，《詩》亦全書。《漢·藝文志》謂詩全者，以其諷誦古人【一】，蓋歌《詩》以侑燕饗，春秋皆無。漢興，章句有因流傳者。浮邱伯受《詩》於魯申公，申公，高祖初人，則《詩》傳漢興矣。后蒼爲高祖定章程，而蒼修《春秋左氏傳》，則《春秋》亦出漢初，二書今次序連貫，亦全書也。《尚書》初出伏勝口授，繼出孔氏壞壁，頗多殘闕。《禮》則傳自高堂隆，今之《儀禮》也。逮河間獻王好古，搆求先秦古書，得古經五十六篇，竝科斗文字。梁沈約因謂漢初典章簡略，諸儒拓拾遺文片簡與禮事相關者，編次篇帙，皆非聖人之言。《月令》取呂不韋《春秋》，《中庸》、《表記》、《坊記》、《緇衣》取子思，《樂記》取公孫尼子，《檀弓》殘雜【二】，《學記》出毛生，《王制》出漢文博士，今祖二戴文，宣帝時人。若《周禮》，魏文侯樂人竇公首獻《周官·大司樂》章【三】，他如《汲冢》，云武帝時出自山嵒屋壁，成帝時劉歆校書天禄閣，始列上其書。漢興六經來歷如此，考秦焚書之歲至高祖之興，僅十六年，書雖萌芽，而挾書之律未除。武帝罷黜百家，表章六經，然

校勘記

【一】詩全者以其諷誦古人　原作「風諷也以諷謂以諷人」，據四庫本、《漢書》卷三〇《藝文志》改。

【二】檀弓殘雜　「弓」原作「兮」，據碧琳琅館本、芋園本、《隋書》卷一三《音樂志》改。

【三】魏文侯　原作「漢文帝」，據四庫本、《漢書》卷三〇《藝文志》改。

後斯文始暢。但遭秦火，後儒于經各有餘論繫辭，著「子曰」字。歐陽公謂非夫子親書，必後世講師所增。乾卦亦兩著「子曰」。《漢・藝文志》謂《尚書》有張霸之僞。唐李漢亦曰《書》、《禮》別其僞。唐以來言《左傳》非丘明者數人【四】。朱文公析《詩》序各置篇首【五】，謂序語多與《詩》背。按：《後漢・衛宏傳》言作《毛詩序》，則但小序出毛萇。《禮記》則古今議其雜，《周禮》劉歆列上之時，張包、周、林碩、何休已不信爲周公書【六】。近代司馬温公、胡致堂、胡五峰、蘇潁濱、晁説之、洪容齋直謂作于劉歆。蓋歆佐王莽，書與莽苛碎之政相表裏，且《漢・儒林傳》敘諸經各有傳授，《禮》獨無之。或者其詳密，謂聖人一事有一制，意其果周公之遺。不知孔子于禮多從周，使周公禮書如此精詳，當不切切于杞、宋求夏、商遺禮，與夫逆爲繼周損益之辭。又自衛反魯，删《詩》定《書》，繫《易》作《春秋》，獨不能措一辭《周禮》。即孟子生戰國，周室猶存，北宮錡問周室班爵禄之制，孟子已有其詳不可得聞之答。一聖一賢，禮樂所宗，周室無恙時已莫可攷，而謂秦焚後周公禮書燦然完備如此，吾不信也。兼其中言建國之制與《書・洛誥》、《召誥》異，言封國之制與《書・武成》及《孟子》異，書設官之制與《書・周官》六典異，同之制作大抵出周公，豈有言之與行自相矛盾乎？又《左傳》、《論》、《孟》皆晚周書，三經于《易》、《詩》、《書》多見之援引，胡俱無一語援《周禮》耶？朱文公亦曰：左氏記周制處甚詳，魯不及府史胥徒。《周禮》後緊要事亦甚多，而略不見之他書。果出自周公，當是草定未行書？又參二《禮》語意相類處不一，其出漢儒無疑。但文字自

【四】唐以來　「來」原作「李」，據四庫本及文義改。

【五】析詩序各置篇首　「析」原作「折」，「篇首」原闕，據四庫本、碧琳琅館本、芋園本改、補。

【六】張包周林碩何休　「周」下原衍「孟子」，「休」原作「林」，據四庫本、《漢制考》卷二、《周禮注疏・序周禮廢興》删、改。

成一家，可以配經，而中用字亦奇，歆子棻嘗從揚子雲學奇字也。

易象物

易，變易也，多象物明理。書名《易》，舊説象日月，取陰陽變易爲義。日月更晦迭明，蓋變易之大者。陸司農推之物理，謂《象》之義出于象，《彖》之義出于彖，疑彖名茅犀，訓羊面小角。知幾羣出，交、廣土人謂之豬神。象身具十二少肉【七】，亦能知吉凶陰陽。《易》之義出于易。東方朔曰：非守宫，即蜥易是也。秦、晉、西夏名守宫，又名蜥蜴，南楚名蛇醫，東齊海岱名螔⿰虫侯，北燕名祝蜓【八】。蛇形四足，色變不一，字象形。曰守宫者，《博物志》云：以朱砂飼之，色變赤，擣以志女人，終身赤不滅，偶則落，故曰守宫。名此蓋以陰陽媾合則易，文非止象日月也。若乾龍亦象物之變。

經文合一之始

《周易》以《彖》、《象》、《文言》分配卦文之下，始費直；《尚書》以序各冠篇首，始孔安國；《毛詩》以序各冠章首，始毛萇；《春秋》與《左傳》合爲一，始杜預。

【七】象身具十二少肉　「身」原闕，「少肉」原作「生肖」，據四庫本、《路史》卷三二、《埤雅》卷四補、改。

【八】螔⿰虫侯　祝蜓　「螔⿰虫侯」原作「蠦蝘」，「蜓」原作「埏」，據《方言·猶軒使者絶代語釋别國方言第八》改。

禹事舜

堯使鯀治水，鯀理洪水，汩陳其五行，復以命禹。禹胼手胝足之不憚，將以蓋父之愆也。及鯀殛死，禹爲鯀子，以情義處之，縱無説以全其父，疑亦不恝于其親者。雖鯀以罪殛，禹無可辭，但人子之心欲處之而安，當以去之爲得。或曰：舜不以鯀故廢禹，公也；禹若爲鯀故棄舜，私也。聖人天地之爲量，不可以私心窺也。愚謂公私之辨可有，父子之倫不可昧。孔子曰：食夫稻，衣夫錦，女安則爲之。聖人處事，但欲求之心而安。桃應問孟子：瞽瞍殺人，則如之何？孟子答以棄天下猶敝屣。蓋謂舜當此時，可以無天下，不可以無父，義有重于得也。噫！禹，吾無閒然矣，父子大倫也，聖人當有説以處此。

縣邑

縣邑二字古不通稱，不同制。《周禮》曰：四井爲邑，四甸爲縣。鄭玄注：縣，方二十里【九】。縣，自王城三百里外至四百里曰縣。《周書·作雒篇》曰：千里百縣。謂縣方十里。《禮記》、《左傳》注：邑皆四井。但《傳》言邑多不同，如叔段請制，曰嚴邑也。凡以地著，皆稱邑。鄖人以隨、絞州【一〇】、蓼伐楚，鬬廉曰「日虞四邑之至也」，與夫「敝邑」之類。國例稱邑，又曰：「凡邑，有宗廟先君之主曰都，無曰邑。」則初無四井限也。若

【九】二十里　「十」原作「千」，據四庫本、《周禮注疏》卷一一改。

【一〇】鄖人以隨絞州　「鄖」原作「鄭」，「絞」原闕，據四庫本、《春秋左傳注疏》卷七改、補。

温，欒豹之邑，范文子欲之，曰：「温，吾縣也【一一】。」昭五年《傳》曰：韓賦七邑，皆成縣也。《史記》言晉六卿欲弱公室，遂以法盡滅其族，而分其邑爲十縣，各令其子爲大夫，則縣、邑在春秋已相混。戰國秦封衛鞅商於十六邑。按：商於爲弘農縣名，則鞅封邑，特弘農縣六十四井地爾。周亡，赧王獻邑三十六于秦，武公嘗謂楚令尹子昭曰：西周之地絶長補短，不過百里，竊疑亦四井之邑。班固漢史剖析尤明，《漢書·高帝》曰：沛，豐邑中陽里人。應劭注曰：沛，縣也；豐，其鄉也。師古注：沛者，秦泗水屬縣；豐者，沛之聚邑。又沛公入關，使人與秦吏行縣鄉邑告諭之，故知邑繫于縣。六年，令天下縣邑城。師古注：縣之與邑，皆令築城。十二年，上擊黥布，還過沛，及去，父老空縣，皆之邑西獻【一二】。縣邑在漢初實爲二，意其時井邑之制猶有存者。按：商鞅變秦，并諸小鄉都邑爲縣，縣一令，而古制盡亡。《詩》、《書》言夏邑、商邑、豐邑。《易》曰：改邑，黄帝邑涿鹿，舜所居成邑。《論語》：十室之邑，千室之邑。師古訓：聚邑是已，指人衆聚居處言之。《韻釋》：郡者，郡聚也；縣者，懸也，懸於郡之謂縣。縣繫于郡，秦制明矣。《左傳》哀二年，趙簡子誓衆曰：克敵者上大夫受縣，下大夫受郡。則古縣大于郡，而郡名亦不始秦。又參上古先王惟以州統國，《尚書·益稷》州十有二師。鄭玄注一師領百國，州十有二師，則每州千二百國。班固述井地法曰：五國爲屬，十國爲連，二十國爲卒，二百一十國爲州。《禮記·王制》亦曰：州建百里之國。《周禮》以星土辨九州之地，封域皆有分星。鄭玄注：凡州是

【一一】吾縣也　「縣」原作「邑」，據四庫本、《春秋左傳注疏》卷四二改。

【一二】西獻　「西」原作「奉」，據四庫本、《史記》卷八《高祖本紀》改。

大界，其中封國各有限域，是公、侯、伯、子、男之國散布九州之間，而州大國小也。故黄帝畫野分州，言得百里之國萬區，《易》稱先王建萬國，《書》言協和萬邦。以見古但九州、十二州，而國則無限。周衰，列國轉相吞滅，國之大者遂連城數十，戰國通天下爲七國，於是國之名大于州。秦懲封建，析國爲郡，古三十六，漢、晉以來遞變而小之，復有郡國之號，州之名遂布天下。所謂國者，并所統州郡名之。

泮水辟廱

《泮水》一詩八章，五章爲伐淮夷，發首二章述魯侯涖泮之儀，僅第二章内「匪怒伊教」一語，似學校中事。泮水果爲學校作，則當鋪張黌序之制，頌説教養之美，推明仁義道德之原與人才興盛之效。今皆不然，而釋者例以學校明之，其説實肇於漢儒《王制》。《王制》曰：天子辟廱，諸侯頖宫。蓋謂環水爲天子之學，則泮水爲諸侯之學。又以《詩》言獻囚、獻馘、獻功，遂于天子出征之下繫以受成于學，反釋奠于學，以訊馘告等語。其實漢儒本釋泮水、辟廱，本「匪怒伊教」一語，後儒援以釋《詩》，自唐陸德明始。不知漢儒泥於一語，通牽諸章之旨也。《孟子》言古之學惟曰校、庠、序，而《詩》本旨及小序俱不以泮名學。鄭玄《禮記》注曰：頖者，班也，所以頒政教。竊謂釋爲班政之所，則小大從公，飲酒、落成、事祖、事帝、獻囚、獻功、獻俘、獻琛，所舉甚宏。不然，何必事事自學出也。玄又謂先賢指辟廱宗廟，亦非。蓋廟爲致敬鬼神之所，而學焉、饗焉、射焉，因俘截耳，瘡痍流血，黯慢甚矣。此皆非參之道理者也。《白虎通》曰：辟廱外圓内方，明德當圓，行當方。蔡邕《明堂論》曰：辟廱外圓内方，擬王者動作法天地，水環四周，譬德廣四海也。不知泮水象諸侯，行不當方，德不當廣乎？其實辟廱雖明而於泮水則礙，皆《禮記》之説拘之也。胡致堂嘗疑泮爲廟，詩八章，戎事居三，非學明甚。則飲酒、誓師、俘囚、琛馘、施教，皆質之祖宗，理或宜然，但不能無鄭注黯慢之弊。且謂辟廱亦非學。辟，君也；廱，和也。《詩·靈臺》言辟廱，而其中述鳥獸昆蟲得其所，鼖鼓鐘鏞莫不均調，皆非學校中事。余考《虞書》命夔典樂，教胄子。《周禮》大司樂掌成均之法，以治建國之學政。商學曰瞽宗，古之學者，春誦夏絃。凡經著學事多與樂相關。漢初未設學士【一三】，與講偕者，令隸業太常，故知樂學爲一。致堂似未詳。《文王有聲》言鎬京辟廱，《詩序》曰：武王卒，文王之伐功【一四】。詩中述文王築城作豐事，亦於學無與。又上章曰：「皇王維辟。」辟爲君無疑，釋者例以辟廱爲學，皆誤於漢儒《王制》也。按：先儒釋辟雍爲環水，謂璧體外圓内方，水繞如璧然，故辟以璧得義【一五】，因「振鷺于飛，于彼西廱」，指雍爲水澤，不知君名辟，義又如何。鄉先達魯寶漳士能。嘗言：《泮水》非頌僖公詩，其中多言伐淮夷，稽之《書》，伯禽嘗征淮夷徐戎。《小序》曰頌僖公，亦誤矣。又參《閟宮》詩，其曰魯侯者指伯禽，曰魯公者指僖公，《泮水》曰魯侯，只當爲頌伯禽詩。

【一三】未設　「未」原作「永」，據四庫本、碧琳琅館本、芋園本改。

【一四】文王之伐功　「伐」原作「代」，據四庫本、芋園本改。

【一五】璧體外圓内方水繞如璧然故辟以璧　「璧」，原作「壁」，據四庫本、碧琳琅館本、芋園本改。

漢儒言禮

漢儒言《禮》多不近人情，喪哭，一主於哀而已。《禮記》曰：齊衰之哭，若往而返；大功之哭，三曲不偯；小功、緦麻，哀容可也。偯，聲餘從容也。夫哭而爲折聲、餘聲，是意不在哀，因哭爲態也。釋者謂三曲，一舉聲而三折也；偯，聲餘從容也。如曰「始死，主人啼，兄弟哭，婦人哭踊」，皆區分無義。賞罰當功罪而已，《表記》曰：夏道先賞而後罰，殷道先罰而後賞，周之賞罰用爵列。夫賞罰不較功罪而辨先後【一六】，其説已謬，至但論爵列，尤不通之甚。又曰：事君大言入則望大利，小言入則望小利；君命順則臣有順命，君命逆則臣有逆命，尤非所以爲教。若養老詩述成王養老乞言之禮曰：肆筵授几，酒醴惟醹。又不然，厚其禄賜，如孟子欲有謀焉，則就之足矣。今《記》曰：躬親侍膳，袒而割牲，執醬而饋，執爵而酳，著冕持干而立。此直委巷之談，宜乎後世行之惟艱也。

士異

《禮記·王制》言秀士、選士、造士、進士，皆秀民之目。《周禮》言上士、中士、下士、天子元士，則皆爵名。鄭玄注：上士三命受位，中士再命受服，下士一命受官。《大行人》注曰：命者五：公、侯、伯、子、男，爵者四：孤、卿【一七】、大夫、士。《小宗伯》之職，

【一六】賞罰　「賞」原作「刑」，據四庫本及文義改。

【一七】孤卿　「孤」原闕，據四庫本、《周禮注疏》卷三七補。

賜卿、大夫、士，爵則儐。《詩》曰：「藹藹王多吉士，維君子使。」《王制》曰：天子之元士視附庸。故《周禮》士列府史上。蓋府史只庶人在官者，而士則受命也，士受命則有禄代耕。諸侯下士視上農夫，食九人；中士陪下士，食十八人；上士陪中士，食三十六人。《中庸》曰：父爲大夫，子爲士。《詩》曰「凡周之士，不顯亦世」，士爵許嗣也。《檀弓》著魯縣賁父死，莊公誄之，曰士之有誄自此始，則士死可諡也。故經言士皆軼庶人一等，執技者不與士齒。漢爵一級曰公士，皆爵命之士，非特秀民也。《白虎通》曰：士者，事也，以才堪任事。《説文》曰：數始於一，終于十，推一知十爲士。《漢・食貨志》曰學以居位曰士，詳三士。《漢志》爵命之士，《説文》秀民之士，《白虎通》堪于任事之士。後世兵曰戰士，技曰術士，老曰道士，盡皆堪于事之目也。若《虞書》司寇曰士師，《周禮》六士主獄，則士訓察。

息二訓

消息之息，讀者多以止訓息【一八】。余考訓有二：經中如《易》言不息則久，《左傳》繼好息民，《孟子》王者之迹息，皆訓止。《周禮》保息六養萬民，《孟子》曰夜之所息，與夫孳息、生息、蕃息，皆訓生。《漢史・高帝紀》吕公曰：臣有息女。顔師古注：息，生也。《史記・貨殖傳》：亡者取倍稱之息；陶朱公老，聽子孫修業而息之；庶民農工

【一八】以止訓息　「止」原作「正」，據四庫本、碧琳琅館本、芋園本改。

商賈率亦歲萬息二千。；無鹽氏出捐千金貸，其息什之。《宣帝紀》：刑者不可息，三代夏以十三月爲正息，殷以十二月爲正息，周以十一月爲正息。孔穎達曰：達陽生爲息。《江陵國志》：在地有息壤、息石，在子城南，其地隆起，如狀牛馬之形【一九】，經夕如□□□□，蓋土之息生不窮也。息訓生，與消字反正適等。

西北豪傑所産

古今多北并南，文王道化行於汝墳、江漢，《詩序》曰：化自北而南也。邵康節以地氣自北而南，别天下治亂，豈南非特不能北，且不可北也？昔人言出粟東南，募士西北。蓋謂西北風氣【二〇】，豪傑所鍾。然春秋吴楚抗衡上國【二一】，項籍以江東子弟八千横行天下，李陵以荆楚士喋血單于庭，赤壁周瑜勝曹操，淝水謝玄勝苻堅，桓温入洛走姚襄，劉裕縛姚泓、俘慕容超，陳慶之以取河南，皆未聞資之西北。但南人進取之志不立，纔國于南，便以江淮爲限界，荆楚爲門户，講守國之計而已。如孫權赤壁，晉室淝水，劉裕廣固洛陽，俱未嘗用破竹可乘之勢。而權破操即止，晉退堅便還，劉裕且棄已得之長安。或謂中原易取難守，不知祖逖終身有薙兵，宗澤與汴爲終始，岳飛恢復不已，金主役檜死之，張德遠没身主戰，名動殊方。觀此，則敵之勍者不專北也。劉表坐據江漢，無四方之志，曹操得以窺之。漢高即封南鄭，前史謂南鄭險如天獄，而高帝曰：吾意亦欲東爾，焉能鬱鬱久

【一九】牛馬之形　「形」原闕，據文義補。

【二〇】西北風氣　「氣」原作「起」，據四庫本及文義改。

【二一】吴楚　「楚」原作「越」，據四庫本、《漢書》卷三一《項籍傳》改。

居此乎？卒滅項羽。蜀荆邯曰：漢祖兵破身困者數矣，然軍敗復合、創愈復戰者，以前死而成功逾於却就而滅亡也。賈復亦曰：天下未定而安守所保，所保得無不可保乎？故圖堯、舜而不至者，湯武是也；圖湯、武而不至者，桓、文是也。前世豪傑如此，惟周公瑾、諸葛孔明、張德遠，而公瑾天不假以年，孔明用蜀，或謂不當棄荆州，蜀險可以自固，荆州則有可以窺中原、收吴楚之便。張德遠則壓於主勢不振也。抑余考李陵隴人，祖逖洛陽人，項籍、劉裕、劉牢之俱彭城人，周公瑾舒人，張德遠成都人，岳飛鄴人，獨宗澤婺州人，凡有志事功多産西北。大概兵無彼此，將有勇怯，同一趙兵，趙奢將之則勝，趙括將之則敗；同一燕兵，樂毅用之則破齊，騎刦用之則爲齊所破。所以料敵者，料將不料兵，不畏兵多而畏將武。

處置兩得

處事有任理而行，成敗聽之於天者；有苟一時之安，成敗徐爲之圖者；有不擇利害，不量彼此，以成敗付之幸不幸者。余謂付之幸不幸，無所處置者也；苟一時之安，强於處置者也；任理而聽其成敗，膠於處置者也。若姦雄睥睨之秋，反側危疑之際，膠則失於知變【一三二】，强則不免遺禍，幸則存亡立判。欲我不失體，彼得無詞，最難兩得。嘗讀史數事，今請裁以己見，然後知古人不可及。唐德宗即位，鋭意除藩鎮。藩鎮憚其威，淄

【一三二】知變　「變」原作「雙」，據四庫本改。

青節度李正己願獻錢三十萬，蓋嘗朝廷也。德宗欲受恐見欺，不受又逆其來意。時崔祐甫爲相，請遣使就慰勞淄青將士，因以正己獻錢頒之，使人戴上恩，又諸道聞之，知朝廷不重貨，則正己大懼。宋真宗時，西夏納款，因夏國饑，乞糧百萬，蓋借恤災覘宋也。時王旦爲相，請具京師，詔彼自遣人來取，夏去汴懸隔，自取得不補失矣。西夏得詔，稱朝廷有人。後元昊復叛，將納款，先令貴臣野利以書通朝廷，朝廷復書，議所以稱，或請名以太尉，龐莊敏爭之曰【一三】：太尉，國之三公，待陪臣以此，待元昊將如何？今野利書來，自稱曰令，此其國之官稱也，依此稱之足矣。宋初與契丹講和，或言稱北朝王叔，公乞只稱契丹。紹興中，韓世忠守淮，以所部兵少，乞摘張俊部趙密一將爲助，俊疑世忠吞己，拒命不分。時趙鼎爲相，撥御前楊沂中一將助世忠，而抽趙密入衛，俊遂無辭。又時陳規守德安，盜李横圍城不解，久乃假乞糧覘規，予之。繼又指名索籍妓，妓雖末節，而大體辱矣。規命斬妓首付之，横大沮。此於古人行一不義，殺一不辜得天下不爲之意，雖不相似。然執小義，妨大權，王通以爲皇之不極。則捐一人活千萬人，亦權變之機，殺一賤妓而名流於敵，豈無可疑？近時孟無庵珙。帥荆，房將某叛，事頗彰著。會卒白某者請帥府發其奸，無庵集佐屬議，或請發兵，或請招安，無庵聞發兵語，一笑，問若何招安，又卒無善策。明日，無庵自批斷云：白某敢誣首將，實犯階級，斬首，送本軍號令。然房州激此，必錢糧不敷，給不時，令於制司支錢米若干，本下軍溥犒一次。卒首懸【一四】，房叛將大安。溥犒既行，士

【一三】龐莊敏　「龐」原作「麗」，據四庫本、《名臣碑傳琬琰之集》上卷二二改。

【一四】卒首懸　「懸」原作「五」，據碧琳琅館本、芋園本改。

皆雷動【二五】。越數月，間蜀有警，調房將去援，因移其兵權，置法焉。廟祀死卒于房，追録以官，賞其妻子。不煩干戈，坐消一城之變。時應山李庭芝。參其幕，言無庵不惜一人之命，以全千萬人之命，真是帥才。余聞之應山客劉清臣。

隨時救時

宋紹聖間，陳了翁有隨時救時之説【二六】。當時童、蔡用事，偏主安石，一切是熙、豐，鄙元祐，而宗元祐者多正人。了翁與選舉，前名盡取是熙、豐者，而是元祐者率録于後，由是正類得獲選，亦不忤當國者之意。了翁因曰隨時所以救時也。因思魯人獵較，而孔子亦獵較；東漢諸君子疾宦官如仇【二七】，而陳實獨弔張讓；王敦叛晉，而温嶠繆綜其府事；諸武易唐爲周，而狄仁傑肯爲之臣，大抵了翁意也。方新法之行，康節門人欲投劾而去，康節曰：正賢者所當盡力之時。明道知安石作不順人心事，而肯爲其條例司，此豈計從容後福哉？故論當時黨禍，皆衆君子激成，大賢之見真不同。《莊子》曰：彼且爲嬰兒，亦與之爲嬰兒，彼且爲無町畦，亦與之爲無町畦。達之入於無疵。又曰：就之不欲入，和之不欲出。二語尤有理。王臨川云：召公之不悦【二八】，不失爲周公之同；孔子之諸仕，不害爲陽貨之異。亦此意。

【二五】士皆雷動　「雷」原作「當」，據四庫本及文義改。

【二六】陳了翁　「了」原作「子」，據四庫本改。下同。

【二七】宦官　原作「官宦」，據芋園本乙。

【二八】召公之不悦　「召」原作「郡」、「悦」原作「抗」，據四庫本、《書傳》卷一五改。

地理

山川之氣鍾於人，經中惟《詩》「維嶽降神」、「生甫及申」二句云然。近代朱文公於事莫不裁之以正，折之以理，獨于葬地不斥不泥，採其説，則謂道路所經，耳目所接，人有欲住不可住處，及聚落有宅舍，使山水環合，略成氣象。然則欲掩藏父祖，豈可都不揀擇，以爲久遠安甯之慮，而率意爲之乎？公蓋即顯明幽也。余竊謂山水清濁鍾于人，關于土地大氣數，不專一隙一坑之是非也。如燕趙多奇士，山西出將，山東出相，西北嚴凝，人多勁悍，東南温厚，人多文麗，古今皆然，特人禀賦有厚薄，功效因有宏窄爾。若必期力致，恐無此理，不然郭景純輩當至今昌榮也。況人死形神相離，自身之枯朽不保，又何緣能蔭及生人乎？古人審吉凶、便營建，其稽之卜多爲居止。爲葬卜，獨《孝經》「卜其宅兆【二九】，而安厝之」一語。蓋居止乃生聚所在，決須環合，則和氣凝固，譬猶鳥巢林在枝葉稠密處，雖風雨飄摇而不墜，若寄命疏薄，則覆卵闕巢不免矣。所以古人不必泥葬地，各有深意。《禮記・王制》言墓地不請。鄭玄注：皆受於公，民不得私。《周禮・地官》曰：族墳。又曰：四閭爲族，使之相葬。至公墓，則《冢人》言【三〇】：「先王之葬居中，以昭穆爲左右。凡諸侯居左右以前，卿大夫士居後【三一】。」《禮記》：太公封于營邱，比及五世，皆反葬于周。注謂陪葬文、武墓。晉獻文子言，全要領以從先大夫于九原。注：九原，晉卿大夫族葬處。則古葬有

【二九】卜其宅兆　「宅兆」原作「兆宅」，據四庫本、《孝經注疏》卷九乙。

【三〇】冢人　「冢」原作「家」，據四庫本、《周禮注疏》卷二二改。

【三一】卿大夫士居後　「士」原闕，據《周禮注疏》卷二二補。

定位，不得吉凶爲去就也。唐呂才敘葬曰：援《禮》，天子、諸侯、大夫葬，皆有月數，是不擇年月也。《春秋》：九月，丁巳，葬定公，雨，不克葬。戊午，日下昃，乃克葬【三二】。是不擇日也。鄭葬簡公，司墓之室當路，毀之則朝而堋，不毀則日中而堋，子産不毀。是不擇時也。古之葬者，皆于國都北，兆域有常處，是不擇地也。隋文帝葬后曰：吉凶由人，不在于地，齊主葬父，豈不卜乎？俄而國亡。我家墓田若云不吉，朕不當爲天子；若云不凶，我弟不當戰没。司馬温公曰：昔者吾諸祖之葬也，家貧不能具棺，自太尉公父池。來，始有棺槨，則不及擇兆可知矣。楊誠齋曰：京仲遠上世皆火化，竝無墳墓，每遇寒食望祭江干，而仲遠不害爲宰相。又《與李侍講書》曰：郭景純書出自東晉，然已前之葬何限，而未嘗無富貴。洪容齋曰：景純葬地能預知水之爲陸，何不能預知凶而改吉，免死於王敦之非命乎？胡澹庵《與羅尚志書》曰【三三】：九經十七史竝不説富貴壽考由葬地。呂才云：長平坑卒四十萬，非俱犯三刑。南陽多近親，非俱逢六合。《禮記》曰：我死，擇不食之地而葬之。不去擇陰陽向背也【三四】。觀此，則親死不葬，必期卜吉爲富貴利達之資者，其惑可笑！

衡

寸、丈、尺、引爲度，龠、合、升、斗、斛爲量。古人以律制器，皆自黍積而十之，十而衍

【三二】下昃乃克葬　原闕，據四庫本、《春秋左傳注疏》卷五六補。

【三三】胡澹庵　「澹」原闕，據《明文衡》卷四七《忠簡公翰墨記》補。

【三四】不去　「去」四庫本作「聞」，碧琳琅館本、芋園本作「云」。

之，度量咸同。惟衡以二十四銖爲兩，十二兩爲斤，三十斤爲鈞，四鈞爲石，初不以十數拘。按劉歆説曰：一龠容千二百黍【三五】，重十二銖，兩十二銖爲二十四銖，故兩之得名，十二銖倍之也。二十四，氣之象也。十六兩爲斤，四時乘四方之數，春、夏、秋、冬、子、午、卯、酉、寅、申、巳、亥、辰、戌、丑、未。總三百八十四銖，備六十四卦全盡也。三十斤爲鈞，一月之數，總四百八十兩，六甲一周三百六十日，半月一節，總八節，計一百二十日。六旬行八節之象也。四鈞爲石，四時之數，總一百二十斤，十二月之象也。衡之制數亦精矣。若銖、兩、斤、鈞之義，銖者惟細可殊異也，兩者兩十二銖而名也，斤者名也，鈞者均也，石者大也。權主智，智流動，故不拘【三六】；衡主禮，禮齊一，故不易。

魂魄

《左傳》鄭子産論伯有之厲曰：人生始化曰魄，陽曰魂。用物精多則魂魄强，是以精爽，至於神明。先儒釋魄附形之靈，魂附氣之神。魄靈謂如耳目視聽、手足運動、聲音啼呼，一魄具一靈也。魂神謂之精神知覺，所以使之視聽、運動、啼呼者也。故魄，白也，體質具而各明白也；魂，芸也，氣呼吸往來芸動也。人生位高權重者，爲其稟氣强厚，倘死非正命，必有未盡之數，不散之英，蓋魄雖死而魂不散，憑依爲厲。容有此理，故傳者於韓原之戰秦獲晉惠，推以爲申生之厲。晉景疾在膏肓，藥不可爲，推以爲殺趙同、趙括之厲。

【三五】千二百　「二」原作「三」，據四庫本、《漢書》卷二一上改。

【三六】故不拘　「故」原作「於」，據四庫本、碧琳琅館本、芋園本改。

後皆益以「得請於帝」之語。余以事理推之，神怪謂必無不可，青天白日，和平或爲疹疾苦楚，怪何嘗無之。《抱朴子》曰：夏宜長而薺麥枯焉，冬宜凋而松柏茂焉，盛陽宜暑而夏或涼，極陰宜寒而冬或温，皆物理之變怪不常者也。故雙峰饒氏釋「子不語怪力亂神」章謂：此等事謂有則無從執著，謂無則陰陽變化，造化百端，故聖人只不言。此論近於人情，但如《左傳》必事酬報，又似太神【三七】。況伯有死于帶段，實子皙之謀，何伯有之厲不報皙而急殺段。申生之縊，實驪姬之譖，同、括之死，亦莊姬之譖，何不報二姬而仇惠、景？春秋臣弒君者三十六，而不聞報其臣，比干、子胥之徒皆以忠受戮，而不聞報其君。故《左傳》之失也誣。魯寶潭嘗謂【三八】：宋之制作粹于漢、唐，曾無逆天害人之事，而靖康太宗之後，德祐理宗之後，俱爲北狩，乃有漢、唐所無。蓋方太祖疾危，屏人獨召太宗，已而太祖以柱斧擊地，好爲之，燭影下遥見太宗若爲遜避之狀，故舊疑太宗殺太祖。理宗居潛，濟王已位青宫，及甯宗大漸，史彌遠復援立理宗，濟王遂不得立，死。或者二宗殄祀，猶罰晉弊韓之説，太祖、濟王亦有請帝以報之理。余竊謂太祖果欲報仇，不應遲之幾世，而濟王亦當首洩之彌遠【三九】。親老親眷翁舊嘗將太祖柱斧遥見之疑，質之上高陽藺坡先生起莘，坡謂江左宋、齊抽殺同氣者，後皆不昌。太宗果欲不應其後八葉天子，且多令主，治且幾二百年。但即位後德昭、德芳俱不得其死，又受天下於太祖，更不還其子孫以天下，則太宗之失也。

【三七】又似太神　「又」原作「人」，據四庫本、碧琳琅館本、芋園本改。

【三八】魯寶潭　「魯」原作「曾」，據四庫本、《經典稽疑》卷下改。

【三九】濟王亦當　「王亦」原作「責以」，據四庫本、碧琳琅館本、芋園本改。

卷第六

闕疑

宋儒釋經高出前古者，以不襲漢、晉以來訓詁舊脚迹，及溺於讖緯巫怪之説，考其同異，正其訛繆，析之以理。然亦有過處，寥寥千古，焚于秦，雜于漢，所謂六經多未全之書是也，而必證三代之是，則幾於鑿。獨朱文公嘗著闕疑之説，蓋夫子作經，贊《易》自伏羲而下【一】，序《書》自堯、舜而下，删《詩》自湯、文而下，修《春秋》自桓、文而下。《南陔》、《白華》，孝子之詩，《華黍》、《崇邱》、《由庚》、《由儀》，歲時之詩，有其義而亡其辭，漢儒皆缺不録。《典》有五而逸其三，《墳》有三而不存其一，皆就其可知者録之。左氏志怪頗多；《春秋》關於人事則書；《論語》弟子記善言，於鬼神曰敬遠，又曰未能事人，焉能事鬼，於死生曰未知生，焉知死，與夫罕言命。凡茫昧不可知者，不究論也。子貢號明敏，而曰夫子之言性與天道，不可得而聞也，皆不以臆説强通爲學。顔、閔，聖門高弟，可法於後世只是不遷怒、不貳過，簞瓢陋巷不改其樂，與不間于父母昆弟之言，非是常人全所不能者。故聖人訓戒，有多聞闕疑，不知爲不知，論皆曉人以平實之學。《孟子》七篇之書，雖多援古而述堯、舜之

校勘記

【一】而下　「下」原闕，據碧琳琅館本及文義補。

道，曰孝弟而已，正救齊、梁不出仁義二字，及論古制則但舉其概。滕問井田，曰此其大略也；北宮錡問周室班爵禄，曰其詳不可得而聞；論《詩》曰以意逆志；論《書》曰吾於《武成》取二三策。皆就其可據信者述之，所以詔萬古爲法言。《禮記》【二】，漢儒採取於坑焚之後，繆妄固多，然疑而未定，辭例曰「蓋」、「曰」、「或」。如舜葬蒼梧，蓋三妃未之從也，周公蓋附，孔子蓋寢疾七日而没，《易繫》十三卦制作，皆云蓋取諸某卦；《孝經》論天子諸侯之孝皆曰蓋，論士庶人之孝獨指之曰此【三】。釋者例謂蓋爲疑辭。劉炫曰【四】：蓋，猶梗概也。劉歆曰：蓋者，不終盡之辭。皇甫侃曰：蓋者，略陳如此，未能究竟也。魯人或謂之齊衰，或曰大功，誦可也之類。皆疑辭。緣周衰禮壞，雜以諸侯僭制，故耳目近事亦不敢指爲的論【五】，而況妙出人事之外者乎？後之學者窮天地，索鬼神，辨風霆，皆古始，皆未達聖人闕疑之旨也。《莊子》曰：天地之外，聖人存而不論。鄒衍著書推天地未生及海外山川之事，揚子雲曰迂而不信。司馬闕後生爲學，便高談性命。歐陽子曰：君子之學，不窮遠以爲能，而闕所不知，慎所傳之惑世也。朱文公於《易》有疑，亦謂上無關於義理之本原，下無資於人事之訓戒，何必苦心極力以求之。斯言足警談玄索怪者矣。

讀書致用

胡致堂曰：人主讀書與經生學士異。經生學士則辨疑解惑，使傳授不差，人主之書

【二】禮記　「禮」原作「史」，據碧琳琅館本、芋園本改。

【三】論士庶人　「論」原作「指」，據碧琳琅館本、芋園本改。

【四】劉炫　「炫」原作「元」，據碧琳琅館本、芋園本改。

【五】故耳目近事亦不敢指爲的論　「目」原作「自」、「爲的」原作「的爲」，據文義改、乙。

則在致用。然天生人才以維斯世，讀書致用不特人主當然，聖賢述經之精義，無非鳴道之大略。揚子雲曰：學，行之上也。又曰：君子事之爲尚。古人之學無所不講，聖門弟子必以四代禮樂論學，《詩》必責使於四方而專對，稱許子路、冉求各曰從政，《周禮》六德、六行外曰六藝，伊尹樂堯、舜之道，曰堯、舜君民。先儒説伊尹樂堯、舜之道曰：欽明文思，温恭允塞，道之體也；明德親民，協和萬邦，平章百姓，道之用也。凡堯、舜所以治唐、虞者，尹耕莘時盡講究來，故出便能以天下自任，放伐之舉，至兵法之學。王臨川謂古黨庠序之教興，禮樂政刑，士素講之精，故皆足爲天下國家用。苟不可用天下國家者，不教也。如射御亦男子事，苟無疾病，無有去射不學者也。故學校以射，祭祀以射，賓客以射，凡禮樂俱寓以射，故居以爲大卿，出則將大軍，比閭族黨之師皆伍兩卒旅之師。後世惟以爲無賴者之任，而學士大夫輕皆之。乃弊精神於課試文章，及隸于仕，始卒然責以天下之事，故平日之教、祇以壞事。《慈溪學記》文謂：古鄉射、飲酒、合樂、尊賢、勞農、囚馘等事，皆當學之，平日所學政擬他日之用，不待以政學也。又嘗推之，皋、夔、稷、契生文字僅有之世，雖無書可讀，而堯、舜稽古，皆以名言善行爲世法程【六】；文、武之政布在方策，則其書非直言語也；張子房圯上一編，顛贏蹶項；諸葛孔明讀書但觀大略；馬伏波少授《詩》，不能守章句；陶淵明讀書不求甚解。隋蘇威曰：讀《孝經》足以立身，治國。而數君立節皆不同，宋趙普二代相業，各用《論語》之半。蓋昔賢各知用書之要，不在徒爲章句也。故學貴知要，不在貪多；用貴適時，不專泥古，然後爲善讀書。《論語》説安昌侯張禹受禄保位，《中庸》稱天下胡公，乃後世託經文奸，《莊子》所以有《詩》、《書》發冢之議也。若近時理學諸賢，於心性切切究論，又未免有芻狗事爲之弊，倘不經世，與記

【六】名言善行　「名」原作「多」，據四庫本改。

誦詞章，均爲無補，故書益多，效益寡。

先天太極一理

《先天圖》總六十四卦爲一圓圖，先儒以爲心法也。玩圖當自心始，圖中心白，太極也。其外左陽畫三十二，右陰爲三十二，兩儀也。又其外十六陽十六陰相錯爲四，四象也。又其外八陰八陽相錯爲八【七】，八卦也。又其外八分爲十六【八】，十六分爲三十二，三十二分爲六十四，而卦備圖成矣。明道謂加一倍法者，此也。朱文公謂：本是小變成大，到那大處又變成小。小變成大者【九】，中心白圈積成大圓圖是也。大又變成小者，圖成而六十四卦備，一卦只管一事是也。故曰只是个盈虧消息之理，小則必大，大則復小也。康節玩圖，每事怕太盛，須看得此理透。濂溪圖太極，只是散布《先天圖》，發明此理。其上白圈先天中心，太極也；其次黑白相錯一圈，白陽動，黑陰靜，兩儀也；動中有靜，靜中有動，曰動靜互根成，四象也；又其次木、金、水、火、土各以圈布，曰五氣順布，四時行焉者；坎、離、震、兑包乾、坤、艮、巽而成八卦也；其下二圈乾道成男，坤道成女，萬物化生者。八卦分爲十六，十六分爲三十二，三十二分爲六十四，各正性命之象也。《先天圖》是會萬爲一，《太極圖》是散一爲萬，是或一理也。周子察先天精，故圖太極妙。近時興國馮億可説二圖最明，其辭曰：《先天圖》，心學也；《太極圖》，性學也。

【七】八陰八陽　原作「八陽八陰」，據四庫本、《朱子語類》卷六五乙。

【八】八分　「分」原作「方」，據四庫本、碧琳琅館本、芋園本改。

【九】小變成大　「小」原闕，據四庫本、碧琳琅館本補。

《先天圖》總萬爲一，以爲天地造化、萬物萬事皆主於心；《太極圖》散一爲萬，以爲天地造化、萬物萬事皆攝於理。惟其總萬爲一也，故兩儀、四象、八卦、六十四卦統體一太極，其在人則心之謂也，所謂天向一中分造化，人於心上起經綸是也【一〇】；惟其散一于萬也，故二氣、五行、乾男、坤女、萬物化生，物具一太極，其在人則性之謂也，所謂天下無外性之理【一一】，而性無不在是也。然而心外無性，性外無心，是或一道也。是故理無與於象，而觀象則可以明理，所以有貴于圖也。《先天圖》之爲象也，如衆星之麗于天而共辰也，如三十六輻之周于輪而湊轂也，如萬矢之圍的也，如衆材之聚于根也【一二】，萬而一也；《太極圖》之爲象也，如木之根而榦，榦而枝，枝而葉也，如水之源而派，派而流，流而委也，一而萬也。人能觀《先天圖》之爲象【一三】，而得此心之所以爲心，則居中而運四旁，處靜而制羣動，兩儀、四象、八卦、六十四卦之生在彼，而乾、坎、坤、離、震、艮、兑、巽之體在我，所謂天地定位，山澤通氣，雷風相薄，水火不相射，此心之爲也。人能觀《太極圖》之爲象，而得此性之所以爲性，則無有不備【一四】，無有不善，無物不具，無時不然，陰陽五行、萬物萬事雖紛紜乎無窮，而健順五常、人倫事物之理莫不爲之管攝。所謂天地合德，日月合明，四時合序，鬼神合吉凶，此性之爲也。二圖該説心性，理既明備，圖亦燦然。

馮名億可【一五】，兄弟皆第進士，開慶己未悉戕于兵云。

【一〇】人於心上　「人」原闕，據四庫本、碧琳琅館本、芋園本補。

【一一】無外性之理　「性」原闕，據四庫本補。

【一二】衆材之聚於根也　「衆」原作「聚」，「也」原闕，據碧琳琅館本、芋園本改、補。

【一三】先天圖　「天」原闕，據碧琳琅館本、芋園本補。

【一四】無有不備　「有」原闕，據四庫本及文義補。

【一五】馮名億可　「可」原闕，據前文補。

蜡臘異祭

《史記》：秦惠文王十年初臘。鄭康成、蔡邕因謂臘即周蜡祭，和峴亦曰：蜡者，臘之別名。余攷《玉燭寶典》云：臘祭先祖，蜡報百神。則蜡與臘異，蜡祭因饗農以終歲勤動而息之也。臘者，獵也，獵取禽獸，祭先祖，重本始也。二祭寓意不同，所以臘于廟，蜡于郊。唐貞觀初，丑蜡百神，卯祭社稷，辰臘宗廟。開元定禮，始蜡、臘同日。宋初蜡、臘猶分，其後依和峴議，三祭同用戌日。豈以先秦無臘，準古只嘗蜡一祭乎？

井田

周末開阡陌，罪商鞅，又謂秦并天下，李斯盡壞六國井制。然鞅特秦一國之佐爾，而魯税畝，鄭邱賦，滕使畢戰問井制，孟子説齊、梁制民之産，則諸國井制俱紊，難專罪鞅也。其實盡壞，又不起斯也。近代儒先如伊川、横渠，皆嘗有志井田，然葉水心謂其法繁密，非一世可行。自黄帝至成周，封建制定，諸侯皆家傳世守，畎澮溝洫，民守而田之，故歷唐、虞、三代如一日。後世郡縣制行，吏且數易，井制能一朝定乎？《孟子》言夏五十而貢，殷七十而助，周百畝而徹，皆什一也。朱文公謂先王疆理天下，畎澮溝洫，具有成制，若五十更爲七十，七十更爲百畝，則古制盡廢，豈不勞擾？故疑《孟子》言難拘。又況地有肥瘠不等，倘一拘于五十、七十、百畝，闊狹定制，豈不偏頗？古人當別有權衡。又上古田在官，今行井制須奪民田歸官，然後貧富可均，人情能保不騷然乎？兼畎遂溝洫，環田爲之，地之不得耕者甚衆，今世大陂長堰，因高爲原，視下成隰，波及千頃，較彼不爲徒勞乎？上古生齒未繁，計口授田，猶或可給；後世生齒日衆，設遇歉歲，官發既空，倉廩亦盡，啼饑猶自不免，在官之田能徧給乎？按今中原陸地居多，詳《禹貢》除荆揚外，無非陸田。冀曰厥土白壤，兖曰厥土黑墳，青曰厥土白墳，徐曰厥土赤埴墳，豫曰厥土惟壤下土墳壚，梁曰厥土青黎，雍曰厥土黄壤，獨荆揚曰厥土惟塗泥。釋壤者曰土無塊，釋墳者曰起曰肥，則七州土皆高肥，獨荆揚塗泥可爲水田。又參經言黍稷多於禾稼，兵食俸給例以粟計。《周禮·職方氏》別九州，亦荆揚專言稻，餘州別諸種色。則中原水田無幾，蓋異荆揚。而《禹貢》一書，千古地理之證也。但溝遂澮洫費地既多，致水又勞，不知古人何樂此也，想明井畫外因早備爾。

牛耕

古以牛引重任載，次則供祀，六經載祀外，無言牛服耕者。《周禮》：「牛人掌養公牛，以待國用政令。」曰享牛、求牛、膳牛、犒牛、奠牛、兵車之牛，亦不及耕。蓋古人尚耦耕。耦者，人力兩相佐助，共發地通畎畝。長沮、桀溺耦而耕，《詩》曰十千維耦【一六】，千耦其耘。《禮》曰：以歲時合耦于耡【一七】。賈公彦《禮》疏謂教民牛耕，自漢趙過始。

【一六】十千維耦　「維」原作「爲」，據四庫本、《毛詩正義》卷一九改。

【一七】合耦于耡　「于耡」原作「牛耕」，據四庫本、《周禮注疏》卷一五改。

按：過爲搜粟都尉，創代田之法，始言用牛犂，二牛三人。但予攷孔門弟子冉伯牛、司馬牛，皆名耕，以牛釋耕，周末已然，似不始漢也。

卜決疑

近代工《易》者三家，而各不同。康節《易》主數，伊川《易》主理，晦庵《易》主卜筮。《易》經羲、文、周、孔四大聖之筆，後世陰陽占驗之書，有《易》似者哉？三代而上事之神者一倚卜，而亦不專徇焉。舜傳位于禹，首曰「惟先蔽志，昆命于元龜」。孔氏釋志定然後卜，故必朕志先定，詢謀僉同，然後曰鬼神其依，龜筮協從。《洪範》言龜從、筮從，必曰卿士從、庶民從，又曰謀及乃心、謀及卿士，是人己之意見合，復假卜筮斷之，乃古人審重之志也。周公都洛，決擇於瀍澗東西，亦是宅中之志素定，而瀍澗東西則審爾。衛文徙楚邱，升堂降觀，始曰卜云其吉，皆非卜而後居也。所以卜但曰決疑。《莊子》、《史記》述蓍龜之神，皆數百言，至備述見夢元王之事。而《莊》記仲尼之言曰：神龜能見夢於元君，而不能避余且之網；知能七十二鑽而無遺筴，不能避刳腸之患。如是則智有所困，神有所不及也。其神龜無幾矣。漢武帝聚占家問某日可娶婦，五行家曰可，堪輿家曰不可，建除家曰不吉，叢辰家曰大凶，歷家曰小凶，天人家曰小吉，太乙家曰大吉，辨訟不決，至以狀聞吁己見。人謀之不詳，而欲一倚占候，鮮有不惑者。此褚先生所以拳拳於《日者傳》也【一八】。

佛入中國

《後漢·西域傳》云明帝時，佛始入中國。按《漢武故事》：昆邪王殺休屠王，以其衆來降，得其金人之神，武帝置之甘泉宫。祭不用牛羊，惟燒香禮拜，帝使依其國俗祀之。又時作昆明池，掘得黑灰，東方朔曰：可問西域道人【一九】。則前漢時，佛流中國矣。況帝事四夷，枸醬、竹杖猶入王府，又方事神仙，佛以超度爲術，張騫輩肯賤佛書乎？劉向《列仙傳序》言仙者一百四十六人，而七十四人見佛經。向，成、哀時人。其言如此，則前漢有佛經矣。向又曰：予覽載籍，往見有經。洪慶善因言周時九流釋典【二〇】。按《列子·仲尼篇》曰：西方之人有聖者焉。詳禦寇鄭人，在孔子後、孟子先，其時已説西方聖人，則佛傳中國晚周也。就後漢言之，光武閉玉門，謝西域，佛豈有不通者，何必待明帝迎而後有耶？《通鑑》著其始于明帝，蓋本《西域傳》，豈以帝者尚佛自明帝始，固特本《西域傳》表之邪？

豚犬斥子

豚犬斥子，詳語意，疑賤之之稱。按二字出《越語》。范蠡欲速報吴，使國民衆多，令

【一八】日者傳　「傳」原作「後」，據四庫本、《史記》卷一二七《日者列傳》改。

【一九】可問　「問」原作「聞」，據四庫本、碧琳琅館本、芋園本改。

【二〇】九流　「九」原作「久」，據碧琳琅館本、芋園本改。

國人女子十七不嫁，丈夫二十不娶【二二】，皆罪父母； 生丈夫與酒三壺、犬一，生女子與酒一壺、豚一，蓋幼之之事。《論語》六尺之孤，《周禮》國中七尺，野外六尺，皆不從征。亦謂幼者，六尺年十六，七尺年二十也。

迂闊

田文以雞鳴狗盜之客脱一時之急，蘇氏謂道德禮義之士則能救之於未危，無用於客也。蓋六經道制治于未亂，隆古君臣崇禮尚義，思患預防，所講明、所設施動爲久長遠大之圖，無急利近功之意。凡逆節亂萌，窒之平居，不待著而爲之地，故治安長保。後世務求近效，旁蹊捷出，行險僥倖，幸而集事則曰：吾不假彼之深謀遠計而功業以就，不知一有疏虞，横潰四出而不可支。此叔世所以亂日多而治日少也。儒本六經言，往往張皇於安平之日，及事至而爲之圖，必推述禍原亂本之所在，就其端萌而圖之。舍經行權，又所不屑，故見儒之迂闊，乃遠大之謀謨、深長之思慮也。余謂時君世主，倉卒名知務者，閒暇多迂闊，儒者倉卒似迂闊，而閒暇則知務也。

祭求陰陽

祭與際同，人與神接際也。人死魂氣歸天，屬陽； 體魄入地，屬陰。故祭所以求諸

【二二】二十不娶　「二」原作「三」，據四庫本、《吴越春秋》卷一〇《勾踐伐吴外傳》改。

陰陽也。古人灌用鬱鬯。按：鬱鬯，香草。以鬯釀酒，加鬱和之，酌則酒氣氛揚上下，求死者於陽也；灌之地，求死者於陰也。祭者無所不用其情，或死者之可格也。殷人求諸陽，用聲樂；周人求諸陰，用鬱灌。樂爲陽，禮爲陰也。程泰之《演繁露》謂：秦、漢以前，五嶺未通，祭用鬱鬯。《記》云：天子鬯，諸侯薰，大夫芝蘭，士蕭，庶人艾。五嶺通，旃檀之類行上國，鬱鬯遂廢。然則今神事尚香火，求諸陽也。《爾雅》：祭天燔柴，祭地瘞埋。與夫日食擊鼓，雩舞女巫，皆隨陰陽施之。鄭玄釋禋曰煙，亦以氣上通也。

周公瑾

周瑜事吴，世第以赤壁戰奇之。余按三國與權頡頏者，曹操、劉先主二人，而皆入瑜計度中。方先主依權，瑜請徙置吴宫館，女色以豢之，分關、張各一方以事攻戰。臨死又表權曰：劉備寄寓，有似養虎。而權不從。曹操赤壁敗還，瑜計權取蜀，結韓遂、馬超于關中，睨操後，還據襄陽蹙操，北方可圖也。權亦不從。二説皆中曹、劉肯綮，使權從之，更假瑜以年，功業當超赤壁數倍。先主之帝、操之篡可復許乎？瑜捷赤壁年二十四，死纔二十六。此雖夭死，則亦足矣。

司馬懿

諸葛孔明、司馬仲達相際一時，孔明前後六出伐魏，而仲達不敢西向發一矢；孔明用草創僅存之蜀，而仲達撫操、丕積强之魏。人才不待較而知矣。然嘗聞石埭其令君曰：仲達譎，雖不如孔明正，而仲達高于料敵。斜谷之役，懿謂諸將曰：亮若勇者，當出兵依山而東，如西上五丈原，諸軍無事矣。已而亮果登原，遂以敗聞。亮遣使至懿營，懿不問軍事，問使言亮曰食三四升，罰二十以上皆親覽【一二二】。懿曰：諸葛孔明食少事煩，其能久乎？已而亮果卒。相持既久，懿知亮鋭於一戰，但堅壘困亮，雖遺以巾幗而不辱，且譎爲辛毗制己，不露怯戰之機，使亮堂堂之陣更無所施。李左車之策不行於當日之陳餘【一二三】，而行於異時之司馬懿，謂懿不智，可乎？及亮以喪歸，懿按行亮之營壘曰：天下奇才也！亦有爲而發。時有所忌者在行，懿謂孔明如此奇才尚困于吾，彼不逮孔明者當如何？蓋借此形彼也。凡此皆仲達譎處，史未究見，故没不書。石埭讀書最博與僻，無不搜根，未叩所忌爲誰。

【一二二】親覽　「覽」原闕，據碧琳琅館本、芋園本補。

【一二三】李左車　「車」原作「軍」，據同上改。

事非智力所及

東坡敘兩漢之變曰：高帝平天下，所憂者韓、彭、英、盧而已。四王相繼仆滅，及吕氏之禍，則由后族，呂氏既滅，而吴楚之憂幾至亡國【二四】。方韓、彭、呂氏之禍，惟恐同姓之不蕃昌也。至其爲變，則又過於異姓。文、景之世以爲諸侯破弱，則漢百世無憂，至武帝諸侯之難已衰，匈奴之患方熾，又以爲天下之憂止此矣。及昭、宣、元、成之世，諸侯既無足憂，匈奴又已成事於漢，然卒至于中絶不救，則所不慮之王氏也。世祖既立，上懲韓、彭之難，中監七國之變，下悼王氏之禍，於是盡侯諸將，不任以事，裁減同姓之封，黜削王公之權，以爲前世之弊盡去矣。及其衰也，宦官之權盛，黨錮之禍起，士大夫相與游談，以爲一日誅宦官【二五】、解黨錮，則天下猶可以無事。於是外召諸將，誅宦官無遺類，而董卓、曹操因以亡漢。所憂者凡六變，而亂與亡輒出於其所不憂。數語盡漢曲折。余嘗因是合古今世變論之，秦革封建，限匈奴，焚詩書，慮至悉矣，而禍反出於揭竿之戍卒。魏制母后不得臨朝，禁御諸王有同奴隸，而姦臣竊鼎，歷晉、隋如出一輒。唐懲安史之亂，倚重藩鎮，而藩镇卒爲禍胎。宋懲五代之弊，削弱諸侯，而前後兩困北狩。由此觀之，天下事殆非智力所及也。

史記世系

子由《古史》譏司馬遷《史記》輕信而疏略，今以所記世系求之。其言黄帝生昌意，昌意生顓頊，顓頊生窮蟬，窮蟬生敬康，敬康生句望，句望生蟜牛，蟜牛生瞽瞍，瞽瞍生舜。自黄帝至舜凡九世。及敘禹系曰：黄帝生昌意，昌意生顓頊，顓頊生鯀，鯀生禹，去黄帝

【二四】吴楚　「吴」原闕，據四庫本、芋園本補。

【二五】誅宦官　「官」原作「皆」，據碧琳琅館本、芋園本改。

止五世。禹繼舜興，何舜遠而禹近也？叙黄帝至湯凡十七世，湯至紂又二十九世，通四十八世，而叙黄帝至武王但十九世，武王後湯六百年興，去黄帝乃止二十世，何紂遠而武近也？後之論世系者多本《史記》，殆未考遷之繆也。

卷第七

一體具體

子游、子張、子夏，皆有聖人之一體； 冉牛、閔子、顏淵，則具體而微。 晦庵《集注》： 一體，一肢也； 具體，有其全也。又曰： 體，段也。 皆就身體言之。 雙峰饒氏曰： 吾道所謂全體，仁、義、禮、智、信也。 具體而微者，五者皆幾焉，特未到至處，各具一體，則仁有餘者或義不足，禮而得者或信而虧。 蓋子雲道德仁義禮譬諸身之説，視肢體之説尤明切。

左傳紀人名

《左傳》紀人名，既名字竝舉，又或族里、爵邑、謚號錯布一事之中【一】。 如稱士會曰隨武子，又曰隨季，又曰士季； 稱郤伯曰駒伯，又曰郤獻子； 稱荀林父又曰桓子； 稱先穀又曰彘子； 稱公子呂又曰子封； 稱裂繻又曰子帛。 此類不一。 後來杜子美作詩，爵、名、里、字亦備著，如曰杜陵、曰杜曲，著地也； 曰臣甫、曰子美，著名字也【二】； 曰

【一】一事之中 「中」原作「事」，據四庫本、碧琳琅館本、芋園本改。

【二】著名字 「著」原作「者」，據文義改。

拾遺，曰省郎，著爵也。蓋取法於《傳》。而以《詩》參之，《文王有聲》詩稱文王曰王公，又曰王君，曰皇王，亦備著一詩。先儒釋云：詞之不同，以見美之不足，反覆備詠，詩之體也。

豕蝨

勢不足倚曰冰山，乃唐張彖鄙楊國忠之言。李湛鄙二張【三】，復曰海市蜃樓。按：蜃，大蛤也。《韓詩外傳》云：蜃能吐氣爲樓臺海中，春夏間見。《文昌雜録》云【四】：登州每晴霽，海之煙霧中有城闕、樓閣、人物、車馬、鷄犬往來之狀。蓋蜃吐氣爲之，旋復消滅，登人謂之海市。東坡詩謂所見皆幻影是也。二喻本出《戰國策》，曰城狐社鼠。《莊子》復譬豕蝨曰：豕蝨「擇疏鬣，自以爲廣宫大囿【五】，奎蹄曲隈，乳間股脚，自以爲安室利處，不知屠者一旦鼓臂布草操煙火【六】，而己與豕俱焦也」。冰山諸喻所習用，若豕蝨則少援引者。

莊子

文章設喻則深婉，而于喻最難，至一字數喻尤難，獨《莊子》百變不窮，姑即明白者著之。如喻身用之厚曰：「子見犧牛乎？衣以文繡，食以芻菽，及其牽而入于太廟，雖欲

【三】李湛　「湛」原作「堪」，據四庫本、《古今事文類聚》別集卷十九改。

【四】文昌雜録云　「云」原作「者」，據四庫本、碧琳琅館本、芋園本改。

【五】自以爲　「自」原作「白蹢」，據四庫本、《莊子集釋》卷八《徐無鬼》改。

【六】布草操煙火　「操」原作「燎」，據同上改。

【七】王巾笥　「巾笥」原作「乃舒」，據四庫本、《莊子集釋》卷六《秋水》改。

爲孤犢，其可得乎？」又曰：「吾聞楚有神龜者，死三千歲矣，王巾笥【七】而藏之廟堂之上。此龜者，甯其死爲留骨而貴乎？甯其生而曳尾於塗中乎？」又曰：「祝宗人玄端以臨牢筴【八】，説彘曰：『吾將三月豢汝，十日戒，三日齋，藉白茅，加汝肩尻乎彫俎之上，則汝爲之乎【九】？』爲彘謀【一〇】，曰不如食以糟糠，而錯之牢筴之中【一一】。」三喻意同而事異。喻不可語道之人，曰有鳥止魯郊，魯君説之，爲具太牢以饗之，奏《九韶》以樂之，鳥乃始悲憂眩視，不敢飲食。又曰：《咸池》、《九韶》之樂，張之洞庭之野，鳥聞之而飛，獸聞之而走，魚聞之而下。喻斲壞真性，曰伯樂治馬，曰陶者治埴，曰匠者治木。喻陳言不可用於今，曰古人糟粕，曰已棄芻狗，曰舟不可陸，曰狙猿衣周公之服，曰醜人學西施之矉，曰迹履所出而迹非履。喻精一之守，曰痀瘻承蜩，曰津人操舟，曰吕梁蹈水，曰梓慶削鐻。各數易説，每易每奇。若庖丁解牛事曰：「手之所觸，肩之所倚，足之所履，膝之所踦。」林竹溪謂如畫出一屠牛人，「砉然嚮然，奏刀騞然」，如聞其離析牛體之聲。「批大郤，導大窾【一二】」；「技經肯綮之未嘗」；「彼節者有間，而刀刃者無厚【一三】」；「每至於族【一四】，視爲止，行爲遲」等語，則牛身之骨節理絡、屠者之難易伸縮，皆著之筆端，豈不爲千古文章之妙？廣大，郭象謂《莊子》言大，如鵬徙九萬里而六月息，極天下之大；言小【一五】，如蝸牛之角，能容蠻觸之戰，極天下之小；言久，謂冥靈以五百歲爲春秋，大椿以八千歲爲春秋；言古，則朝菌不知晦朔，蟪蛄不知春秋；言近，則行填填，視

【八】玄端以臨牢筴　原作「臨穽柵」，據《莊子集釋》卷七《達生》改。
【九】則汝爲之　「則」原闕，據同上補。
【一〇】爲彘謀　「謀」下衍「者」，據同上删。
【一一】而錯之牢筴　「而錯」原作「借」、「筴」原作「都」，據同上改。
【一二】批大郤導大窾　原作「導大窾批大郤」，據《莊子集釋》卷二《養生主》乙、改。
【一三】彼節　刀刃者　「彼」原作「披」、「者」原闕，據同上改、補。
【一四】每至於族　「於」原作「族」，據同上改。
【一五】言小　原闕，據文義補。

顛顛，臥居居，起于于，如標枝，如野鹿，無爲之象可掬；　言後世，則蹩躠、踶跂、澶漫、摘擗、屈折、縣跂、喬詰、卓鷙、臠卷、傖囊【一六】，作爲之態備盡；　言子貢之富，則軒車不容巷；　言曾子之貧，則正冠而纓絶，捉衿【一七】而肘見，納履而踵決。各臻其妙，自謂環偉諔詭可觀【一八】，信哉！　但陋仁義禮樂而偏道德，詆訾堯舜以來之聖人而崇老子，舍棄人事，一付自然，所以得罪名教，爲異端之學。

古銅代金

《舜典》金作贖刑，《吕刑》罰百鍰，皆釋銅。漢罰用金，贖死爲銅四百一十六斤，唐贖死爲銅一百二十斤【一九】。按：《禹貢》揚州貢金三品，銅與其一。故銅罰例曰金。漢賜臣下誠用金者，直書黄金。考古金多無如漢，高祖予陳平四萬斤【二〇】，賜家令五百斤，慎夫人賜袁盎五十斤，宣帝賜韋賢、黄霸各百斤，賜疏廣、受二十斤，太子加賜五十斤，賜高祖功臣後百三十六人各十斤。豈爲天下國家用，故亦不爲天下國家惜乎？　若飾土木言金，無如《西都建章賦》曰觚稜棲金爵【二一】，《三輔故事》著金爵銅鳳長安門，《甘泉賦》曰金鋪交映，揚雄《解嘲》曰歷金門，注亦曰門旁立銅馬，因號金門。古帝者富有天下，猶以銅代飾土木，後世琳宫梵宇，例飾赤金，何也？

【一六】摘擗屈折縣跂喬詰卓鷙臠卷傖囊　「摘擗」原作「摘僻」，「跂」原作「踶」，「喬詰」原作「結」，「傖」原作「搶」，據四庫本改。

【一七】捉衿　「衿」原作「矜」，據《莊子集釋》卷九下《讓王第二十八》改。

【一八】諔詭可觀　「諔」原作「俶」，據四庫本、《莊子集釋》卷一〇《天下》改。

【一九】一百二十斤　「斤」原作「金」，據四庫本、《唐律疏議》卷二三《戲殺傷人》改。

【二〇】四萬斤　「斤」原作「金」，據四庫本、《漢書》卷一上《高帝紀》改。

【二一】無如　「如」原作「往」，據四庫本改。

龍門

禹鑿龍門導河，意穿其山之遏水者而已。潏水李氏記其事則不然，謂同州韓城縣北有安國嶺，東臨大河，上建禹廟，乃禹鑿山通河水出處也。河自古長城外南注中國，至安國嶺下凡千餘里，兩岸盡壁峭立，大河盤束怒鬱石硤間，至此方山間，噴風揚霧，如萬雷鼓天而下。《莊子》「懸水三十仞，流沫四十里【二二】」，蓋寫此。禹像冕服豕首，祭諱用豕，用則大風拔木發屋，災被百里。觀此，則暴鰓點額，亦見魚力之上，莫支水力之猛，而禹所以神也。若上流乃古朔方，處黨項之裏。宋苦西夏，嘗有陳熙河據西夏上流，於舟順流下出會州，腹攻靈夏者。朝廷下其議，熙河漕臣李復奏曰：契勘黃河，過會州，入韋精山，石峽險窄【二三】，自上垂流直下，高數十尺，船豈可行！至西安州之東，大河分爲六七道散流【二四】，謂之南山，逆流數十里方再合。逆流水淺灘磧，不勝舟載。朱文公謂《禹貢》言貢賦之路曰：浮于積石，至于龍門、西河，會于渭汭。則古來此處河道固通舟楫矣，復言又若此【二五】，何也？余竊謂興、靈以外之河，古當狄境，自《書》記雍州貢道之後，狄之窺中國者何限，曾未聞有導河入渭汭者。則龍門上流行舟必難，復之説疑有據。按：河出葱嶺、于闐，合流東注菖蒲海，去玉門、陽關三百餘里，潛行地下，至積石出，故禹導自積石，自積石千里而東，千里而南，至龍門凡三千餘里。

【二二】懸水三十仞流沫四十里　二「十」原作「千」，據四庫本、《莊子集釋》卷七上《達生》改。

【二三】入韋精山石峽險窄　「入韋」原作「所見」、「窄」原作「穿」，據《潏水集》卷一《乞罷造船》改。

【二四】西安州之東大河分爲六七道　「安」原作「妥」、「大河」下衍「又」、「爲六七道」原闕，據同上改、刪、補。

【二五】復言　原闕，據四庫本補。

戰國説士

葉水心曰：周之盛時，京師有學，比、閭、族、黨、鄉、遂皆有學。三歲資興，諸侯貢士，進得仕天子，退得臣諸侯，故其時有秀士、進士、俊士、造士等。自厲王無道，周法浸壞，宣王之復未幾，又亂以幽王，馴至平王東遷，京師之學先隳，諸侯貢士之典亦闕。士絶望於王都，下者爲商賈負販，高者俛首爲陪臣，然尚用於諸侯也。其後諸侯亦不取士，士之無歸者降爲大夫家臣。孔門弟子皆爲之，獨顔、閔以不仕見推。至戰國諸侯互相吞滅，日尋干戈，及遭離亂，爲家臣既無主，退又無以自業，於是放蕩四出，仗口舌以要時君。雖孟子大儒，亦千里見梁，且語句踐以遊重輕，平原輩資士以重其國，幾數千人。士之變詐縱横輩，至以口舌重輕人國，列國之主，爲之擁篲先驅，側行避席，時可知矣。至秦此習未改，於是坑夷之禍起焉。其實皆因於士之無歸也。

鄉舉里選

封建不復，里選難行。緣古者王畿外其地皆以封諸侯，王城二百里外又責之都鄙，天子所治，只六鄉六遂二百里之間。諸侯封國鄉、遂、比、閭、族、黨之内，塾、庠、序之教行，故行藝之考察可知，耳目之采取亦易。《周禮》選舉之説曰：閭胥，立比爲閭【一一六】，中士爲之。

【一一六】立比爲閭　「比」原作「此」，據四庫本、《周禮注疏》卷一二《閭胥》改。

凡春秋祭祀、役政、喪紀、聚衆庶【二七】，書其恭儉任恤者；　族師，上士爲之。　月吉書其孝弟睦婣有學者；　黨正，下大夫爲之。　正歲書其德行道藝；　州長，中大夫爲之。　正月之吉考其德行道藝而勸之，糾其過惡而戒之；　鄉大夫，命鄉舉之。　三年大比則考其德行道藝，而興賢者、能者。　蓋人之賢否，非久與居莫辨真僞，久與居者惟鄰里鄉黨，故黨庠序乃審察人才之要。　按：古庠序皆鄉民行射飲讀教法之所，事已則反於學塾。漢學校不立，士與講論者令肄業太常，後世以來始有越鄉違家、羣居聚食就學者。　後世井邑既亡，學校又廢，郡大者縣地千里，如漢委郡國察孝廉，郡守拜罷不常，不能熟其人之賢否，往往濫舉者多。　魏郡置中正九品一人考德行，亦只取信口耳。　其後任愛憎、通貨賂、取閥閱，職名中正，實爲姦府。　元魏惟簡年勞，才否不辨。　然漢公府辟舉之法尚近古，郡縣屬吏掾曹許各辟於其長，經郡縣辟者，五府吏辟，經五府辟者，公卿始得推選。　故士修於家，聲聞達于鄉閭，則辟書交致。　至縣令以上始赴尚書選調，一人之身，閱歷者衆，漢吏多得人。　周官人之法：論之鄉里，告諸六事，而後貢以王庭，示不取信一人。　隋、唐來易以詞華設科，行藝已閣置矣，然猶察時望録之。　至宋置棘糊名，則德行才否一切不辨，士之得失權衡於命之有無，特假詞華彰施之爾。　愚謂科舉流泛，封建不復，選舉難行，若只徇時論取人，則王莽未得漢柄，折節爲恭儉，虛譽隆洽；　晉殷浩未出【二八】，天下皆謂深源不起，如蒼生何！　王安石初年，天下推其文行莫與爲比，堪充選舉，雖國皆曰賢也，而竟如此，又何哉？　要之毀譽難憑，湖學以經義【二九】、治事、邊防、水利置齋，實取

【二七】聚衆庶　「聚」原作「衆」，據《周禮注疏》卷一二《閭胥》改。

【二八】晉殷浩　「晉」原作「囂」，據四庫本改。

【二九】湖學　原作「蘇湖」，據《文山集》卷三《對策》改。

人之規；虞廷納言、試功一節，實審才之實。蓋人各有能有不能，就其能之著而取之，真才出矣。按孔門四科論人，由果、賜達、求藝【三〇】，亦不專主文章德行，則偏徇豈不繆與。後世取人但言語一科，不知世固有坐談則勝，行之實事則闕者，禮樂、訟獄、財賦、兵機素未嘗經，則選以官事多廢。而歲月淹久，循資格又付以斷國論，謀王室，當方面，而人之堪不堪乃不問也。所以政以人弊，國以人亡。

老彭

事惟近於人情者可信。傳記述彭祖、老聃，各有詭異難憑之説，年皆數百。今撮識始終，彭祖姓籛名鏗，封彭城，故號彭祖，以斟雉養性事堯，仕夏爲大夫，仕商爲老彭，仕周爲柱下史【三一】。《彭祖傳》云商世已傳三百歲，《列仙傳》云喪四十九妻，亡五十四子，壽七百，又云八百。而《書》獨以爲彭祖，得之，上及有虞，下及五伯，其繆蓋易知也。如《列仙傳》所云，彭祖但壽其一身，不能延長其妻子，其仙亦陋矣。老聃，皋陶後。《姓苑》著皋陶士師爲理官，因以理命族。古字「理」、「李」通用，故《左傳》行李、行理無二。夏商時已有李氏。姓氏書李，新舊《唐書》乃皆謂老子生李下，遭亂，饑食木子得生，因姓李。葛洪《神仙傳》又謂老子無父母，姓李。皆附會妄説也。按：老子生周宣王四十二年，母名之曰玄禄，字伯陽，甫生能言，生時皓首，方瞳長眉，幹九尺，耳七寸而參漏，故復名耳，字聃，

【三〇】由果賜達求藝　原作「賜達由果」，據《論語注疏》卷六乙、補。

【三一】仕周　「仕」原作「事」，據四庫本及文義改。

邑于苦之賴。亳州衛真縣，縣東有賴鄉，即老子生地，有祠【三二】。《漢志》以老萊子、老聃爲二人。按《莊子》書孔子問禮于老聃。《高士傳》云孔子至楚見老萊子，時已二百餘歲，班衣戲母側，所問皆禮事。二老傳皆曰楚人。又萊，先賢以爲老聲之轉，竊疑只是一人。仕桓、莊，出爲柱下史，仕簡、靈世，爲守藏吏，平王世，著《道德》，孔子没後十九年西入秦，歷流沙，化胡成佛【三三】，見秦獻公，又後孔子百餘年。其壽以爲二百七十，又曰四百四十，又曰不知所終。然鄠縣柳谷水面有老子墓。余按：老子著《道德經》，清淨無爲外，無半語及神仙，《莊子》之書取尊老子，亦不言其爲仙。至晉葛洪著《神仙傳》，始列老子于仙。昔之推黄帝者曰壽三百，《大戴禮》述宰我問孔子云：黄帝，人也，何以能三百年？孔子曰：生而民利其德百年，死而人期其神百年，久而人用其教百年。竊疑彭老之壽猶孔子論云，特傳記神異焉爾。

治貴審時

論秦政、王莽，曰：秦焚《詩》、《書》以立私議，莽誦六藝以文姦言，殊塗同歸，俱用滅亡。蓋謂書不適用，讀書與不讀書一也。魏鶴山嘗嘆孔、孟著書未及行，盡其轍轘歷聘，熟諳世故，又洞識前古，使其獲用，弛張必當。至秦火【三四】肆暴，經皆出于漢儒，掇拾先王制度，雜以秦、漢舛繆甚【三五】，則故制漸亡，鄭王【三六】、賈、馬箋註，多是以後王儀文，臆説三代令典。故經著義理綱常，萬古不易，其建置纖悉，隨時之宜可也。夏禮而杞不足徵，殷禮而宋不足徵。孔子時，二王之後猶存，而皆云然，後乎孔子者，文獻又可知矣。韓

【三二】衛真縣　有祠　「真」原作「貢」、「祠」原作「桐」，據《輿地廣記》卷二〇改。

【三三】化胡成佛　「化」原作「花」，據四庫本、同書卷八《三教》條改。

【三四】秦火　「火」原作「大」，據四庫本改。

【三五】秦漢舛繆　「漢」下衍「漢」，據四庫本、芋園本删。

【三六】故制漸亡鄭　「故」原作「胡」，「漸亡」原作「即」，「鄭」原闕，據碧琳琅館本、芋園本改、補。

魏公規荆公新法曰：古今異制，貴于便時。《周禮》所載，有不可施于今者非一，程子曰：經焚，禮書多出漢儒，不可一一追復。後世眩於大宰六典之名【三七】，執于周公制禮之説，一用于王莽，再用于後周，三用于熙甯，而治卒不可致。不知三五制作皆出聖人，而唐、虞禪，夏后殷、周繼，忠質文異尚，子、丑、寅建正已各不侔【三八】，何嘗殷必循夏之迹，周必襲殷之制。況事久必弊，弊久則更，豈有執而不通之理？漢崔實《政論》曰：濟世拯時之術，豈必體蹈堯、舜乃理哉？期于補疑闕壞，支柱傾邪，隨形裁割，措斯世于安定之域而已。孔子對葉公、景公、哀公問政各不同，所急異務也。俗人奇偉所聞，簡忽所見，焉可與論國家大體哉！後世言三代永固以封建，不知禹之天下非無封建，不三世而太康失國，幸而再集者，少康之賢明也；幽王之天下非無封建，一無道而四夷交侵，幸而復國者，宣王之修攘也。春秋諸侯之弊極矣！周以微弱，乃載祚數百，豈諸侯于周真有一日之力哉？徒以各爭强大，不能相質，周幸而傳爾。秦變以郡縣，而弊以苛暴。漢易以寬仁，而制于權臣。晉弊于權臣，隋弊于盜賊，唐弊于藩鎮，往往國之亡皆有弊，善治者亦惟救偏補弊而已，無拘説也。又曰：昔孔子作《春秋》，褒齊桓，懿晉文，歎管仲之功矣，豈不美文、武之道哉？誠達權知弊也。寔此論足以盡美三代之蔽矣。余嘗謂唐、虞治道，萬古冠冕，究其設官，惟内有百揆四岳，外有州牧侯伯，職之可紀。昔禹平水土，稷教播種，契敷五教，皋陶爲士，與夫垂工、夔樂、伯夷秩宗而已，何嘗瑣屑如《周禮》哉？矧治道貴安静，設官既冗則巧拙雜進，天下始病矣。司馬温公曰：叔向有言，國將亡，必多制。明王之治，謹擇忠賢而任之，法制不繁而天下

【三七】大宰　原作「太平」，據《周禮注疏》卷二《大宰》改。

【三八】建正　「正」原作「立」，據四庫本改。

治；及其衰也，百官之仕不能擇人，而禁令益多，防閑益密，上下勞擾而天下亂。漢、唐而下，君道雖不盡純，而漢文、景以恭儉致太平，唐太宗以仁義致太平，有宋以儒道致太平，則亦惟其人而已，不在盡循古制也。《酌》頌成王，曰言能酌先祖之道，以養天下【三九】。漢吏稱其職，民安其業，而宣帝曰：漢家自有制度。蘇子曰：事若可行，不必皆有故事。若俗所不安，人所不悅，縱有禮典明文，無補于怨。故履不必同，要之適足；治不必同，要之通時。又曰：通其變，天下無弊法；執其方，天下無善教。

將老

秦始皇取荊，初疑王翦老而怯，後卒將翦而克。漢宣帝將七十餘之趙充國，遂平羌。光武將矍鑠翁之馬援【四〇】，遂定蠻。晉鄧艾平蜀，王濬平吴，年皆七十。他如吕尚八十遇文王，百里奚七十干秦繆，晉重耳六十二反晉國，酈食其六十二遇漢高帝，裴度、郭子儀身益老，國益重。蓋經歷多，思慮精，舉措審，往往以老得之。張南軒嘗評充國之將曰將之失，徒負勇而愎諫【四一】，充國曰：兵難隃度，願至金城，圖上方略。其不忽事如此。將之病，患急近功，充國屯田爲久計，圖其萬全；將之病，患好殺，不恤百姓，充國圖坐消西戎，使百姓安焉。此豈少年尚氣貪功者所及哉？

【三九】以養天下　「養」原作「安」，據四庫本、《毛詩正義》卷一九《絲衣》改。

【四〇】矍鑠翁　「矍」原作「钁」，據《後漢書》卷五四《馬援傳》改。

【四一】徒負勇　「徒」原作「從」，據四庫本改。

帥職

南軒帥荆，遺晦庵書曰：某受任上流，軍卒責都統，財賦責總司，吾帥臣專以固結人心爲本，使人有尊君親上之心，則以守固，以戰克矣。兵、財，帥大務也，而民又最焉。其論識，可謂約而事要矣。

服食爲本

禹别九州，冀爲王都，獨不言貢篚。近王畿曰甸服，甸爲天子治田，賦專出穀。蓋王畿地大人衆，四方根本所在，急在衣食。故畿内百里賦納總，禾本全曰總。二百里納銍，刈禾曰銍【四二】。三百里納秸，半藁去皮。四百里粟，五百里米，凡以食爲重也。兖、豫、青近王畿，兖貢蠶絲，豫貢絺【四三】、紵、纖、纊，青貢鹽、絺、絲，凡以衣爲重也。餘州之貢寶玉玩好而已。《洪範》八政先食貨，《豳·七月》周公陳先公風化，《公劉》召康公戒成王以民事，皆諄諄農務。以此見王者富有天下，亦不可一日忘情於衣食。

江河淮汴

天下轉漕之水，其大有四，曰江、河、淮、汴。河可聚西北之漕，江可聚東南之漕，汴引

【四二】曰銍　原作「器」，據四庫本改。

【四三】絺　原作「緜」，據四庫本、《群書考察·後集》卷五三《賦税門》改。

河入淮，實江湖脈絡，可聚中原之漕。按：洛以入河，溢爲滎。《史記》正義曰：滎水引河東南爲鴻溝，以通宋、鄭、陳、蔡、曹、衛，與濟、汝、淮、泗會于楚，即官渡水也。詳此，則汴古已有，後世以爲始隋，非也。但前賢明此水不一，或謂上名鴻溝，下名官渡。張華謂鴻溝、官渡各一水。胡明仲謂汴、鴻溝、官渡爲三水。張伯謂滎引河東南，注至大梁浚儀，分二渠：一爲官渡，一爲鴻溝，汴別爲渠。今汴自西而東，鴻溝横亘南北，但三國袁、曹相拒官渡，操曰悠悠黄河，吾其濟乎？則官渡自黄河。其餘小水隨地所出，俱達江河，備著《禹貢》。淮出桐柏山，遡汴北通河，而南不通江，故《禹貢》述江水沿于海而後入于淮。《左傳》謂吴夫差始通江淮，由是四水通濟。《孟子》曰：禹排淮泗而注之江，然《禹貢》禹平水土之書，果通江淮必述之矣。兼古封國各有限域，以唐、虞五服制考之，淮且居荒服外，況江表乎？故《孟子》之説可疑。《春秋》吴憑陵上國，至北伐齊，與中國之盟會，乘便取捷，蓋通江淮之始。凡水，水力不同，舟載亦異。唐劉晏轉漕給關中，初槩以航運，艱阻百端，後察江船不可用于淮，淮船不可用于汴，汴船不可用于河，遂隨岸置倉貯載。因相水之宜用船，運遂無阻。河至龍門扼底柱險，復資陸運入渭。按：唐運避三門之險，開山路十八里始濟【四四】。渭淺深不常，隋興，鑿渭自大興城東至潼關，凡三百里，名廣通渠【四五】。按：漢水、鄧州計六七百里至武關，至洋川始陸運出扶風。但漢上流灘險，不若河、渭之易。唐末及朱梁初然後關内之運通利。唐以來潼關有變，河汴不通，則江運遡漢，入武關以達長安。都洛，後梁以洛運艱改都汴，汴中據江河，水陸都會，資用富饒，而處勢平曠，天下有事乃四戰之衝，須以兵固。所以古今言王者之宅，必曰長安、金陵，蓋以運便而險塞也。長安襟

【四四】山路十八里　「山」原作「三」，「十」原作「于」，據《舊唐書》卷四九《食貨志》改。

【四五】自大興城東至潼關凡三百里名廣通渠　「大」、「城」原闕，「廣通渠」原作「開通河」，據《隋書》卷二四《食貨志》補、改。

山帶河，沃野千里，地産多可富國，古號陸海。金陵前控江淮，後引甌越，左通荆襄，右達吴會，外則長淮沃壤千里，桑田魚鹽之利甲天下，内則交、廣海錯之珍盡東南貢，江左第一形勝。宋之南渡初，李伯紀、胡安國進計，皆請措置荆襄爲根本。按：荆襄地夷曠。胡五峰嘗謂欲退守江南，則襄陽不如建鄴；欲進取中原，則建鄴不如襄陽。二公蓋爲進取計也。

張道陵

《漢書》著張陵字輔漢，光武建武十年生，天目山得道，善以符治病。桓帝永壽元年，於靈峰白日上升，該百二十歲。而邵伯温《聞見録》著漢建安二十年【四六】，曹操破張魯，定漢中。魯祖父陵，順帝時客蜀，學道鶴鳴山中【四七】，造作符書惑百姓。受其道者輒出米五斗【四八】，時謂之「米賊」。陵子衡，衡子魯，以其法相付授，自號「師君」。其衆曰「鬼卒」，曰「祭酒【四九】」，曰「理頭」，大抵與黄巾相類。朝廷不能討，就拜魯漢甯太守，鎮夷中郎將【五〇】。觀此，則張陵非異人也。道家今祖陵爲天師，初只泛號，唐始定封也。

對獨説

程子曰：天下之物，無獨必有對。朱文公廣爲一中又自有對之説，又曰：乾尊坤卑，不可竝立，蓋尊無二上意也。以類推之，君對臣，必君令臣行；父對子，必父召子諾；

【四六】二十年　「二」原作「一」，據《邵氏聞見後録》卷二八改。
【四七】鶴鳴　原作「鳴鶴」，據同上乙。
【四八】五斗　「斗」原作「升」，據同上改。
【四九】祭酒　「祭」原作「路」，據同上改。
【五〇】鎮夷中郎將　「夷」原作「漢」，「郎將」原闕，據同上改、補。

日對月，必月受日光。此對而必歸于獨，可言也。若中國對四夷，君子對小人，而耳目、手足之對，若之何一之？馮億可曰：陽一陰二，邵康節有是言，然三綱之正，九疇之敘，雖夷狄小人必藉是以立，是數者非中國君子莫致之，則中國未嘗不爲四夷所利賴，君子未嘗不爲小人之帡幪也。若手足雖對，然不左如右之便。耳目雖對，而耳不兩聽而聰，目不兩視而明，則亦無害其爲獨也。於父子尊卑不竝立之説有矣夫。

卷第八

天即理

纖緯之學未興，古人自信多託之天。堯、舜讓賢，俱曰天之歷數在爾躬。湯、武之興，曰天命弗僭，曰天祐一德，曰天其以予乂民【一】，曰天矜于民，曰天必從之等語，往往借天爲訓。朱文公謂事不出于人，則出于天，天即理也。凡合於理之自然，非人私智所爲者，皆謂之天。桀、紂之暴如是，東征西怨，南征北怨，三千臣而同心，八百侯而畢會，乃是人智力不可得而爭者。湯、武順之則天，逆之則人，其謂之天，不誣也。《左傳》曰天誘其衷，曰天奪之魄。天豈有誘奪之迹哉？行事順理而興，殆天啓之；行事逆理而亡，殆天喪之。天且不違，權於理之逆順。《孟子》曰：天不言，以行與事示之而已。先儒解天因舜之行事，示以與之之意，堯、舜子不肖，便見天不久堯、舜之天下，啓賢能繼，便見天欲久禹之天下。故曰莫之爲而爲者，天也。禹治水，彝倫攸敘，箕子曰：天乃錫禹《洪範》、《九疇》，亦謂禹能順水之性，不失高下之宜。蓋天錫以知《九疇》之敘，故無逆水之失。漢儒不審，乃拘于洛書龜背水文多少之較，詳《書·洪範》疏豈真知天者？況太古文籍未生，

校勘記

【一】以予　「予」原作「德」，據四庫本、《尚書正義》卷一一《泰誓》改。

天果以龜文示人，亦未必有所謂不一名字三十八字之詳也。又，按《易繫》，孔子只言河出圖，洛出書，即無龜龍之説。漢世緯書起，始曰龍負圖，龜負書【二】，殆漢儒增也。兼古人言災祥多卜以人事，緯書盡益以神怪。禹觀河見白面長人，殷白狼銜鉤、沈璧於洛，而黑龜興之書，黄魚雙躍，周赤雀銜書，白魚入舟，皆《禮緯·稽命徵》之辭【三】。故纖緯皆起漢儒。

倉頡

倉頡製字。宋衷、皇甫謐輩俱言頡，黄帝史官。不知伏羲居黄帝前，已言作書契，不應先有書契，後有字。且管仲言古三王以前封禪者七十二君，皆紀號泰山。《莊子》亦言十三代之封，有紀勒者千八百餘所，其紀勒必皆字也。晉索靖《草書狀》：「倉頡既生，書契是爲【四】。」《尚書》疏張楫云：倉頡爲帝王，生禪通之紀。《春秋元命苞》敘帝王之相，曰倉頡四目。則倉頡者，伏羲前一帝號也。故蔡邕、曹植皆稱頡皇，吕不韋稱倉頡亦曰史皇氏，世謂字書爲史書。則謂爲史官者繆也。開封府浚儀有頡城，《論衡》云：學書諱丙日。以《五行書》言，倉頡死丙寅也。

【二】龜負書　「龜」原作「龍」，據四庫本、《禮記正義》卷二三改。

【三】稽命徵　「徵」原作「微」，據四庫本、碧琳琅館本改。

【四】草書狀倉頡既生書契　「狀」原作「論」、「契」原作「記」，據《晉書》卷六〇《索靖傳》改。

軒轅黄帝

《莊子》著軒轅氏後始有赫胥氏【五】、尊盧氏、祝融氏、伏羲氏、神農氏、黄帝氏，《六韜》亦著軒轅氏在驪連氏、赫胥氏之間。軒轅，自古帝王一號也。古幣亦有軒轅、黄帝之分，軒轅幣始作貨，黄帝幣又作布，則軒轅、黄帝爲二。又軒轅以車得名，軒轅覩轉篷之風法製車輪。軒，車横木；轅，車直木。因以爲號。黄帝見大蚓曰：土氣勝，土色黄。因號黄帝。司馬遷不詳，乃曰黄帝名軒轅。後人從而訛，執古爲信。《莊子》文古《史記》。按《河圖》：黄帝名軒，又曰：封禪降德祖黄軒【六】。《論語·考》曰：軒知地利。則黄帝單名軒，非重名也。

陶唐殷商荆楚

陶地名國始顓頊，堯先居陶，後封唐，故陶唐竝稱。湯初興商邱，後盤庚遷殷，故名殷。荆楚共一本，名熊繹，初國于荆，號楚。春秋初例稱荆，公後始稱楚。至秦襄王母名楚，諱復稱荆。

堯舜病博施

天不能長春而不冬，常暘而不雨【七】，日月不照覆盆之下，生長不施霜雪之時，雖天

【五】赫胥氏　「氏」原作「民」，據碧琳琅館本及文義改。

【六】禪降　原作「降禪」，據碧琳琅館本、芋園本乙。

【七】常暘　「常」原作「當」，據《春秋分紀》卷二四、《禮記集説》卷三九改。

地之大，猶有餘憾。堯、舜其仁如天，豈不欲衣帛食肉均于老幼，而養有所不給，故五十衣帛，七十食肉，王政必爲之規；豈不欲疲癃殘疾、鰥寡孤獨均獲仁遂，而禀氣不足，不能移其賦受之偏；豈不欲窮髮之北、不毛之地均入撫綏，而風氣所限，不容不聽之要荒之外。故博施濟衆，堯、舜亦病，秦皇、漢武乃欲威服荒遠，以示無外，豈不謬哉！

豫讓

智伯無後，豫讓殺身以報，非了死生之分者不能。然人臣事君，救過于未萌，上也；及臨事而正救焉，次也；聽其君之自是自非，付其國于自存自亡，而曰吾能他日爲之死，斯爲下矣。豫讓義士，智伯以國士待之。智伯不可謂不賢，讓不可謂不遇。而智伯貪三晉之地，絺疵測韓、魏之反，張孟談啓韓、魏之攻，巧文辯慧而甚不仁，讓曾無一語與其間，猶謂讓之忠于智伯乎？逮其死也，始吞炭漆身，求殺襄子爲忠，君子不能不恨其晚也。昔齊景公問晏子曰：「忠臣之事君如何？」對曰：「有難不死，出亡不送。」公曰：難不死，出不送，可謂忠乎？對曰：言而見用，終身無難，臣奚死焉？諫而見聽，終身不亡，臣奚送焉？言不用，而難死之，是妄死也；諫不用，而亡送之，是僞送也。故忠臣者，盡善于君而生，不蹈惡于君而死。讓謂其死，將以愧天下後世人臣懷二心者。吁！懷二心之臣視讓誠愧矣！以讓視嬰，獨不愧乎？故予于讓是其死，不是其生，取其節，不取其智。

飲器

趙襄子漆智伯之頭爲飲器，漢建元中，匈奴破月氏主，以其頭爲飲器。《史韻·飲器》：飲，音蔭。《漢書》韋昭釋：椑榼也【八】，盛酒器。晉灼曰：飲器，虎子屬，溲便褻器也。顔師古引「匈奴破月氏王頭共飲血盟」爲證，謂飲酒器。如顔説，貴之也。且死骨凶穢，又惡人頭顱，豈俎豆可宜乎？溲便釋蓋似之，萬見春亦是晉釋。但名虎子未詳。

射日補天

羿射十日之語，昉見《莊》、《騷》，俱謂天有十日，射之。但堯時羲和君之子名十日【九】，又有窫窳【一〇】、九嬰、大風、封豕、長蛇等，皆頑兇爲民害，堯命羿殺窫窳，射十日，繳大風【一一】，戮九嬰，驅封豕、長蛇，而民害息。則十日者，非天之日也。共工氏觸不周山，折天柱，絶地維，及女媧補天之説見《列子》。按：共工氏霸九州，寔太昊之臣，恣睢跋扈，俶擾天紀，女媧滅之，四土復正，萬民更生。此女媧補天立極之迹也。鍊石補天果人力能與否？事不經見，皆當理決。血流漂杵，《孟子》且曰：盡信書，不如無書，矧《莊》、《列》謬妄之説，荒唐之言乎？

【八】椑　原作「裨」，據《漢書》卷六一《張騫傳》改。

【九】名十日　「名」下衍「羿」，據《山海經》卷一五《大荒南經》删。

【一〇】又有窫窳　原闕，據四庫本及前後文義補。

【一一】繳大風　「繳」原作「激」，據四庫本、《資治通鑑外紀》卷一改。

經解

六經之道至夫子而集大成，夫子之道至晦翁而集大成。諸家經解前後不一，自斷定於晦翁，然後一出于正。後學倘非經指授，則泛濫諸家，其誰適從。今經解有昔賢品題，其當者曰：《易》有伊川《易傳》、《大易粹言》，《繫辭》則柴侍講《集解》；《書》有東萊《説林》、少穎《解》；《詩》有東萊《詩記》、晦庵《詩傳》。《周禮》、《禮記》注疏【一二】，晦庵取之；而王荆公、王昭禹《周禮解》，方博士、陸農師、馬博士《禮記解》，晦翁俱以爲當。又嘗言荆公經解有益後學。《春秋》胡文定於褒貶之例尤嚴，《傳》則東萊《左氏説》爲最也。後學倘循是索之，不至以多歧亡羊矣。

玩物之戒

漢文却獻千里馬詔曰：吉行五十里，師行三十里，朕乘千里馬獨先安之？宋武碎琥珀枕，遺北征將士，曰能瘳金創。蕭道成治齊，期黄金與土同價。唐太宗還林邑鸚鵡曰：鳥獸懷土，亦與人同。皆有超人識度也。近世大賢，吕文穆却獻二百里鑑曰：吾面楪子大，安用照二百里鑑？王文正旦嗤弟百萬買玉帶曰：自負重債而欲使觀者稱好，不亦謬乎？有以硯潤售孫侍讀甫者，孫曰：一日得擔水才直三錢。古人達理，不爲玩好如此。

【一二】禮記注疏　「禮」原闕、「注」下衍「注」，據文義補、删。

國初人寶李廷珪墨，石昌言至不許人磨，或戲之曰：子不磨墨，墨將磨子。有人詠李廷珪墨云：「一墨足支三十年，但恐風霜侵髪齒。非人磨墨墨磨人，瓶應未罄罍先耻。」文谷製墨，必用高麗煤。前輩謂世無二子，墨終不乏用，人固愚爾。

夏后氏

經書稱夏皆曰后氏，殷、周皆曰人。班固《白虎通》曰夏禹受禪爲君，故稱氏；殷、周征伐得天下，故稱人。則舜曰有虞氏，亦以堯禪爾。

大城多兵

古封建法行井地制，定公、侯、伯、子、男之國，隨提封廣狹出車乘多少，故有萬乘、千乘、百乘之别，諸侯大不可陵，小不可僭，所以治安可久。周東遷，古制壞，諸侯各以力勝，王室不能爲之制節，小大始紊。至春秋，國自爲政，齊創内政，寓軍令，晉作被廬之法，魯作邱甲，城過百雉，俱不可以先王之規律之矣。至戰國，齊以技擊强，魏以武卒奮，秦以衛士勝，孫、吴輩出，貴勢利，尚詐謀，古制百不一存。故趙奢與田單論兵曰：古者四海萬國，大城不過三百丈，人多不過三千家，以少戰足矣。今萬國合爲七國，戰國必具數十萬，食能支數歲，千丈之城，萬家之邑相望也。而欲以少戰，可乎？在奢已嘆不能循古，况去古又遠者乎？後世不審强弱，動欲仁義飾兵，恐不爲湯、武，而爲宋襄、陳餘也。故欲徇古制，須封建。

武士不恤

酈食其掉三寸舌，下齊七十城，亦奇矣。韓淮陰激於蒯通一語，隨以兵躡其後，更不計食其利害，卒使身膏鼎鑊。唐初，頡利歸命，太宗遣唐儉慰撫之，李靖、李勣謀曰：今詔使在彼，虜必自寬，若遣萬騎襲之，不戰可擒。張公謹曰：使者在彼，奈何？靖曰：唐儉不足恤。遂勒兵夜發。宋紹興間，兀朮入寇，韓世忠駐兵揚州，奉使魏良臣過揚，世忠置酒相待，杯一再行，更牌沓至，良臣問故，世忠詭曰有詔移軍中江郡，召撤爨班師。良臣方去，世忠麾軍踵其後，設伏大儀鎮。良臣至虜，虜問世忠動息，良臣以所見對。兀朮乃大發引趨江，遇伏，戰敗還泗上，責良臣賣己，欲烹之，良臣好詞得免。舊傳已□□□□□□□□帥自蜀入援，舟次金口，扼敵不得前。亟遣將與岸戰，戰方酣而師舟已取□□□□□□□蓋兵尚詭道，螻蟻萬命，取決一時，不容自已。然好戰嗜殺之人，多出殘忍待之之方，亦須識時量勢。身在其間，則在彼者固莫測，而在我者亦未可知也。

過百爲壽

《莊子》及《左傳》杜預注，皆有上壽、中壽、下壽之别。孔穎達疏：上壽百年以上。孔安國傳：《洪範》五福曰壽。《傳》曰百二十年爲壽。蓋本《老子》：人生大期，百年爲限。過百而增，是謂上壽之壽。按：《禮記》：人生十年曰幼，學；二十曰弱，冠；三十曰壯，有室；四十曰强，而仕；五十曰艾，服官政；六十曰耆，指使；七十曰老，而傳，八十、九十曰耄；七年曰悼，百年曰期頤。王荆公註自幼、弱、壯、强、艾、耆、老等下皆著讀點，其下學、冠、有室、而仕、指使、而傳自爲句。總上十事，各十年一目，壽爲過百之目，亦有理。

豪傑不苟就

古豪傑皆不輕用其身，伊尹三就桀。《鬼谷子》著太公三入商朝，三就文王，然後合。故孫武兵書著吕尚、伊尹于《反間篇》，以皆往來遲回二者間也。張子房圯上一編，屢以説人，始説沛公。馬援初游隴、漢，不從盛陳陛衛之公孫述，而從袒幘迎笑之光武。袁紹禮郭嘉甚至，嘉去之，及見曹操曰：真吾主也。張賓見石勒曰：吾歷觀諸將，無如此胡將軍，乃提劍詣軍門。王猛聞桓温入關，被褐詣之，温不渡灞水，遂去不就，後甯事苻堅。晉屢徵謝安不起，桓溫徵，始赴之。蓋小人之仕在濟其欲，君子之仕在行其志，於是可觀豪傑之志矣。或勸東漢魏桓就徵，桓曰：今後宮數千，其可損乎？廄馬萬匹，其可減乎？左右權豪，其可去乎？干禄求進，所以行志，而若此，出何爲哉？遂以隱終。大槩士之有志于時者，熟察世故，胷中皆有素定之規，度其人不足與謀，萬鍾於我何加焉。東坡嘗謂淮陰終身事業，一見高祖而決之；諸葛孔明用蜀，只隆中初見劉備數語。范文正公天聖中上《萬言書》，欲致太平，考其平生所爲，無出此書者。司馬仲達號盛雄，初亦韜隱，後就徵曹操。胡致堂謂孔明躬耕南陽，既不從難與爭鋒之曹操，又不附可與爲援之孫權，獨委身流離顛沛之劉備，且三顧後起。則措身之審，又非徒較强弱而已。

三教

三教各植門庭，互有詆訾。儒者闢天堂、地獄、輪迴、讖悔之非，據理而論，非過攻也。若二氏自相詆訾，則釋氏云：摩訶迦葉下生世間，號曰老子；老氏云：老君遣關尹騎白象下天竺，於淨飯夫人口中託生爲佛。又云老聃入秦【一三】，西歷流沙，化胡爲仙。此皆二氏各以求勝之論也。至二氏於儒教，《莊子》首言孔子問禮老聃，釋氏《佛地經》云：寶輪王下生號伏羲，吉祥菩薩下生號女媧，如意菩薩下生號孔子，月明儒童下生爲顏子。韓子《原道》謂「佛者曰：孔子，吾師之弟子也」，本此。唐景福二年【一四】，易溧水縣南孔子

【一三】又云　「又」原作「人」，據四庫本改。

【一四】唐景福　「唐」原作「南」，據四庫本、《至大金陵新志》卷一一《祠祀志》改。

祠爲寺【一五】，以孔子適楚嘗經之地，復改爲儒童寺，豈孔子真佛派也？吁！不能訶其謬，過矣！又從而溺焉，豈不甚哉！《古今論衡》著《周書異記》云【一六】：周昭王二十四年甲寅歲四月八日，井泉溢，宫殿震，恒星不見，太史蘇繇占爲西方聖人生。此周書紀佛生之異也，則又安有前唐、虞、夏商預託生爲伏羲、女媧等理乎？况《春秋》書恒星不見于莊公十年甲午歲，上去昭王甲寅三百四十年，周紀亦附會無稽之談也。陳太建五年，恒星不見，史占爲主不嚴，法度消，天子失政，諸侯暴横，國亡之象，又豈生異人之祥乎？

耘耔

《毛詩》釋耔曰雍本。《漢志》釋耔曰附根。謂代田之法，一畝三甽，廣深各尺，播種甽中，苗生葉以上，稍耨壟草，因隤壟土附根。每耨輒附，比盛暑，壟益高而根益深，能耐風與旱，故所種實茂。大概除草附根，則草腐根原，因以肥潤。耘，乃耔之利也。今農家習之而不知。

【一五】溧水　「溧」原作「凓」，據同上改。

【一六】論衡著周書　「衡」原闕，「書」原作「素」，據説郛本、《路史》卷三四補、改。

卷第九

星土

古以星正時，未占災祥，春秋始有焉。然燕爲析木、趙爲大梁等説，始戰國鄒衍之言，《左傳》及之。故昔賢疑《傳》爲戰國時人作。班固《漢書》直以秦、魏、周、韓、燕、齊、魯、宋、鄭、衛、吴、楚十二國，分配二十八宿，遂爲古今不易之占。但封建法行，唐、虞稱萬國，夏、商各二三千國，周之初封亦一千八百國，春秋時國名見經傳者一百二十四，星則止於廿八，春秋末十二國上與列宿參，何也？又晉在春秋爲大國，戰國韓、趙、魏分晉，則晉裂爲三【一】，今十二分野中不應趙、魏而缺晉。至指鶉火爲周地，厲封鎬，西周固爲豐鎬，其在洛陽又隸何星乎？魏、陳卓於十二分野中復别以度數，言星一次三次爲天之一度，言天一度直地三十里，古制九州，州方三千里，堯五服制。則一州之廣僅當天之一百度也。故昔賢謂班固以國直星之説，不若《周官》「保章氏」州配之説爲正。

【一】裂爲三　「裂」原作「製」，據四庫本、碧琳琅館本、芋園本改。

孔子不述禮

古以《詩》、《書》、《禮》、《樂》、《易》、《春秋》爲六經。孔子删《詩》，定《書》，繫《易》，修《春秋》，正《雅》、《頌》，而《禮》無的書，故漢以來諸儒但言五經，今二《禮》皆出漢儒。先儒因謂制禮王者事，孔子無位，不敢作。又曰：禮以義起，難立定制，經多合禮義，言者謂禮當臨時以義斷行之。如三代忠質文異尚，子、丑、寅建正，隨時損益，事固有古宜而今不宜者。況人性稟不同，仁或柔，義或剛，聖人因禮節文，使得其中，故曰禮因人情。《禮記》述孔子言禮有多爲貴、少爲貴、大爲貴、小爲貴、文爲貴、素爲貴之辨，至羔豚、太牢之祭，名求其稱，則禮亦求其當而已。漢儒二《禮》皆欲補聖人之遺【二】，但未折衷於聖人，記不免雜，禮不免鑿也。如歷代樂名曰《六莖》、《五英》、《韶濩》亦不同，漢、唐以來曰《文德舞》、《武德舞》，皆隨功德之異名之【三】。樂主和人心，聖人不能强之必同，所主者雅正而已。

擊壤

堯時老人擊壤，事見皇甫謐《帝王世紀》及《列士傳》，王充等説。考「擊壤」只當爲蕢桴土鼓之義。按：諸書解「壤」字，《尚書·禹貢》：黄壤、白壤、黑壤。孔安國傳曰：土無塊。《韻釋》：柔土也。《周禮》辨十有二壤，鄭玄注：壤，和緩之貌。《穀梁》日食内

【二】聖人之遺　「遺」原作「道」，據四庫本、碧琳琅館本、芋園本改。

【三】名之　「之」原作「名」，據四庫本改。

壤、外壤。壤，傷也。而《國策》蟻壤，亦謂泉穴地出土。獨《藝文》及《風俗通》指擊壤爲木戲。謂壤，木爲之，前廣後鋭，長尺四寸，闊三寸，未戲先側一壤於地，遠三四十步，以手中壤擊之，故曰擊。切意古人淳朴，未必爲此。

田獵

春蒐、夏苗、秋獮、冬狩，四時之獵皆曰田，字與田畝之「田」同。王昭禹釋《周禮》云：獲者取左耳計功，與獲利于田同，爲之圍與疆理同，犄角、鳥獸與耘同，度可殺而不可亂，所以獵亦曰田也。

五行寓數

五行：天一生水，地二生火，天三生木，地四生金，天五生土。五行相生次第，有生於無，著生於微，數皆以微著爲次。水最微，居一；　火漸著，居二；　木形實，居三；　金體堅，居四；　土質重，居五。若成數則皇甫侃以爲金、木、水、火，皆資土以立，猶仁、義、禮、智，必以信而存。故一得五而成六，三得五而成八，二得五而成七，四得五而成九。朱文公河圖説實祖之。

詩從寺

詩，古人言志之辭。孔穎達推其始於蕢桴土鼓之世。蓋有樂即有節，音節者，章句之祖。聖人删取爲經，以人情觸于外，必動於中，因美刺形焉。上之人采以參己政之是非，求合乎衆之所與，故可以興，可以觀，所以有補治道，爲經也。王臨川謂詩製字從寺。九寺，九卿所居，國以致理，乃理法所也。釋氏名以主法，如寺人掌禁近嚴密之役，《韻書》：寺，音侍。詩初注音皆如字。皆謂法禁所在。詩從寺，謂理法語也。故雖世衰道微，必攷乎義理，雖多淫奔之語，曰思無邪。後之詩直者傷于訐，美者近于諛，甚至增淫導慾，誇華鬬靡，豈詩之旨哉？康節云「自從删後更無詩」，以無維持世道之詩也。近代推杜子美詩爲詩史【四】，知道者猶以不濟事少之。故真西山選詩，取於民彝世教有補者。至孔子删《詩》而無自作之詩，商、賜可與言《詩》，孟子長於《詩》，例皆無詩。苟無所益，徒主言語，无取也。

制幣

祭祀用幣，皆一丈八尺爲度。按：一象陽，八象陰，寓陰陽數，鬼神之道，陰陽不測也。《禮》：聘禮，帛用二丈爲端。則寓偶數，色尚玄纁。玄，天色；纁，地色。天地偶

【四】近代推　「推」原作「惟」，據四庫本、碧琳琅館本、芋園本改。

合也。

萊

《周禮》遂人頒田里之法：上地，夫一廛，田百晦，萊五十晦【五】；中地，夫一廛，田百晦，萊百晦；下地，夫一廛，田百晦，萊二百晦【六】。鄭玄釋郊外謂之萊，休不耕者【七】。蓋大國從造都鄙，凡言萊謂不易、一易、再易之地。不易地，歲歲可耕者；一易，間一歲而耕；再易，間二歲而耕。趙過代田，亦是視地肥瘠，更代田之。他經釋萊，但泛曰草。

伊呂周公之將

三世爲將，道家所忌。蓋兵家多尚詐力，絶人命，凶很貪殘，所以道家忌之。若吴起、韓、彭輩，身戮族夷，且不終世。然伊、呂、周公，亦嘗爲將，子孫有國，與商、周等。蓋不尚詐力，但與世平亂除害也。秦、隋、曹、馬、南北、五季，皆是遂其簒奪，卒不永祚。湯、武、漢、唐，非不用兵，祚延千百，亦其取天下爲民除殘也。此可見兵非美事，用非得已，宜其爲幽冥所忌。

【五】五十晦　「十」原作「千」，據四庫本、碧琳琅館本、芋園本改。

【六】二百晦　「晦」原作「萊」，據四庫本、碧琳琅館本改。

【七】休不耕　「休」上衍「萊」，據《周禮注疏》卷一五《遂人》删。

宫府一體

孔明《出師表》曰：宫中、府中，皆爲一體。朱文公嘗推明之曰：昭烈父子以區區之蜀，當吴、魏之全，蓋天下十分之九倘於其中，又於公私自分彼此，如兩國然，則是以梁益之半，圖吴、魏之全，内之所出，日有以賊乎外，公之所立，常不足以勝乎私。是此兩國者又自相攻，外有鄰敵之虞，内有陰邪之寇，國亦危矣。以亮忠智，爲蜀謀不過如此，可謂深知時務之要。《春秋》魯謀叛晉，季文子曰：國大臣睦，而邇於我，未可以貳。王猛勸苻堅勿伐晉【八】，曰上下安和。權翼亦曰君臣輯睦【九】。乃知鄰敵謀人國家，亦視其有乖爭之隙。匈奴患漢元、成之威孰與高、武，呼韓邪卒臣事者，五單于爭立故也。此孤則見折，衆則難攻，吐谷渾所以有折箭之譬。

姦雄入科目

漢以孝廉取士，而孫仲謀、曹孟德皆舉孝廉。唐重進士，而黄巢屢舉進士。

兵勢緩急

燕慕容恪常言兵勢緩急之宜，曰若彼我勢敵，外有强援，恐腹背患至，則攻之不可不

【八】伐晉　「伐」原作「代」，據四庫本、碧琳琅館本、芋園本改。

【九】君臣　「君」原闕，據四庫本補。

急；若我强彼弱，無援于外，力足制之者，當羈縻守之，以待其弊。兵法十圍、五攻，此也。李苗曰【一〇】：食少兵精，宜速戰；粮多卒衆，宜持久。予觀古人去國遠鬭之師，皆以不戰困衄。蓋兵必資糧，兵愈衆則糧愈不給，愈遠則糧愈不及，故坐困得策。況戰爭攘奪之世，民不得耕者衆，而師旅數起，又非擔石可給，故餽餉最急。又民以食爲天，苟欲立事，必多得人，而人非食不衆。漢高拒楚，始終據滎陽，以敖倉在也。唐初，李密起事，説翟讓據洛口倉。王世充據東都，亦爲洛口倉。後雖不終，而一時皆取勝。趙充國計兵一人一月之食，爲米二斛四斗。漢量未考與今量如何，如計兵萬人一月食，人日二升，今量爲米六千石。宋隆興初，傳金兵于河南者十七萬。韓魏公曰：且未論人粮，以十七萬一月馬草計之，須二百一十萬，而驢騾馱載安能爲繼？所以左車策趙，韓信亦高之，但拘于守不免自困，故左車深溝高壘不與敵爭，所以爲奇兵也。充國、魏公測兵必測糧，可謂工於知兵，豈虚聲所能濟哉？

王荆公

荆公《萬言書》論教養人才與制禄久任之道，古今無易也。正史略之，殆非不以人廢言之意。其歸老蔣山，往來以一黔直蹇驢，或告以筍輿便者，公曰：不忍以人代畜也。第宅舍爲寺，改築僅庇風雨，後至税屋以居。捨宅雖無義，異乎貴盛而甲第爭雄者。以山谷謂公不溺于酒色財利，一世偉人也。且有「荆公六藝學，妙處端不朽」之句。温公謂介甫

【一〇】李苗　原作「魏武帝」，據《魏書》卷七一《李苗傳》改。

行義文章，節節過人。又謂金陵平生行止，無點污。神宗聰睿，每事景慕三代，不肯爲凡主，故惟荆公書以動之。惜乎衆君子不合，遂至引用小人以誤國。所謂大體既差，細美勿論是也。

英雄不死

晉公子重耳偏歷諸國，艱阻備嘗，卒霸晉。沛公屢厄項羽【一一】，范增切切殺之，卒興漢。劉玄德在三國，孫、曹謀臣周瑜、荀彧皆請早圖，中間敗於吕布，困於當陽，劉之不死者不能以寸，卒帝蜀。燕慕容垂降苻堅，王猛、權翼皆請謹其條籠，卒復燕。增、瑜、猛事三君最信重者，於此更不能入。他如桓玄妻識劉裕，慕容紹宗知高歡，隋文帝、唐高祖皆以相表爲時所忌，趙太祖方面大耳【一二】，免於周世宗，皆未嘗無驅除之心，數人悉全身濟大業。又如曹操就擒於吕布之戰，宇文泰墜馬于李穆之扶【一三】，高歡逸身于賀拔勝之槊，韓信得釋于滕公一言，往往頻死而生。蓋天將興之，誰能廢之，殆非智力所及也。

倡亂

陳勝亂秦，張耳、陳餘謂立六國後，自樹黨，且益秦敵。楊玄感亂隋，李密請乘煬帝在遼，急趨高麗扼海岸，使不得還，高麗間之，必躡其後，則腹背受兵，天下可撫而有也。黄

【一一】厄項羽　「厄」原作「危」，據四庫本及文義改。

【一二】太祖　原闕，據四庫本及文義補。

【一三】李穆　「李」原作「季」，據四庫本、《隋書》卷三七《李穆傳》改。

巢亂唐，未逾年，江浙、淮甸、東都、長安兵禍皆徧。唐智不及謀，勇不暇施，鎮戍皆散，盜賊滿天下，唐卒以亡。三人倡亂，所謂盜亦有道也。但余攷多緣人主失乎人心【一四】，不在敵之衆多也。故七國叛漢，敵非不多，然高祖、文帝之法制未變，七國易于撲滅。穆王西遊，徐偃稱亂，然文、武之德澤未斬，轍還而周室再祚。蓋人心未去，故姦謀之不行。若秦、隋季世，思亂者衆，唐末君昏，蕩不可收。故曰民惟邦本，本固邦甯。又曰衣弊生蟣蝨，肉腐生蛆蟲，自然之理也。

以攻完守

城守雖以逸待勞，而拘於圜土則困，餽不繼則饑，將有不攻自潰者矣。故善守者必以攻。周宣中興，截彼淮浦，王師之所守有在矣。而曰如飛如翰，如江如漢，如山之苞，如川之流，則守不廢攻也。戰國韓、趙被兵，孫武救之，皆疾走魏都，故曰解亂不控拳，救鬬不搏撠也【一五】。漢高守滎陽，拒項羽，方滎陽之守未備，先遺羽齊、梁反書，使羽力分於彼，布越紓我。其後守滎陽既備【一六】，則南出武關，引羽救兵以休滎陽、京索間，且使韓信得輯河北、收山東，而漢有天下大半，徐還滎陽，則漢守完而羽地狹矣。垓下之圍，天下之兵叢焉，羽安得不亡？大率好謀能聽功也。景帝時，吴、楚七國反，周亞夫亦先委梁餌吴，而身出武關制之，又攻其所不備也。宋末，儒帥當邊寄者多尚城守。王登帥荆，柯謌以詩云：「一圜土裹作

【一四】人心　「心」原闕，據四庫本補。

【一五】搏撠　原闕，據四庫本補。

【一六】既備　「備」原作「用」，據四庫本及文義改。

規矩，以此平戎計恐疏。我欲守株難得兔，彼專滅水易枯魚。直須日日論軍實，也要時時拚散虛。赦出河南二萬卒，便從石勒上條書。」登大是之。滅水枯魚，謂擾耕牧，徙人民也。

卷第十

天干地支

陰陽家以甲、乙、丙、丁、戊、己、庚、辛、壬、癸名天干，子、丑、寅、卯、辰、巳、午、未、申、酉、戌、亥名地支。其配甲乙木，丙丁火，戊己土，庚辛金，壬癸水，寅卯木，巳午火，申酉金，亥子水，辰戌丑未土，干支皆分配五行也。然十干配五行，合而類五；十二支配五行，合而類四。五，陽數，屬天，故奇圓爲天；四，陰數，屬地，故偶方爲地。天始於一，終於九；地始於二，終於十。又奇函偶，陽包陰，天統地也。支本十二，而干則十。支，地也；干，天也。二氣錯綜，萬物化生，故分陰分陽，必曰動靜互根云。

古樂

《書》稱《韶》樂之感曰：「戛擊鳴球，搏拊琴瑟以詠。祖考來格。虞賓在位，羣后德讓。下管鼗鼓，合止柷敔【一】，笙鏞以間，鳥獸蹌蹌。簫《韶》九成，鳳凰來儀。擊石拊石，百獸率舞。」宋子京謂此后夔推美舜德侈言之，非真有鳳儀【二】、獸舞也。蓋樂作之朝廷

校勘記

【一】虞賓在位羣后德讓下管鼗鼓合止柷敔　「賓」原闕，「合止柷」原作「以祝」，據《尚書正義》卷五《益稷》補、改。

【二】鳳儀　「儀」原作「凰」，據四庫本改。

郊廟，有宫室之嚴，有階陛之阻，有營衛之密，鳳獸山林物，安得至此鳴舞於羣后衆賓耶？君祖考來格，亦豈儼然見之乎？又夏王懋德，山川鬼神亦莫不甯，鳥獸魚鼈咸若等語，説者亦謂誇美聖德之辭。《周禮》言樂【三】：一變致羽物川澤之亓【四】，再變致贏物及山林之亓【五】，三變致鱗物丘陵之亓，四變致毛物及墳衍之亓，五變致【六】介物及土亓【七】，六變致象物及天神【八】。又云：六變天神降，八變地衹出，九變人鬼禮。《史記》述師曠鼓琴曰：一奏玄鶴二八集門，再奏延頸鳴，舒翼舞。復鼓雲從西北起，大風至，雨隨之，飛廊瓦。其後晉國大旱，赤地三年。漢武用樂甘泉，亦有此等語。余嘗謂古樂固不敢知，今樂但晉、魏以來，明音者多矣，未聞有此彷彿何耶？想亦史氏詩辭，或聖人德動天地，行通神明，所感不專樂也，不然經史之論荒矣。

夢卜

六經信夢卜，其語不一，予謂憑以決細微可矣。將相係國安危，才否未諳，但參夢卜可乎？高宗夢傅説，俾以形求，一旦胥靡惟肖，置諸左右，爰立作相，更無疑議。堯舉舜側微，詢四岳，試諸難。舜傳禹，驗之治水，委之征苗，參之歷數，徇詢謀龜卜而後定。高宗以一夢立相，何易也？後世因有奇才不次用之者，然多見之搶攘猝急之際。若齊桓相管仲，以鮑叔爲之先。漢高將韓信，亦以蕭何薦。其販繒屠狗之流，皆識其有一長，始乃

【三】言樂　「言」原作「吉」，據四庫本改。

【四】川澤之亓　「亓」原作「示」，據《周禮注疏》卷二二《大司樂》改。

【五】贏物及山林　「贏」原作「贏」、「及」原闕，據同上改、補。

【六】毛物及墳衍之亓五變致　原闕，據同上補。

【七】及土亓　「土」原作「出」，據同上改。

【八】象物及天神　「象」原作「衆」、「及」原闕，據同上改、補。

舉用，未聞以想像決也。《史記》著文王取太公，亦決之獵卜。然《孟子》言太公之出曰：太公避紂，居東海之濱，聞文王作，興曰：盍歸乎來，吾聞西伯善養老者。其出實太公就之。又曰：若太公望、散宜生則見而知之，以親聞道於文王也，豈有不平日師資太公之才德，而徒以一旦飛熊之形象乎？則卜載歸之説，史遷無謂也。《尚書·君奭篇》曰：有若虢叔、閎夭、散宜生、泰顛、南宮括，則文之五臣也。至武王予有亂臣十人，説者始益以太公。《詩》述武王牧野之戰曰：「惟師尚父，時維鷹揚。」則太公持以韜略爲武王兵師，遷未詳也。假夢卜神其入，不知昧於聖人審重之旨也。或又謂高宗識傅説，武王識太公，而衆人未知，故假夢卜進之。余謂此後世君臣相詐之術，非所以論聖賢一體之君臣也。

圜扉

古圜土，圜扉。按：圜，圓也，圓中規，規圓主仁，矩方主義。獄名圜者，欲吏以仁心求其情，乃仁以義斷也。圜土，周獄名。歷代名獄各不同，夏曰均臺，殷曰羑里，秦曰囹圄，漢曰若盧，魏曰司空。

名犯聖賢

後世諱犯古人不一，若聖賢名姓例不避，則通矣。唐堯、虞舜，帝王冠冕，而漢有唐堯爲吏，梁有虞舜官太常，薦《明堂議》。成湯殷之盛王，而漢有成湯。按：湯名履，初興亳湯陰，因以地號曰成湯，猶言成周，然犯雖非似名，而與聖人相犯，亦不雅。顏回，孔門高弟，而晉有顏回爲羌帥。《書》兩伯夷，一虞秩宗，一諫武王。《論語》兩南宫括，一問羿，一十亂中。共工氏霸九州，而舜時垂官共工相類。曾參殺人，而孔門曾參見疑。羿善射，一帝嚳之臣，一有窮之君。然則漢以來兩龔遂、兩京房之類，無怪矣。

服節

《易·繫》言上古喪期無數。《尚書》言百姓如喪考妣三載，則三年喪，唐、虞時然矣。《禮記》言服制法象天地。蓋齊斬三年，則氣歷一閏期，象歲一周；大功九月，更三時則物已成；緦三月，則一時之數，法天也；小功五月，象五行，法地也。故曰天地則已易矣，四時則已變矣。豈不送死有已，復生有節。按：唐、虞前吉凶無二服，《郊特牲》曰：太古冠布，齊則緇之。皇氏謂鬼神幽暗，故齊則緇。鄭玄曰：三代下冠衰始異，唐、虞以上吉凶皆用白布。孔氏曰：三代以來，吉凶異制【九】，始不用齊冠。故夏毋追，殷章甫，周委貌，各以冠别，而白布專爲喪冠。

【九】吉凶異制　「凶異」原作「禮」，據四庫本改。

社稷

《禮》：社祭土，其神曰句龍，以治平水土也；稷祭穀，其神曰后棄，以教稼穡也。地廣不能徧敬，故封五土爲壇而祭之；穀多不能盡祀，故聚五穀爲墠而祭之。然獨祀粟者，以首種爲百穀長。《爾雅》粢盛亦釋稷。土神之祀於家，曰中霤，屋開其上取明。《詩》曰「陶復陶穴」是也。其中穴明，雨四霤之，因名室中曰中霤，後世易爲屋漏。朱文公謂當於屋中祭之。

九夷

孔子生衰周，歷聘不遇，固是道大難容，亦是諸國各有世臣把住，如魯三桓、齊田氏、晉九卿，不容聖人插手。況世臣皆有無君之心，孔子得政必所不容，故轍環不遇。聖人知道不行，曰：夷狄之有君，不如諸夏之亡也。曰：言忠信，行篤敬，雖蠻陌之邦行矣。曰：乘桴浮于海，曰欲居九夷。此豈真欲棄中國歸九夷哉？蓋深嘆中國無可與有爲之人也。九夷，《李斯傳》：惠王用張儀之計，拔三川之地，西并巴蜀，北收上郡，南取漢中，包九夷，制鄢郢。謂爲楚地。孔子嘗聘楚，使九夷爲楚地，即之甚近，何以嘆爲？按班固《漢書·地理志》指九夷爲玄菟郡【一〇】，《書》宅嵎夷之地，箕子始封之國，今屬高麗。范

【一〇】班固漢書　原作「漢書班固」，據文義乙。

曄《後漢·東夷傳》言東方之夷有九種【一一】，天性柔順，易以道御，至有君子不死之國。且援應劭《風俗通》之言曰：夷者，抵也。言抵天而好生，萬物抵地而出。豈聖人厭亂思治，欲得柔順易以道御之國居之乎？詳嘆意，其九夷只當如《漢傳》所指。

矢字

矢非但兵械。《左傳》文公十八年敘襄仲殺惠伯曰：殺而埋之馬矢之中。《莊子·人間世》曰：愛馬者以筐盛矢，以蜃盛溺。《史記·趙奢傳》云：趙使者毀廉頗曰：與臣坐，頃而三遺矢。《三國志》吴主遣取藏中蜜，蜜有鼠矢。魏高歡微時，然馬矢作靴。唐安慶緒炊馬矢以食。東坡詩：「但尋矢次覓歸路，家在牛欄西復西。」皆此矢字。

創業之主誠直

成湯放桀曰：予有慙德，恐來世以台爲口實。漢高祖駡儒生曰：迺公於馬上得之。及其病，却醫曰：命乃在天，雖扁鵲何益？隋文帝不許立碑頌功德，曰徒爲後人作鎮石耳。皇后崩，議葬地，帝曰：吉凶在人不在墓，吾家墓地若云不吉，我不得爲天子，若云不凶，我弟不當戰没。唐高相隋，國柄歸己，羣下請加九錫。曰我秉大政，自加九錫可乎？且自尊而飾讓，心竊羞之。宋藝祖削平諸國，諭南唐曰：江南亦有何罪，只是自家著他不

【一一】有九種　「九」原闕，據四庫本、碧琳琅館本、芋園本補。

得。江南徐鉉爲李煜陳子事父之説，藝祖曰：汝謂父子爲兩家，可乎？又曰：不須多言，但天下一家，卧榻之側，豈容他人鼾睡乎？饗太廟，有司陳禮器，曰吾祖宗甯識此，亟命撤去。皆誠直不事諱飾。故朱文公謂藝祖氣象剛明正大，宜其言若此，豈同曹孟德、司馬仲達貽譏於石季龍也。

文武取人

古今仕宦之途曰戚寵、曰貲粟、曰世澤、曰吏勞，而惟文武取人爲正。然唐人言能文不足佐時，善射不足克敵，要在文吏察其行能，武吏觀其方略。漢武初讀相如賦，恨不同時，及用之，終文園令，知其才不堪也。吴起將戰，左右進劍，起却曰：一劍非將事，在運權制謀。不取一夫之勇。噫！文不經綸，武昧方略，弊也久矣。

度才

人之才各有限量，裨諶謀野則獲，謀邑則否。孟公綽優於趙魏老，不可爲滕、薛大夫。百姓之事蠡不如種，敵國之事種不如蠡。玄齡、如晦善斷，姚崇知變，宋璟持正，黄霸長於治郡，劣於爲相。魏夏侯淵長於設變，短於總衆。爾朱兆將兵過三千則亂。晉殷浩、唐房琯、宋王安石，初皆才望炳著，及登要地，例以虚聲誤國。故桓温謂浩爲令僕，足以儀刑百僚，督師非其任也。韓魏公謂王安石爲翰林學士則有餘，爲相則不可。大概今之用人者，惟以年資計考，不復審量其才，往往受弊。不思古以夔典樂、陶作士、棄播種、夷秩宗，此皆唐、虞明試博詢，度其才之所宜，任之終身，所以世道稱治。王臨川曰：皋、夔、稷、契，在唐、虞皆終身一官，不使更任，其有降陟，亦特以禄秩而已。漢文、景竝美成、康，爲吏者長子孫，居官者以爲姓，此豈有資敘年勞哉？武帝舉霍光輔昭帝，官榮位顯者何限，獨拔一奉車郎，不以資論也。謝安當淮淝之役，獨任一謝玄，不以親嫌也。

御小人

趙廣漢治潁川，吏俗朋黨，不可施治，廣設缿筩，使相告訐，由是奸黨散落。張敞治京兆，合境多偷，敞求偷長，赦其罪，令致諸偷自贖，由是無偷。唐高宗幸東都，命御史魏元忠檢校盜前後，元忠取赤縣獄盜一人，釋械以從，倚以詰盜，比及東都，不亡一錢。此三事皆就其黨制之也。宋西方用兵，初命宦者監軍，牽制主帥，多失。朝議改選，仁宗問於夷簡，乞詔官長自保伍其屬，後有功罪同之。明日，官長自請罷宦官。蓋使中閹自請罷，則異日無覆出之惡，且不歸怨於我。文潞公爲相日，穿漯渠，曾仁宗不豫，司天言渠不利之故。後議改穿，公請遣前言不利司天相之，司天恐他日所穿别有妨，己當其咎，乃更言前穿方位無礙。此二事，各就其人制之也。元祐初，司馬温公爲相，矯王介甫之失，弛差役，京尹蔡京希新旨，五日盡改之。使温公當時改作盡以此策待之，則異日紹聖紛紛，不致諸君子獨當其咎也。伊川曰：作新人才不難，變化人才亦易，時諸人似皆可用，且人豈肯甘爲小人？若宰相用之爲君子，孰不願爲君子？此等事不可教他門勝吾曹，故人才在君相變化之爾。侯仲良曰：若然，則無紹聖間事也。即是觀之，古今肩而更張，失變化人才之機也。

東南國勢

楊誠齋言於紹興曰：以全楚爲家，吴越爲宫，此楚莊、闔閭、子胥、種、蠡所以强霸，用武爲根本。西控全蜀，南擁荆襄，北據長淮，此高帝、先主、孫仲謀、楊行密所以興起之地。滄海限其東，三江五湖繞其南北，六朝所恃以爲固而不可兼得者也。引巴蜀之饒，運關中之粟，市西戎之馬，而號召荆楚之奇才，此漢高所仰以爲資者也。有是數者以爲資，而乃不能以自存，是挾千金而憂貧，有孟賁之力而怯弱避人。惜哉！

荆襄

荆襄地要，考之三國可證。方曹操、劉備、孫權割據，各欲占取荆州。故先主方有荆州，魯肅説權取荆州，曰荆州與國鄰接，江山險固，沃野千里，士民殷富，若據而有之，此帝王之資也。武侯初見先主，便謂荆州用武之國，蜀嘗假荆矣，又爭于吴，吴卒圖關羽，全取荆州。其後荆、襄陽、南鄉入魏；荆南郡、零陵、武陵入蜀，江夏、桂陽、長沙入吴。《禹貢》今荆之地遂裂爲三，吴得荆之西，守夷陵，而北不得襄，卒無以圖魏。魏、晉有襄，并吴卒自襄始。危驪塘嘗著論曰：得江陵，則可以窺襄陽，固巴蜀；失江陵，則无以保武昌，興九江。武昌處沅、湘、洞庭衆水之會，故吴、晉、宋、齊、梁爲盛。九江處江西番陽、彭蠡衆水之會，故晉以來皆藩住二郡，宜蔽全吴。得襄陽，則可以通巴峽，綴關輔；失襄陽，則必須保巫峽，護江陵。襄陽兩失，則天下事無可言者。余按：江水原岷山，出夔峽，江寔爲長江上流。孔明謂荆州利盡南海者，此也。嶓冢導漾，東流爲漢，出興洋，襄陽寔衆水上流。庾翼謂進可以掃秦趙，退可以護江流者，此也。漢水至武昌下與江水合，失漢上流，則水路中流不可守，失江中流，江陵上流之保遂爲虚。襄陽蔽江陵，又杜漢入江中之要也。吴陸抗嘗言：上流有警，乃社稷安危之機，嘗傾國拒之，非徒侵陵小害也。近代以墮甑視襄，豈特出孔明、庾、陸諸人之下哉？建炎南渡，李忠定、胡安國切切荆襄，蓋深慮也。

前定

大數皆前定，成王定鼎，卜世三十，卜年八百。始皇盛時，預識亡秦者胡。王莽未篡，夏良賀言漢歷運當中衰，揚子雲《太玄》言漢興二百一十載而中夭。高祖至孺子嬰二百一十四年。隋文臨御，卜葬者説言三十爲三千，二世爲二百。晉牛繼馬後之符元帝，郭璞推江東與中原分合，至三百年當復合。唐李淳風言武氏殺唐子孫。宋興，已有「過唐不及漢庚申」及「寒在五更頭」等説。舊傳太宗卜世于陳希夷，希夷曰：「寒在五更頭。」又有「□□□□□□□，風雨蕭蕭欲曙天。莫道五更天便曉，□□猶怯半更眠」。因此宮漏增爲六更。按宋以庚申起運，至理宗景定元年，歷五庚申，越十七年末宋亡，而希夷五更頭之數信矣。五庚申後又十七年，豈半更眠之兆耶？元延祐七年庚申，而至正帝生，帝乃宋少帝趙顯子。

冥官歷

趙清獻公平生所爲，夜必衣冠焚香，拜告天地。范文正公每寢，即計一日食飲之費及所爲之事，必求稱之。司馬温公曰：吾無過人者，但平生所爲，未嘗有不可對人言者耳。《東坡志林》有死而復生者，問冥官如何修身可以免罪，冥官曰：子宜置一卷歷，晝日之所爲，暮夜必記之，但不記者，是不可言、不可作也。又記前輩詩曰「怕人知事莫萌心」。余謂趙、范、司馬之所爲，如左監右史之在側也。賢者之所爲尚如此，若《志林》所謂冥官歷，我輩當各置一卷。

月受日光

《天文志》言月不能自明，資日而明。京房曰：月與星，陰者也，有形無光。先師云：月體似鏡，其照處明，不照處暗。張衡曰：日譬火，火外光；月譬水，水含影。故月光生於日之所射，月暗由于日之所蔽，當日則光形，就日則光盡。洪容齋《五筆》述太史劉孝榮之言曰：月本無光，受日爲明。沈存中《筆談》曰：月形如彈丸，受光如粉塗，月去日近則光漸消，漸遠則漸生明。又曰：凡天地之光皆日也，如星亦受日光。朱文公注《楚詞》援沈説，且謂：月初生，日在其傍，故光側，人見如鉤；日漸遠，則斜照，而光漸滿。又援王晉説：日月生明之夕，人望之，則人在側但見一鉤，至日月相望，人處其中，方見全明，如有能淩倒景，往參其間，雖弦晦亦復，光其全明。詳諸説，則月光常滿，人立有偏正，因見光有虧盈，非既死復生也。余嘗因是驗之，日没天晦，知天倚日而明，取盆水置赤日中，光輒印，置陰處，動静隨之。水受日光，可推月光資於日矣。星受日光之説，亦嘗驗之，德祐乙亥六月朔日蝕既，晝晦，星獨朗然。日蝕光既，星光自若，何耶？豈宋歷告終，光固有常變之異耶？

文尚喻

古人立言皆取象，蓋即粗可以明細，因事可以識天理，故詞每以喻而顯，《詩》之多識鳥獸草木之名可證已。若《易》龍、馬、龜、牛、魚、狐、鳥、隼、鴻、雉、虎、豹、狗、豕、啄、羝、羊、鼠，則鳥獸備也。瓜、杞、蘭、竹、木、茅、枯株、莽、葛藟、枯楊、蒺藜、叢棘、碩果、苞桑，則草木備也。户牖、藩廬、蔀屋、牀、几、枕、柅、舟、車、鼓、輿、輪、輹、斧、匕、鬯、甕、缶、鼎、弧、矢、簠、簋，則器用備也。日、月、冰、霜、雲、雷、風、雨、塗泥、陂、險、淵、田、谷、菑、園、邱、陵、陸、井、水泉、石、階、衢、城隍、郊沙、泥穴，則天地備也。服飾，則簪、圭、繻、裳、囊、鞶帶、履、束帛、朱绂；身體，則口、耳、目、鼻、牙、頤、傾面、腹、髪、膚、臀、拇、腓、脢、輔、頰、舌、股、肱、心、眇跛、足趾。

儒者生殺

儒者未嘗不羡長生，而其要在省嗜慾，定形性。老氏之吐納修煉所不計。儒者未嘗不惡殺生，而其要在遠庖厨，循禮制。天子不合圍，諸侯不掩羣，大夫不取麛卵。諸侯無故不殺牛，大夫無故不殺羊，士無故不殺犬豕，庶人無故不食珍。老者五十衣帛，七十食肉。與夫豺未祭不田，獺未祭不漁，草木黄落不入山林，皆節以禮。釋氏之持齋奉戒，所不取。

後序

考據確而精，論斷審而正，記載書绝高品，故宋、元著述家多援引之。然傳寫日久，間有亥豕脱亡，欲借一善本訂之，徧索不得也。岫藏篋中六十年，不輕以借人。隆慶三年姑蘇方山吴岫識。

⊙劉一清撰

錢塘遺事

湯勤福　整理

點校説明

《錢塘遺事》十卷，劉一清撰。一清，臨安人，其生平事迹無傳。據元劉詵《桂隱詩集》卷一《送劉一清教授入京》，劉氏或曾擔任過官職。

關於《錢塘遺事》的史料來源及學術價值，四庫館臣有詳細評價，大致認爲：「其書雖以錢塘爲名，而實紀南宋一代之事。高、孝、光、寧四朝，所載頗略。理、度以後，敘録最詳。大抵雜採宋人説部而成，故頗與《鶴林玉露》、《齊東野語》、《古杭雜記》諸書互相出入。雖時有詳略同異，亦往往録其原文」，「既不著其書名，其中所載『余謂』、『愚聞』及『余亦作一篇』云云，皆因羅大經之自稱，不加刊削。遂使相隔七八十年，語如目睹，殊類於不去葛龔。」書中之語有時「似屬宋人之詞」，有時却「全作元人之語。蓋雜采舊文，合爲一帙。故内外之詞，不能劃一，亦皆失於改正。」然館臣對是書也有所肯定：「然於宋末軍國大政，以及賢姦進退，條分縷析，多有正史所不及者。蓋革代之際，目擊僨敗，較傳聞者爲悉。」

四庫館臣評價所説雖有一定根據，《錢塘遺事》確實存在照録前人著述文字而出現錯誤的情況。然仔細校讀和分析《錢塘遺事》一書，四庫館臣所説又不盡然。《錢塘遺事》於南宋高、孝、光、寧四朝史事採掇前人書籍較多，然於理、度兩朝，或有自己見聞在内，即使是前四朝史事，與前人及同時人之著作也有較大差異。如《錢塘遺事》卷七有《下蘄黄州》、《劉整死》、《下江州》、《下安慶》諸條，記載元兵南下滅宋之事，與《宋季三朝政要》卷五比較，《錢塘遺事》記載更爲詳盡，顯然不是抄録《宋季三朝政要》或《鶴林玉露》、《齊東野語》、《古杭雜記》等書而來。又如《錢塘遺事》卷七《賈相出師》，《宋季三朝政要》卷四記載十分簡單，而《錢塘遺事》不僅載録賈似道爲都督軍馬出師情況，又載其所上《出師表》大略達四百六十字。這一《出師表》也未見其他諸書記載。又如卷八《吕文焕回本國書》，也未見《宋季三朝政要》、《鶴林玉露》、《齊東野語》、《古杭雜記》等書記載。卷六《龍飛賦題》記載咸淳戊辰省試出題事，未見其他典籍記載。因此，《錢塘遺事》盡管有一部分内容來自其他典籍，但也不乏其自己的見聞及評述。因而，《錢塘遺事》仍然具有一定的史料價值。

關於此書的成書年代，從是書所記事止於「丙子」（一二七六年）來看，當成於宋末。

據四庫館臣稱，《錢塘遺事》「世無刊本，傳寫頗稀」，因此館臣以舊鈔本校以陶宗儀《説郛》所載數條，載入《四庫全書》之中。現還有《武林掌故叢編》本，實依《四庫全書》本而來。比較而言，《四庫全書》本脱漏錯訛極多，《武林掌故叢編》本校勘較佳，因此採爲此次整理底本，並參校文淵閣《四庫全書》本（簡稱《四庫》本）及其他相關典籍，吸納了清人蔣光煦《斠補隅録》中的《錢塘遺事》校勘成果。並參攷了王端來《錢塘遺事校箋考原》。

目録

高宗不都建康而都於杭，大爲失策。士大夫湖山歌舞之餘，視天下事於度外，卒至喪師誤主，納土賣國，可爲長歎，惜也！觀是書，不能無所感云。

卷之一

天目山讖

臨安都城，其山肇自天目。讖云：「天目山垂兩乳長，龍飛鳳舞到錢塘。海門一點巽山小，五百年間出帝王。」錢氏有國，世臣事中朝，不欲其説之著，更其末云「異姓王」以遷就之。高宗駐蹕，其説始驗。仰視吴山如卓馬立顧，紹興間望氣者以爲有鬱葱之符。秦檜專國，心利之，請以爲賜第。其東偏即檜家廟，西則格天閣之故基。檜死，熺猶戀戀，請以爲第。常州倅烜爲光禄丞，留隸家廟。言者罷烜，并遷廟主於建康，遂空其室焉。高宗倦勤，即其地築宫，曰德壽，後又更名曰重華、曰慈福、曰壽慈，凡四易美名。至於咸淳甲戌，天目山崩，則百年王氣亦終於此矣。

高宗浙臉

高宗誕之三日，徽宗幸慈寧后閣，妃嬪捧抱以見。上撫視甚喜，顧謂后妃曰：「浙臉也」。蓋慈寧后乃浙人。其後駐蹕於杭，亦豈偶然？

金陵山水

高宗未駐蹕杭州之先，有暫都金陵之意。末年，因幸建康，此意未釋，召一術者決之。術者云：「建康山雖有餘，水則不足。」獻詩曰：「昔年曾記謁金陵，六代如何得久興。秀氣盡隨流水去，空留煙岫鎖崚嶒。」

夢吳越王取故地

高宗建炎渡江，至德祐丙子通一百五十年。紹興八年二月癸亥，上發建康，戊寅至臨安府，遂定議建都，自此不復移蹕。淳熙十四年冬十一月丙寅，宰執奏事延和殿，宿直官洪邁同對，因論高宗謚號。孝宗云：「太上時，有老中官云太上臨生之際，徽宗夢吳越錢王引御衣云：『我好來朝，便留住我。終須還我山河，待教第三子來。』」邁又記其父皓在北買一妾，東平人，偕其母來，曾在明節皇后閤中，言顯仁皇后初生高宗時，夢金甲神人自稱錢武肅王，即鏐也。年八十一，高宗亦年八十一。卜都于錢塘，似不偶然。孝宗所謂錢王，指俶，俶第三子惟演也，終團練使。

十里荷花

孫何帥錢塘，柳耆卿作《望海潮》詞贈之，云：「東南形勝，三吴都會，錢塘自古繁華。煙柳畫橋，風簾翠幙，參差十萬人家。雲樹遶隄沙。怒濤捲霜雪，天塹無涯。市列珠璣，户盈羅綺競豪奢。重湖疊巘清嘉。有三秋桂子，十里荷花。羌管弄晴，菱歌泛夜，嬉嬉釣叟蓮娃。千騎擁高牙。乘醉聽簫鼓，吟賞烟霞。異日圖將好景，歸去鳳城誇。」此詞流播，金主亮聞歌，欣然有慕于三秋桂子、十里荷花，遂起投鞭渡江之志。近時謝處厚詩云：「誰把杭州曲子謳，荷花十里桂三秋。那知卉木無情物，牽動長江萬里愁。」余謂此詞雖牽動長江之愁，然卒爲金主送死之媒，未足恨也。至於荷豔桂香，妝點湖山之清麗，使士大夫流連于歌舞嬉遊之樂，遂忘中原，是則深可恨耳。因和其詩云：「殺胡快劍是清謳，牛渚依然一片秋。却恨荷花留玉輦，竟忘烟柳汴宫愁。」蓋靖康之亂，有題詩于舊京宫牆云：「依依煙柳拂宫牆，宫殿無人春晝長。燕子歸來依舊忙。憶君王【一】。月破黄昏人斷腸。」蓋悼欽宗之不復返也。

仁和門

宋太祖次陳橋驛，整軍從仁和門入。高宗由海道過杭，聞縣名仁和，甚喜，曰：「此

【一】憶君王　原疊用「憶君王」三字，據謝克家《憶君王》詞原文删。

京師門名也。」駐蹕之意始此。

高宗定都

高宗自建炎元年五月即位于南京【二】，岳飛解東京圍，宗澤留守東京，勸上還京。高宗雖下詔修京城，而還京之意終未決。車駕行幸未有定向。李綱諫曰：「今六飛縱未入關，當適襄、鄧，以示不忘中原之意。近聞一二執政勸陛下遷幸東南，果爾，則中原非我有矣。」冬十一月，上如揚州。至三年，金人犯揚州。高宗始離揚，凡在揚州一十六箇月。三年二月，上如杭州，以州治爲行宫，至四月幸建康，在杭州凡四箇月。六月，高宗離建康幸浙西，詔改杭州爲臨安府。十月，金人犯杭，上自明州航海。四年正月，上次台州章安鎮。四月，上次明州。八月，上次越州。紹興二年正月，上自越州如臨安。三年，上在臨安。四年，上在臨安。冬十月，詔親征，上如平江。五年二月，上自平江如臨安。六年，上在臨安。七年春正月，上在平江。八年，上在建康。二月，如臨安，遂定都焉。

顯慶寺

臨安靈隱、淨慈、上中下三天竺寺，皆宋朝祖宗功德寺也。淳祐庚戌，爲貴妃閻氏建功德寺于九里松，近靈隱寺前，名顯慶寺。土木之工過于諸寺，時人名之曰「賽靈隱」。

【二】五月即位于南京　「五月」，原作「六月」，據《四庫》本、《宋史》卷二四《高宗紀》改。

寺成，建大鼓于法堂。忽有人掩入，不備，大書鼓上云：「淨慈靈隱三天竺，不似閻妃兩片皮。」由此界限甚嚴，無故者不得復入矣。

遊湖詞

蜀人文及翁登第後，期集遊西湖，一同年戲之曰：「西蜀有此景否？」及翁即席賦《賀新郎》云：「一勺西湖水。渡江來、百年歌舞，百年酣醉。回首洛陽花世界，煙渺黍離之地。更不復、新亭墮淚。簇樂紅妝搖畫艇，問中流、擊楫何人是。千古恨，幾時洗。余生自負澄清志。更有誰、磻溪未遇，傅巖未起。國事如今誰倚仗，衣帶一江而已。便都道、江神堪恃。借問孤山林處士，但掉頭、笑指梅花蘂。天下事，可知矣。」

三賢堂

寶慶丙戌，袁樵尹京，於三賢堂賣酒。或題詩云：「和靖東坡白樂天，三人秋菊薦寒泉。而今滿面生塵土，却與袁樵趁酒錢。」

冷泉亭

冷泉亭，正在靈隱寺之前，一泓極爲清泚，流出飛來峰下，過九里松而入西湖。或題詩云：「一泓清可沁詩脾【三】，冷煖人情祇自知。流去西湖載歌舞【四】，回頭不似在山時。」

三天竺

上中下天竺三寺相連，其山門與靈隱共入，扁曰「靈隱天竺之門」。惟上天竺係觀音坐正殿，勅賜號「靈感」，臨安祈禱則迎奉之。有勅賜寶廚頂，絡諸寶飾其上。有兩珠，一赤一白，名日月珠。又有白黑相間如棗核樣，名鬼谷珠。又一大珠名珠母，又一大珠名猫兒眼睛。每遇迎奉則加此飾，亦曾迎入大内祈禱焉。

題白塔橋

驛路有白塔橋，印賣朝京里程圖，士大夫往臨安，必買以披閱。有人題于壁曰：「白塔橋邊賣地經，長程短堠甚分明。如何只到臨安住，不説中原有幾程。」

伍子胥廟

廟在吳山頭，其下當御路，名「朝天門」。理宗辛卯，廟遭回禄後，賜緡錢二萬三千重建舊址。殿講陳公益作記，其略曰：吳山廟者，春秋伍大夫廟也。春秋伍氏子世爲楚忠

【三】一泓清可沁詩脾　「沁」，《四庫》本作「浸」。

【四】流去西湖載歌舞　「去」，《四庫》本作「出」。此詩與《西湖遊覽志》卷十、《武林舊事》卷五所載略異。

【五】夫差狠愎　「狠」，原作「很」，據《四庫》本改。

臣。大夫挾父兄不報之讐，去國千里，徬徨江上。漁父不受萬鍾之禄以捐其軀，瀨女子不吝千金之身爲効其死，故能識要離之勇，薦孫子之智，借吴師以入郢，會諸侯于漢水，功亦偉矣。及夫差狠愎【五】，踴躍用兵，貪壤東齊，受賂仇越，大夫不忍見吴之爲池沼、蘇臺之遊麋鹿，竟以直死。當時知與不知，莫不哀之，因名其山而立祠焉。君子曰：伍大夫於是忠孝兩全矣。大夫以抑鬱不平之氣，隨流揚波，依潮來往，猶能激爲疾風甚雨，奔雷激電，震蕩于越兵入城之頃。其與荆軻慕義白虹貫日，孔明英氣能爲風雲者，何以異哉？自春秋至皇宋千有餘年，景象相傳。理宗賜額「忠清」，又建閣于門之上，御書「英衛之閣」以扁之。每歲春秋醮祭，命學士院降付青詞。寶祐癸丑再火，而此碑亦不存矣。謂金石之文終久不磨，亦無是理也。

射潮箭

五代錢王射潮箭，在臨安府候潮門左首數步。昔江潮每衝激城下，錢氏以壯士數百人候潮之至，以强弩射之，由此潮頭退避。後遂以鐵鑄成箭樣，其大如杵，作亭泥路之傍，埋箭亭中，出土外猶七尺許，以示鎮壓之義。然潮汛之來，常失故道，臨安府置一司，名修江司焉。

蘇堤趙堤

東坡守杭日，築堤自大佛頭直至淨慈寺前，非爲遊觀計也。遏水之深者爲湖，而沮洳之地，畝以萬計，皆可爲田。淳祐間，趙與簒尹京，横築一堤，祇是通路過靈隱而已。

六和塔詩

李彊父爲昭文相，嘗登六和塔，題詩云：「往來塔下幾經秋，每恨無從到上頭。今日登臨方覺險，不如歸去卧林邱。」彊父爲相清正，謹守規矩，自奉如寒士，書卷不釋手。薨于位，謚文清。

淨慈寺羅漢

淨慈寺乃祖宗功德院，側有五百羅漢，別創一田字殿安頓，裝塑雄偉。殿中有千手眼觀音一位，尤精緻。其第四百四十二位阿濕毘尊者獨設一龕，用黄羅幙之，旁置籤筒。其羅漢像則偃蹇便腹，斜目覷人而笑。臨安婦人祈嗣者必詣此，炷香默禱，以手摩其腹，云有感應。積日既久，羣手加于泥粉之上，其腹黑光可鑒。邪説誣民如此哉！又假此爲鈔題之端，裒斂民財尤不可勝計，其無忌憚甚矣。

萬回哥哥

臨安居民不祀祖先，惟每歲臘月二十四日，各家臨期書寫祖先及亡者名號，作羹飯供養罷，即以名號就楮錢上焚化，至來年此日復然。惟萬回哥哥者，不問省部吏曹、市肆買賣及娼妓之家，無不奉祀，每一飯必祭。其像蓬頭笑面，身着綵衣，左手擎鼓，右手執棒，云是和合之神，祀之可使人在萬里外亦能回家，故名「萬回」。隆興鐵柱觀側武當福地觀内，殿右亦祠之，未知果爲淫祠否乎？

龍翔宫

淳祐甲辰，理宗建龍翔宫於中瓦後，徹居民屋宇三之一。奉祀感生帝君，如昭符之門，正陽之殿，和樂之樓【六】。琅函寶藏，皆係御書。每孟享，車駕由御街過中瓦前【七】，直下景靈宫。駕回，則自灞頭横入，過龍翔歸，則自太平坊出至御街。寶祐癸丑臘月，中瓦回禄，因此自御街當中取大路直入，而中瓦之右以爲武林園，其左以爲皇子忠王看望樓。旅邸有題曰：「龍翔宫闕壯皇都，鸞路縈迴枉德車。天意也知明主意，故教劫火鬪通衢。」

【六】和樂之樓　「樓」，《四庫》本作「閣」。

【七】由御街過中瓦前　「由」，原作「遊」，據《四庫》本、《西湖遊覽志》卷十三改。

浙江十廟

廟在浙江之北【八】，其一是平水九州大禹王，其一是陸相公。陸有三位小娘子，皆緑袍方巾，列坐兩傍。一主護岸，一主起水，一主交澤，各有所司。凡海船到廟下，必先詣三位小娘子前，炷香、上真綵及花朵粉盒，拜，許保安牲酒心願。其或欲乘蚤晚潮汛之至而發舟，必須得卜而動，則前去免風濤之險。不得卜則斷不敢輕發也。廟傍别有一所，專祀十二位潮神，各武裝持杖，每位各主一時焉，然皆不及三位小娘子香火之盛。

孝宗問卜【九】

淳熙中，金人南向，人言洶洶。上於禁中默禱，遣中使如平江問何簑衣，其説無有知者。何見其來，曰：「我已得知。」中使炷香如禮。何曰：「我不能書，可令人寫。」遂授以詞云《賀新郎》【一〇】：「胡孫拖白不終場，英雄裂土封侯王。」又云：「鬧啾啾，也須還我一百州。」中使持歸以奏，時人莫諭其旨。《益公日記》中亦載。

大理寺豕祭

舊傳三歲拜郊或明堂大禮，凡在前誤國姦臣首級在大理寺者，必以豕祭【一一】。蓋譎

【八】浙江之北　「北」，《四庫》本作「境」。

【九】孝宗問卜　題名後原有「何簑衣」三字，據《目録》、《四庫》本删。

【一〇】遂授以詞　「詞」，《四庫》本作「詩」。

【一一】必以豕祭　「祭」，原作「矢」，據《四庫》本改。

傳謂以犧物祭之。其實豕者，少牢也。其文云：「國家三歲恩霈，汝雖誤國，然亦不忘汝之舊，特用豕以祭。」而謬傳乃若此，豈朝廷寬大之恩哉？

格天閣

秦檜靖康初爲御史中丞，金人立張邦昌，檜陳議狀，大略謂：「趙氏傳緒百七十年，號令一統【一二】，緜地萬里，子孫蕃衍，布在四海【一三】，德澤深長，百姓歸心。只緣姦臣誤國，遂至喪師失守，豈可以一城而決廢立哉！若必欲舍趙氏而立邦昌，則京師之民可服，而天下之民不可服；京師之宗子可滅，而天下之宗子不可滅。望稽古揆今，復我君之位，以安天下。」金人嘉其忠，與之俱歸。遂諂事撻懶，陰遣檜歸爲反間，遂決意主和。檜之姦賊不臣，其罪可勝誅哉！方其在相位也，建一德格天之閣，有朝士賀以啓云：「我聞在昔，惟伊尹格于皇天。民到于今，微管仲吾其左衽。」檜大喜，超擢之。又有選人投詩云：「多少儒生新及第，高燒銀燭照蛾眉。格天閣上三更雨，猶誦《車攻》復古詩。」檜益喜，即與改秩。蓋其胸中有慊，故特喜此諛詞以爲掩覆之計。真誤國之賊也【一四】！

【一二】號令一統　「令」，原作「合」，據《四庫》本、《鶴林玉露》甲編卷五改。

【一三】布在四海　原作「而布告中外」，據《四庫》本、《鶴林玉露》甲編卷五改。

【一四】誤國之賊也　《四庫》本作「猾夏之賊」。

卷之二

淳熙盛事

宋孝宗御宇，高宗在德壽，光宗在青宫，寧宗在平陽邸，四世本支之盛，亘古未有。楊誠齋時爲宫僚，賀光宗誕辰詩云：「祖堯父舜真千載，禹子湯孫更一家。」讀者服其精切。又云：「天意分明昌火德【一】，誕辰三世總丁年【二】。」蓋高宗生於丁亥，孝宗生於丁未，光宗生於丁卯也。「丁年」，字出李陵書，借用亦佳。

孝宗恢復

高宗之朝，有恢復之臣而無恢復之君；孝宗之朝，有恢復之君而無恢復之臣。故其出師，纔遇少衄，滿朝爭論其非，屈己請和，而不能遂孝宗之志。惜哉！

辛幼安詞

辛幼安《晚春詞》云：「更能消、幾番風雨。匆匆春又歸去。惜春長恨花開早【三】，何

校勘記

【一】天意分明昌火德　「火德」，《誠齋集》卷二十作「宋德」。

【二】誕辰三世總丁年　「三」，原作「值」，據《四庫》本、《鶴林玉露》甲編卷四、《齊東野語》卷四、《山堂肆攷》卷三十二、《誠齋集》卷二十改。

【三】惜春長恨花開早　「春長」，原作「長春」，據《稼軒詞》卷二《摸魚兒》改；「恨」，《四庫》本作「怕」。

况落紅無數。春且住。見説道、天涯芳草無歸路。怨春不語。算只有殷勤，畫簷蛛網，盡日惹飛絮。長門事，准擬佳期又誤。蛾眉曾有人妬。千金縱買相如賦【四】，脈脈此情誰訴？君莫舞。君不見，玉環飛燕皆塵土。閑愁最苦。休去倚危欄，斜陽正在，煙柳斷腸處【五】。」詞意殊怨，「斜陽煙柳」之句，其與「未須愁日暮，天際乍輕陰」者異矣。使在漢、唐時，寧不賈種豆種桃之禍哉！愚聞壽聖見此詞頗不悦，然終不加罪，可謂至德也已。其《題江西造口》詞云：「鬱孤臺下清江水，中間多少行人淚。西北是長安，可憐無數山。青山遮不住，畢竟東流去。江晚正愁予，山深聞鷓鴣。」蓋南渡之初，虜人追隆祐太后御舟，至造口，不及而還。因此起興。「聞鷓鴣」之句，謂恢復之事行不得也。又《寄丘宗卿》詞云：「千古江山，英雄無覓、孫仲謀處。舞榭歌臺，風流總被、雨打風吹去。斜陽草樹，尋常巷陌，人道寄奴曾住。想當年、金戈鐵馬，氣吞萬里如虎。元嘉草草，封狼居胥，贏得倉皇北顧。四十三年，望中猶記，烽火揚州路【六】。可堪回首，佛狸祠下，一片神鴉社鼓。憑誰問：廉頗老矣，尚能飯否？」此詞集中不載，尤雋壯可喜。朱文公云：「辛幼安、陳同甫，若朝廷賞罰明，此等皆可用。」

東窗事發

秦檜欲殺岳飛，於東窗下謀其妻王夫人。夫人曰：「擒虎易，放虎難。」其意遂決。

【四】千金　原作「干金」，據《四庫》本、《稼軒詞》卷二《摸魚兒》改。

【五】斜陽正在煙柳斷腸處　「正在煙柳」，原作「煙柳正在」，據《四庫》本、《稼軒詞》卷二《永遇樂》改。

【六】望中猶記烽火揚州路　「猶記烽火」，原作「烽火猶記」，據《四庫》本、《稼軒詞》卷二《永遇樂》改。

後檜遊西湖，舟中得疾，見一人被髮厲聲曰：「汝誤國害民，我已訴于天，得請于帝矣。」檜遂死。未幾，秦熺亦死。夫人思之，方士伏章見熺荷鐵枷，因問秦太師所在。熺曰：「吾父見在酆都。」方士如其言而往，果見檜與万俟卨俱荷鐵枷，備受諸苦。檜曰：「可煩傳語夫人，東窗事發矣。」

慶元侍講

宋慶元初，趙子直當國，召朱文公爲侍講。文公欣然而至，積誠感悟，且編次講義以進。寧宗喜，令點句以來。他日請問，上曰：「宫中常讀之，大要在求放心耳。」公因益推明其説，曰：「陛下既知學問之要，願勉强而力行之。」退謂其徒曰：「上可與爲善，若常得賢者輔導，天下有望矣。」然是時韓侂胄自謂有夾日之功，已居中用事。公因進對面諫，又約吏部侍郎彭子壽請對，白發其姦，且以書白趙丞相云：「當以厚賞酬其勞，勿使干預朝政。」侂胄于是謀逐公。忽一日，内降御批云：「朕閔卿耆老，當此隆冬，恐難進講，已除卿宫觀。」内侍王德謙徑遣付下。宰相執奏，臺諫給事爭留，皆不從。時子壽出護使客回，則公已去矣，即上章攻侂胄云：「昔元符間，向宗良兄弟只緣交通賓客，漏泄機密，陳瓘抗章劾之，謂『自古戚里侵權，便爲衰世之象；外家干政，即是亡國之本。亦如州縣之政，只要權出守令，若子弟親戚交通關節，則姦人鼓舞，良民怨咨』，此言不可不察。今侂冑所爲不止如宗良，而朝無陳瓘，莫能出力排之。在太上皇朝始用姜特立，大臣尚能逐之使去；復用袁佐，諫官尚能論之使懼。不謂陛下始初清明，有臣如此，乃無一人敢出一語【七】，則其聲勢可知矣。」上謂宰相曰：「侂冑是朕親戚，龜年是朕舊學，極是難處。」宰相進兩留之説，且謂龜年性剛，乞宣諭留之。上曰：「此人質直，兼是先朝舊僚。四人兩人罷，一人憂去，只有龜年有事肯來説，如此區處甚好。」其晚，忽降省劄，直批彭龜年予郡，宰相亦不知也。自是衆君子皆逐矣。上始初雖爲侂冑所誤，然三十一年敬仁勤儉如一日，天文示變，齋心露禱，禁中酒器以錫代銀。上元夜嘗熒燭清坐，小黄門奏曰：「官家何不開宴？」上愀然曰：「爾何知外間百姓無飯吃，朕飲酒何安？」嘗幸聚景園，晚歸，都人觀者爭入門，蹂踐有死者。上聞之深悔，自是不復出。文公格心之效終不可泯。

【七】一語　原作「往語」，據《止堂集》卷五《論韓侂冑干預政事疏》改。

韓平原

宋寧宗既受禪，韓平原所望不過節鉞。知閤劉弼嘗從容告趙忠定曰：「此事侂冑不爲無功，亦須分些官職與他。」忠定不答，由是漸有邪謀，迄逐衆君子。余友趙從道有詩云：「慶元宰相事紛紛，説着令人暗斷魂。好聽當時劉弼語，分些官職與平原。」余亦作一篇云：「齋壇一鉞底須慳，坐見諸賢散似煙。不使慶元爲慶曆，也由人事也由天。」

趙子直

韓平原傾趙子直，罷政遠竄，薨于古鄠。訃聞，有無名子作詩，大書于朝天門下云：「兩手旋乾復轉坤，羣邪何事肆流言。狼胡跋疐傷周旦，魚腹銜寃葬屈原。一死固知公所欠，孤忠猶賴史長存。九原若見韓忠獻，休説渠家末世孫。」

韓平原客

韓平原嘗爲南海尉，延一士人作館客，甚賢而文，既而音問杳不通。平原當國，常思其人。一日，忽來上謁，蓋已改名登第數年矣。一見歡甚，館遇極厚。嘗夜闌酒罷，平原屏左右，促膝問曰：「某謬當國柄，外間議論如何？」其人太息曰：「平章家族危如疊卵矣，尚復何言！」平原愕然問故，對曰：「是不難知也。椒殿之立非出于平章，則椒殿怨矣。皇子之立非出于平章，則皇子怨矣。賢人君子自朱熹、彭龜年、趙汝愚，斥逐貶死，不可勝數，則士大夫怨矣。邊釁既開【八】，三軍暴骨，孤兒寡婦之哭聲相聞，則三軍怨矣。並邊之民死于殺掠，内地之民死于科需，則四海百姓皆怨矣。叢是衆怨，平章何以當之？」平原默然久之，曰：「何以教我？」其人辭謝再三，固問，乃曰：「僅有一策。主上非心黄屋，若急建青宫，間陳三聖家法，爲揖遜之舉，則皇子之怨可變而爲恩。而椒殿退

【八】邊釁既開　「釁」，原作「興」，據《四庫》本改。

居德壽，雖怨无能爲矣。於是輔佐新君，涣然與海内更始。曩時諸賢，死者贈卹，生者召還。遣使聘虜，釋怨請和，以安邊境。優犒諸軍，厚卹死士，除苛解擾，盡去軍興無名之賦，使百姓有更生之意。然後選擇名儒，遜以相位，乞身告老爲緑野之遊，則易危爲安，轉禍爲福，或者其庶幾乎。」平原猶豫不能決，欲留其人處以掌故，其人力辭竟去，未幾禍作。

濟王

濟王已廢，潘壬、潘丙謀立王，遺書李全，約以二月望日舉事，爲邏卒獲其行人并書以白彌遠。彌遠易書，以二月改作三月，且許行人以美官重賞，令其以書達全。二月，潘壬、潘丙率太湖亡命數十人，各以紅半袖爲號，乘夜踰城而入，至邸索王，言推戴事。王聞變，易敝衣匿水竇中，久而得王，擁至州治，以黄袍加身。王號泣不從，不獲已，與之約曰：「汝能勿傷太后、官家否？」衆許諾。遂發軍資庫金帛、楮券犒軍，命守臣謝周卿率見任、寄居官入賀，且揭李全榜于州門，言史彌遠廢立等罪，且稱見率精兵二十萬，水陸並進。人皆聳動，以爲江東狡謀。比曉，王視其士卒，則太湖漁人、巡尉司弓兵而已。王知其謀不成，乃與郡將州兵勦之，其數元不滿百也。王元春以輕舟告變于朝，史彌遠急召殿司將彭忳赴之，兵至而事已平矣，乃班師。時全守淮安，知所約失時，遂叛歸北。史彌遠欲殺濟王，遣其客余天錫來，且頒宣醫視疾之命。時王本無疾，天錫諭上意，逼王就死，遂縊于州治。尋下詔貶王爲巴陵郡公。其後魏了翁、真德秀、洪咨夔、潘枋相繼上疏，咸言其寃。大理評事胡夢昱應詔上書，言濟王之不當廢，引用晉太子申生、漢戾太子及秦王廷美之事，凡百餘言，訐直無忌。彌遠怒【九】，竄夢昱于象州。紹定壬辰，沛恩宥過，夢昱已不及矣。贈朝奉郎，謚剛簡，仍官其子。

三京之役

寶慶乙酉，趙葵、趙范、全子才因降人谷用安之言【一〇】，欲乘時撫定中原，建守河據關之議，以聞于朝。乃命趙范開閫于光、黄之間。六月，全子才合淮西兵萬餘人赴汴，以十二日離合肥。七月二日，抵東京，距城二十里駐兵。五日，整兵入城。行省李伯淵先期以文書來降。先是，黄河南舊有寸金淀，乃爲金人所決，河水淫溢，自壽至汴，水深齊腰，行役良苦。子才駐汴以俟糧，嵩之主和，中沮之，不肯運糧，卒致誤事。江南滁州路鈴樊辛、路分王中，以偏師下鄭州，陳州、蔡州望風歸附。趙葵以淮西兵五萬取泗州，由泗至汴，與子才軍會，因謂子才曰：「我軍始謀據關守河，今已抵汴半月，不急議攻洛陽、潼關，奚待耶？」子才以糧餉未集對。趙葵益督促之，遂檄范用吉、樊辛、李先、胡顯等提軍一萬三千人，命淮西帥機徐敏子爲監軍，先令西上，且命楊乂以廬州强勇軍一萬五千繼

【九】彌遠怒　「怒」，原作「恐」，據《四庫》本、《宋季三朝政要》卷一改。

【一〇】因降人谷用安之言　原「因」字上有「奏」字，據《宋季三朝政要》卷一删。

之。各路給五日糧【一二】，諸軍以糧少爲辭。敏子以二十一日啓行，二十六日，遣和州寧淮軍正將張迪以二百人趣洛陽，至夜踰城，大譟而入，城中寂然無應者。蓋北軍戍洛陽者，皆空其城以誘我矣。及曉，有民庶三百餘家登城投降。二十八日迪等遂入洛陽。二十九日，軍食已盡，乃采蒿和麵作餅而食之。楊乂至洛東三十里，方散坐蓐食，忽數百步外有立紅黄涼繖者，衆方駭異，而伏兵突起深蒿中。乂倉卒無備，大潰，擁入洛水者甚衆，乂僅以身免。是晚有潰兵奔迸而至，云楊乂一軍已爲金人大陣衝散，今北兵已據北岸矣。于是在洛之師聞而奪氣。八月一日，北軍已有近城下寨者，敏子與戰，勝負半之。士卒乏糧，遂殺馬而食。俟糧不至，遂班師。

【一二】各路給五日糧 「各路給」原作「各給路」，據《宋季三朝政要》卷一、《齊東野語》卷五乙；「給」，《四庫》本作「齎」。

大字成犬

寧宗初政，首召真德秀、魏了翁諸君子在朝，天下人心翕然向化。史彌遠欲逐真德秀、魏了翁，梁成大自薦于史相，遂除成大爲察院。成大貽書所親曰：「真德秀乃真小人，魏了翁乃僞君子。此舉大快公論。」而以成大守建寧，拆真德秀宏詞坊，苟可以捃摭者，无所不盡其致矣。當時太學諸生曰：「大字傍宜添一點，曰梁成犬。」余謂犬之狺狺，不過吠非其主耳，是有功于主也。今夫不肖之臺諫，受權貴之指呼，納豪富之賄賂，内則翦天子之羽翼，外而奪百姓之父母，是有害于主也。吾意犬亦羞與爲伍矣。

辛卯火

宋紹定辛卯臨安之火，比辛酉之火加五分之三，雖太廟亦不免，而史丞相府獨全。洪舜俞詩云：「殿前將軍猛如虎，救得汾陽令公府。祖宗神靈飛上天，可憐九廟成焦土。」時殿帥乃馮榯也，人言藉藉，迄不免責。

史彌遠

史彌遠開禧丁卯爲禮部侍郎，與楊太后誅侂胄，其事甚祕。侂胄死，寧宗不知也。居數日，上顧問侂胄安在，左右乃以實對，上深悼之。彌遠出入宮禁，外議譁然，有詩曰：「往來與月爲儔侶，舒卷和天也蔽蒙。」蓋以雲譏彌遠也。彌遠爲相十七年，如真德秀、魏了翁者皆遭斥逐。楊后之事，濟王嫉之，一日書於几上曰：「彌遠當決配八千里。」左右以告彌遠，彌遠銜之。及寧宗疾革，廢濟王而立理宗。使潘壬、潘丙之謀成，彌遠將何所容其身哉！　理宗之立，又獨相九年。用余天錫、梁成大、李知孝等，列布於朝，最用事者薛極、胡榘、聶子述、趙汝述，時號「四木」。及上親政，臺諫爭言其非。上思其功，不忘復進其姪嵩之。

夾攻遼金

紹定辛卯，襄帥言陳垓奏，韃靼國遣使約夾攻女真。壬辰，國兵與韃靼兵合圍燕京，金義宗自汴京突圍，出奔歸德府。癸巳一月，遣襄陽太尉江海、棗陽帥孟珙以兵至蔡州，兵駐城南。帥臣史嵩之運糧十萬給南北軍。端平甲午正月，北兵至蔡州，宋孟珙兵先薄蔡城下，金主知城必破，乃傳位後主，閉閤自縊。愚嘗謂宋之與鄰國有兩失。宋之與遼，自真宗澶淵之役以姪事遼朝【一二】，世守歡盟。一旦從女真之請，議夾攻遼。高麗嘗遣使尋醫，託其言以勸中國矣，而徽宗不信，又啓脣亡齒寒之患矣。童貫兵出白溝而無紀律，兵抵燕京而即奔潰，金人哂之，反得以欺我，卒致靖康之禍。金雖世讐，在所當滅，真西山言金亡而中國之憂始大，洪咨夔奏金亡必有興者，二公有先知之明矣。

【一二】以姪事遼朝 「遼朝」原作「本朝」，據文意，似當作「遼朝」。

卷之三

趙信菴

信菴趙葵南仲，忠肅公幼子，意氣豪邁。倅濠梁日，有婢與客私，公知之，伺婢夜出，袖劍出帳中，一揮斷之，人頭棄之城溝。辛卯，李全送死，維揚奏功。自三京之役，家居數年。至淳祐癸卯優詔起復，畀以重任爲參預。時有奏對，日記穆陵與之密議儲事，公再三贊決，且云：「如陛下即位，便不是好樣子」，尤人所難言也。除拜右相，葵屢上辭免，而朝旨促赴闕益急。後葵到京，時以宰相須用讀書人劾之。葵已知之矣，乃徑出國門，疾馳而歸。題《南鄉子》壁間云：「束髮領西藩，百萬雄兵掌握間。召至廟堂無一事，遭彈。昨日公卿今日閑。拂曉出長安，莫待西風割面寒。羞見錢塘江上柳，何顔？瘦僕牽驢過遠山。」後有表奏曰：「霍光不學無術，每思張詠之語以懷慚。后稷所讀何書，敢以趙汴之言而自解。」是雖有激而云，然亦見機而作矣。歸領鄉郡，推心愛民，一鞭不妄施。暇日過嶽麓精舍，舍長劉某年差長，將坐，揖曰：「相公主席。」公搖手曰：「到這裏說甚相公。」竟就賓席，取酒盡歡而去。後居溧陽，己未難作，聞命即出。丙寅時事粗定，告老還

校勘記

鄉。舟未發，以書報鄉人及兩學士友，無不歡悦。長沙兒童日呼舞于市曰：「相公歸云。」冬十月二十六日至齊安，中夕，電光如燭，空中砰然有聲，遂薨。

安子文

安子文與楊巨源、李好義合謀誅逆曦，旋殺巨源而專其功。久之，朝廷疑其跋扈，俾帥長沙。子文盡室出蜀，嘗自贊云：「面目鄒搜，行步蘙苴。人言託住半周天，我道一場真戲耍。今日到湖南，又成一話靶。」在長沙計利析秋毫，廳事前豢豕成羣，糞穢狼籍，肥腯則烹而賣之，罷鎮捆載歸蜀。厥後，楊九鼎在蜀以刻剥致諸軍之怨，軍士莫簡猖亂殺九鼎，剖其腹，實以金銀，曰：「使其貪腹飽飫。」時子文家居，散財給士，生擒莫簡，剖心以祭九鼎，迄再平蜀難。

嵩之起復

淳祐乙巳正月，劉漢弼正夫由閑卿監擢拜臺臣。先是，九月嵩之自右揆丁父憂，優詔起復，蓋援彌遠例也。嵩之朵頤不起，特以葬爲辭，逡巡未就闕。十一月，徐元杰侍郎因對，以起復爲非。嵩之憾之，語所厚曰：「吾與徐誼不薄，何不密以啓我？」自是繼有論奏，上意不復向嵩之，臺官彈擊無虚日。未幾，漢弼以腫疾死，杜丞相範繼薨，徐又以伏暑暴卒。物論沸騰，直謂數公皆中毒死，徐則偏體青黑。朝野爲之驚駭，堂食無敢下著者。於是揭榜通衢，重立賞格，移文棘寺，嚴鞫姦宄，然竟莫明所以。已而出太府之幣，畀上腴之田，賜之美謚，以旌其忠焉。嵩之廢浚，苦目疾，又久之，疽發背死。嵩之當國，一時正人如杜範、游似、劉應起、李韶、趙汝騰等，皆以不合逐去。時喬行簡平章、李宗勉左相、史嵩之右相。三相當國，時論謂喬失之汎，李失之狹，史失之專。然宗勉清謹守法，號爲賢相。

崔福之死

崔福從趙葵收李全，名重江淮，爲人勇悍，喜于生事而無忌憚。陳韡爲建康留守，崔爲路鈐，奪統制官王明鞍馬，又迫逐總所趙監酒親屬。韡委會廳戒諭，然不悛。值王步帥統師過淮，乞崔福軍前協力，因厚遣之。福遇賊不擊，託言葬女而歸，更不申大閫取旨，主帥亦無如之何。陳以爲從本司調遣，而蔑視軍法如此，若不明正典刑，則更相傚法，押赴教場處斬。人以爲文臣不習邊事，多爲武人所輕，陳韡爲積忿而發也。殊不思良將難得，爲師閫者當推誠共事。果跋扈淩犯，自當申取朝旨，豈可擅殺！

孟保相

孟珙號無庵，兄弟中第四，故稱「四孟」。機略沈鷙，世罕能及。嘗攻大金，公統兵四萬，至蔡州滅之，由是威名浸盛。爲荆湖制帥，善御衆，得士卒心。輕財結客，對境虛實，莫不周知。外國機要，間探尤密。性好佛，夜則趺坐，召偏裨以下五七十人，施氊褥，俱席地，自上而下各舉一話。或目前事，或市井笑謔事，無不可言者。言有可笑，輒相與大噱，惟不得訐人陰私。于是上下之情無不通者。軍中私密，外間詭詐，皆入其耳。久任邊帥，朝廷賴之。後無疾而逝。兄璟，稱「三孟」，嘗知鄂州，性寬厚。弟十孟，知岳陽，皆然。子之縉，立朝尤有大節。理宗朝稱邊帥者必曰諸孟云。

余樵隱

余玠字乂夫，淳祐三年帥蜀，慷慨自許。創建城壁，脩築關隘，增屯堡栅，數年之間邊塵不驚，浸以驕恣。初，玠之臨遣也，有「挈故地還天子」之語。十年，天子降詔，褒諭玠八年守蜀之功。鄭青山再相，因慫恿其用兵，且以私書與玠云：「老夫只候此着爲退身計。」于是一意出師，至興元無功而還。壬子冬，北兵知其所爲，入掠成都，薄嘉定，無禦之者。玠帥蜀罔功，每交結權要及中外用事者，奏牘詞氣悖慢，示敢專制之狀，上意不平之。徐青叟奏云：「余玠不知事君之禮，帥蜀無功，陛下何不出其不意召之？」上不答。一日，御筆「余玠以本職奏事」。庚牌到蜀，而玠以漢中敗績歸，羞愧，飲藥而死。

余晦帥蜀

寶祐甲寅，余晦帥蜀。徐清叟奏云：「朝廷命令不行于西蜀者，十有二年矣。今者天斃此玠，乃祖宗在天之靈，社稷無疆之福，陛下大有爲之機也。今乃以素無行檢、輕儇浮薄、不敢任重如晦者當之，臣恐五十四州軍民不特望而輕鄙之，敵國聞之，亦且竊笑中土之無人矣。所有除晦内批，乞賜收回。」御筆責清叟曰：「數十年來未見執政繳回成命者，卿若固執，則廟堂之間，同列之人，皆有不安。召命已頒，決難反汗。」其後余晦果敗，蜀失紫金山要地，爲其城云。

晦誣惟忠

余晦繼玠爲蜀帥，一日，有南永忠者叛，反書聞，王惟忠適留闕，問南永忠何如人，惟忠盛言其勇而義。晦曰：「人言其不可保，有之乎？」惟忠云：「當入狀，以百口保之。」晦即取紙俾書。既畢，探懷以反書示之，愕然。晦謫歸，以王惟忠庇叛事告於朝，遂入大理獄。全臺入晦之狀，殿院陳大方尤主之，惟忠竟斬東市。此事本非其罪，晦懼禍及己，故誣之耳。未幾，大方奉祠歸紹興，得疾，目擊惟忠之爲鬼，露頭顲天，謂非所爲，聞者嗤之。惟忠與晦俱浙東人，少微賤，晦小名「余再五」，以余天錫之薦爲四川制置使。時惟忠爲利州安撫，閱除目，笑曰：「余再五來也。」晦聞之，故誣奏惟忠，斬于市，血逆流而上。惟忠顔色不變，曰：「吾將訴於天，以明此寃也。」

彭大雅

彭大雅，字文子，癸卯守重慶。時蜀已殘破，大雅披荆棘、冒矢石，築城以守，爲蜀根柢。自此支吾二十年，大雅之功也。然取辦峻迫，德之者固多，怨之者亦不少。後謫死，蜀士大夫爲之立廟焉。大雅入蜀，曾有《祭諸葛武侯文》云：「大國之臣，不拜小國之卿，大雅今拜矣。拜公以八陣之神圖，拜公以出師之一表，尚饗。」其文甚偉。

趙方威名

趙方，嘉定年間爲淮閫，威望表聳，金人相戒不敢犯邊，皆以「趙爺爺」呼之。貌古怪，兩眼高低，一眼觀天，一眼觀地，人皆望而畏之，不敢仰視。一日浴湯，伏事祗窺見一巨蛇蟠於桶中，皆不敢漏泄。一夕更鼓不鳴，詰朝申舉，當更軍人自分必死。及執覆，謂有巨蛇蟠於鼓，故不敢近，以故皆知爲蛇之精。鎮邊數年，一塵不驚。兩子六直閣、七直閣，隨侍在淮，北人有「六隻角」、「七隻角」之呼，其威名已遠暢矣。後欲上武當山燒香，上真降筆曰：「襄陽趙方，欲上武當。酆都小卒，不請燒香。」方初登第作尉時，嘗訪辛稼軒，留三日，劇談方略。辛喜之，謂其夫人曰：「近得一佳士，惜無可爲贈。」夫人曰：「我有絹十端尚在。」稼軒遂將添作贐儀，且奉以數書，去諸監司覓文字，趙極感之。後辛死，其子遇趙作荆湖制置，適在幕下僉屬，謂趙以乃父曩疇之故，賜以提挈。不料待之反嚴，無時程督，幾不能堪，至與其母對泣。幸三年官滿，辭趙告歸，趙曰：「且可留一日。」即開宴，請其母夫人同來，樽前語其母子曰：「某三年非待令嗣之薄。吾受先公厚恩，正恐其恃此不留心職業故爾。今已爲經營到諸監司舉紙，七狀皆足，並發放在省部訖。自即當奉少費，請直去改官。」辛母子方感謝無涯。大賢之陶鑄後進，報稱舊恩如此夫。

劉雄飛

淳熙年間，鄂州江夏縣尉司都頭楊文，其妻八娘，常行善念。一日，隆興解到城徒二十五人來鄂州，發下尉司楊文收管拘鎖。雄飛者貌魁偉，八娘以爲異，待之極厚。楊文出巡捕盜，八娘遂打開索鎖，俾雄飛遂遁，仍與雇舟盤費。雄飛一夜過江，宿于荒沙壩中，夜半見天門大開，車馬往來，心内自喜。至镇江府，適揚州制司招帳前敢勇軍，遂投充軍隊，至揚州。制司調遣出軍，大捷而回，除帳前統制官。後累有功，遷權帳前副都統。適和州缺守，賈似道爲制置使，差雄飛權和州。到郡數月，正除知和州。雄飛遣人迎楊都頭、夫人偕來，則八娘已死矣。厚賮楊都頭歸，俾作功德，追薦八娘。後雄飛爲四川制置，仍保楊都頭爲帳前統制，後知重慶府。劉之報恩，可謂至矣。

卷之四

北兵渡江

開慶己未秋九月，北朝憲宗皇帝視率大軍入蜀，勢欲順流東下。一軍自大理，因斡腹南來，歷邕桂之境，以至静江府。廣帥李曾伯閉門自守，北兵遂至潭州。一軍渡江，自隨、黄圍鄂州【一】，陷漣水軍，揚州大震。時相匿報，朝廷若罔聞。吴潛涕泣入告，理宗皇帝以賈似道爲荆湖宣撫策應大使，進兵援鄂州。尋自軍中拜右相，趙葵爲樞密使、江東西宣撫策應大使，屯兵信州，遏廣右斡腹之師。以杜庶帥兩淮，以向士璧帥潭。適南來二哥元帥遇宋候騎而死，潭圍先解。以高遠、印應飛守鄂，賈似道駐漢陽軍爲聲援，又命崔彦良以兵三千援隆興。時趙葵移師隆興，城門守備戒嚴，崔兵至城下不得入。抵暮，報北兵至生米市，距城三十里。彦良渡江迎敵，得捷。保隆興者，彦良之功。彦良，崔福子也。

議遷都

己未，北軍破江州、瑞州、衡州，進圍潭州，邊報轉急。都城團結義勇，招募新兵，築平

校勘記

【一】隨黄　「隨」，原作「儲」，據《四庫》本改。

江、紹興、慶元城壁。議遷都，謝皇后請留蹕以安人心，上乃止。

陰許歲幣

開慶己未，北兵渡江之後，會憲宗皇帝晏駕于釣魚城下，賈似道乘機遣使，陰約許納歲幣，兵解而去。鄂渚兵退，乃庚申三月三日也。北兵之圍鄂也，城危在頃刻。都統張勝登城諭之曰：「城子已是你底，但子女金帛皆在將臺，可從彼去。」北兵盡東。勝於是焚燒城外民居，嶹然一壘。外援至，悉力防守，遂克完城。

行打算法

賈似道忌害一時任事之閫臣，行打算法以污之。向士璧守潭，費用委浙西閫打算；趙葵守淮，則委建康閫馬光祖打算。浙閫史巖之、徐敏子，淮閫杜庶，廣帥李曾伯皆受監錢之苦。史亦納錢，而妻子下獄，徐、李、杜並下獄，杜死而追錢猶未已也。時江東謝枋得率鄧傳二千人舉義，擢兵部架閣，科降招軍錢給義兵米。似道打算招軍錢并徵所給米，枋得自償萬楮，餘無所償，乃上書賈相云：「千金而募徙木，將取信於市人；二卵而棄干城，豈可聞於鄰國？」乃得免。

丁相罷政

己未北兵渡江時，丁大全當國，匿報不以上聞，誤國欺君，十月罷相。大全，鎮江人，藍色鬼貌。小官時爲戚里婢婿，夤緣取寵位，媚事内侍盧允昇、董宋臣，上信任之，擢監察御史，遷右正言。在臺橫甚，引小人沈翥、方大猷爲羽翼，輒登相位。己未十月罷相，庚申七月謫貴州，與州將游翁明失色盃酒間，適游有食人之謗。涇帥朱禩孫，伺丁者也。憲李仲黿，惡游者也。丁密以郡人之謗游者語李，李以語朱，朱以責游。游遂告丁異謀，以爲陰造弓矢，將通蠻爲不軌。朱聞於朝，加竄新州。經司遣畢進武遷者，下貴州逮其奴，且盡取其橐中所有，而後寬之。舟過藤州，太守以下不敢與通，畢遷登岸詣州，借水手十人適丁遣舟人請鐔津何權縣者，過舟中談話。日午，畢將登舟，何别去。未至縣【二】，舟人走報「丁副使溺矣」。州爲求屍，至夜始得，巾履未脱。解事人申至州，借錢買棺。守以經司無名色錢百千與之，助丁大全喪。受云：「價不問多少，自償。」既斂，郡與解者俱申經司，牒下追畢究問。後有旨，許自便居住。畢遷于靜江，既而朱先遣之回長沙矣。夫人范氏母子居建康之村落，賈相屢誘其子，使自陳掉頭，竟不就。先是，謝方叔罷相，居隆興，賈相誘之曰：「上念公，不怨。」信之，遂刻穆陵御筆以進，且獻丹砂等物，臺章交上，有旨追逮，空所有以解，幸免於禍。丁之母子智于謝遠矣。

【二】縣　原作「孫」，據蔣光煦《斠補隅録》改。

吴潛入相

丁大全罷，吴潛代之。潛爲人豪儁，其弟兄亦無所附麗。有譏于上者曰：「外間童謡曰『大蜈蚣，小蜈蚣，盡是人間業毒蟲。夤緣攀附有百尺，若使飛天能食龍。』」此語既聞，惑不可解，而用之不堅亦以此也。庚申七月謫建昌，尋徙潮州。辛酉四月，安置循州，壬戌五月十八日卒。捐館之夕，作詩云：「伶仃七十翁，閒關四千里。縱非烟瘴窟，自无逃生理。去年三伏中，葉舟遡梅水。燥風扇烈日，熱喘乘毒氣。盤回七二灘，顛頓常驚悸。肌體若分裂，肝腸如擣碎。支持達循州，荒凉一墟市。託迹貢士闈，古屋已積圮。地溼暗流泉，風雨上不庇。蛇鼠相交羅，螻蟈聲怪異。短垣逼閭閻，簷楹接尺咫。凡民多死喪，哭聲常四起。妻或哭其夫，父或哭其子。爾哭我傷懷，傷懷那可止。悲愁復悲愁，憔悴更憔悴。陰陽寇乘之，不覺入腠理。雙足先蹣跚，兩股更重膇。擁腫大如椽，何止患蹠盭。淫邪復入腹，喘促妨卧寐。脾神與食仇，入口即嘔噦。膏肓勢日危，和扁何爲計。人生固有終，蓋棺亦旋已。長兒在道塗，不及見吾斃。老妻對我號，數僕環雪涕。縣蓑斂形骸，安能備喪禮。孤柩倚中堂，几筵聊復爾。骨肉遠不知，鄰里各相慰。相慰亦何言，眼眼自相視。龍川水泱泱，敖山雲委委。雲飛何處歸，水流何處止。悠悠旅中魂，雲水兩迢遞。朝廷有至仁，歸骨或可覬。魂兮早還家，毋作異鄉鬼。」又自銘其棺云：「生于霅川，死于龍水。大帶深衣，緇冠素履。藉以紙衾，覆以布被。一物不將，斂形而已。其人伊誰，履齋居士。」翁嘗好老莊，喜延方外友，與客談及死生事，曰：「某只消一个倏然而逝。」時但以爲戲言，及至循，當國者所遣人迫翁已甚，翁處之裕如。作詩及銘之夕，忽空中雷聲轟然，翁形在而神去矣。先是，吴潛入相，以方甫、胡易簡爲腹心，二人輕儇，人嘲之曰：「甫易簡方。」上議立度宗爲太子，公意不欲，緩其事。上不悦，北軍退，即罷政。而似道由軍中入相，諷臺臣劾公罪，貶循州。先是，詔似道移師黄州，黄在鄂下流，中間乃北騎往來之衝要。似道聞命，以足頓地曰：「吴潛殺我！」疑移師出潛意，故深憾之，遣武人劉宗申爲循守，欲毒潛。潛鑿井卧榻下，自作井記，毒無從入。一日，宗申開宴，以私忌辭。又宴又辭，又次日移庖，不得辭，遂得疾而卒。

賈相當國

理宗之季，官以賄成，宦官外戚用事。似道爲相年餘，逐巨璫董宋臣、李宗輔，勒戚畹歸，不得任監司、郡守。百官守法，門客子弟斂迹，不敢干政，人頗稱其能。然天資陰忮刻深，置緣櫃，招人告訐，立七司，法苛密煩碎，議者不以爲便。

李壇歸國

李全死後，其子松壽據有山東，駸駸踰淮，據及入漣水，連年爲患。景定庚申八月，忽有書貽賈相，係兩淮制置李庭芝繳進。往復十數，始疑中信，其終則直。壬戌，詔改漣水軍爲安東州，乃降德音，特授李壇保信、武寧軍節度使，督視京東、河北等路軍馬、齊郡王，宣賜獎諭，追復其父李全官爵，改正《日曆》。御製詩賜賈相云：「力扶漢鼎賴元勳，泰道宏開萬物新。聲暨南郊方慕義，恩流東海悉來臣。凱書已奏三邊捷，廟算潛消萬里塵。坐致太平今日事，中興玉曆喜環循。」

嚴覆試

賈似道嘉熙戊戌以其姊貴妃之故，得赴廷對。是時貴妃在大内，廷對之日，節次當事人供奉湯藥飲食。自庚申入相之後，躐拜平章，聯科必嚴過省及覆試之禁。或爲詩，末聯云：「戊戌若還嚴覆試，如今安得有平章。」其意甚當。

一擔擔

庚申，賈似道初入相，或爲詩曰：「收拾乾坤一擔擔，上肩容易下肩難。勸君高著擎天手，多少傍人冷眼看。」

殺向士璧

向士璧帥長沙，北兵已圍鄂岳，方措置間，皮泉淥家居，訪之，問所以爲守城之計。向曰：「正爲眼中無可任之人。」皮恚之。北兵至，向親率軍民且戰且守，既置飛虎軍，又募斗弩社，朝夕親自登城慰勞。卒能保潭，斗弩之力居多。皮入朝，百計毁短。似道妬賢嫉能，乃嗾臺諫孫附鳳劾之。辛酉，詔奪向士璧從官恩，數令臨安府追究侵盗掩匿情節。竟坐遷謫，擠之死地，天下寃之。

劉整叛北

劉整以瀘州降北。先是，鄭興守嘉定，被兵，整自瀘州赴援，興不送迎，亦不宴犒，遣吏以羊酒餽之。整怒，杖吏百而去。及興爲蜀帥，而瀘州乃其屬郡，興遣吏打算軍前錢糧，整賂以金瓶，興不受。復至江陵，求興母書囑之，亦不納，整懼。又似道殺潛、殺士璧，整益不安，乃以瀘州降。北軍壓境，整集官吏喻以故，曰：「爲南者立東廡，爲北者立西廡。」官吏皆西立，惟户曹東立，殺之，與西立者二十八司歸北。京湖制置吕文德復瀘州【三】，文德號爲「黑灰團【四】」。整歸北，上急攻緩取之書，謀取襄陽。曰：「南人惟恃

【三】京湖制置吕文德　「京」，原作「荆」，據《四庫》本、《宋史》卷四十六《度宗紀》改。

【四】黑灰團　「團」原作「黑炭」，據《四庫》本、《宋季三朝政要》卷二改。

一黑灰團【五】，可以利誘也。」乃遣使于文德，求置榷場于樊城外，文德許之。使曰：「南人无信，安豐等處榷場或爲盜所掠，願築土牆以護貨物。」文德不許，使辭去。或謂文德曰：「榷場成，我之利也。且可因以通和好。」文德以爲然，追使者不及。既而使者至，復申前議，文德遂許焉。爲請于朝，開榷場于樊城外。北人築土牆于鹿門山外，通互市，築堡。襄帥吕文煥知彼欺誑，乃兩申制置司，爲親吏陳文彬匿之。北人又于白鶴城增築第二堡。文煥復申制司，文德大驚，頓足曰：「誤朝廷者我也！」即請自赴援，會病卒。

拘留北使

賈似道陰許北朝歲幣，故鄂渚退師。自事定之後，冒爲己功，諱言前事。及北使郝經來尋盟，似道拘留真州，不遣，其失信北朝，以至召兵。

雪詞

賈相當國，陳藏一作《雪》詞譏之，詞曰：「没巴没鼻，霎時間做出，漫天漫地。不論高低并上下，平白都教一例。鼓動滕六，招邀巽二，一任張威勢。識他不破，只今道是祥瑞。最是鵝鴨池邊【六】，三更半夜，誤了吴元濟。東郭先生都不管，關上門兒穩睡。一夜東風，三竿暖日，萬事隨流水。東皇笑道，山河元是我底。」詞名《念奴嬌》。

【五】黑灰團　「團」原作「黑炭」，據《四庫》本、《宋季三朝政要》卷二改。

【六】最是鵝鴨池邊　「最是」原作「卻是」，據《庶齋老學叢談》卷中改。

【七】立信於衰危之際　「立」，原作「士」，據《四庫》本改。

【八】京湖何益　「京湖」原作「荆湖」，據《四庫》本改。

紫原三策

咸淳年間，汪紫原立信於衰危之際【七】，以書抵賈相，陳三策：一謂内地何用多兵，宜盡抽之以過江，可得六十萬。或百里或二百里置一屯，皆設都統，七千里江面纔三十四屯。設兩大藩府，以總攝運掉之緩急，上下流相應，必无能破吾聯絡之勢者。久之日益，雖進亦可。二謂久拘使者在京湖何益【八】。不如遣使偕行，啗以厚利，緩其師期。半歲間，我江外之藩垣成，氣象固，且江南之生兵日益矣。三謂若此兩説不可行，惟有准備投拜。其意蓋以激賈行二説也。賈得書大怒曰：「瞎賊，敢爾妄語！」迄諷臺諫罷紫原，歸金陵。不數月，北兵渡江，九江以下皆失守，乃以端明招討起公，則已無席地矣。紫原以家囑愛將金明，而令金明以子從之。過淮時，賈出督，相遇，拊紫原背而哭曰：「端明端明，某不用公言遂至此。」紫原對云：「平章平章，今日瞎賊更説一句不得。」賈問紫原：「何故？」對曰：「今江南無一寸趙家地，某去尋一片乾淨土上，死也要死得分明。」後抵高郵，適巴顔丞相駐蹕紫原之家。有告以紫原曾獻三策于賈者，丞相驚歎：「江南有這般人，這般話，若遂用之，我得至此耶？」尊禮其家老小甚至。欲發兵迎取之，金明不敢告以在高郵，而密价以報。紫原拊案大哭曰：「吾猶幸得在趙家地上死也。」竟大慟而絶。時人有詩曰：「厚我藩垣長彼貪，不然銜璧小邦男。廟堂從諫真如轉，竟用先生策第三。」

卷之五

推排公田

咸淳壬戌，殿院陳堯道、正言曹孝慶合奏：「限田之法，自昔有之。置官户踰限之田，嚴歸併飛走之洞弊。回買官田，可得一千萬畝，每歲則有六七百萬石之入，其于軍餉沛然有餘。可免和糴，可以餉軍，可以製造楮幣，可平物價，可安富室。一事行而五利興，實爲無窮之利。」上然之。時賈似道爲相，欲行富國强兵之策。時劉良貴爲都曹，繼尹天府；吴勢卿餉淮東，入爲浙漕，遂交贊公田之事。吴勢卿死，乃以劉良貴爲提領，陳訔爲檢閱官以副之。良貴請下都督嚴立賞罰，究歸併之弊。上曰：「永免和糴，無如買逾限之田爲良法。然東作方興，權俟秋成續議施行。」賈似道憤怒求去，上曰：「買田永免和糴，自是良法美意。要當始於浙西，庶他路視爲則也。所在利病各有不同，行移難於一律，可令三省照此施行。」既而賈似道内引入劄【一】，力言其便，上從其言，三省奉行惟謹。似道遂先以自己浙西萬畝，爲公田倡，嗣榮王繼之，趙孟奎自陳投賣，自是朝野無敢言者。獨禮部尚書徐經孫疏言買田之害，以言不行，乞致仕。後公田但行於浙西，他路竟免和糴

校勘記

【一】既而賈似道　「而」原脱，據《咸淳遺事》卷上補。

自若，由是德經孫者半天下也。方公田初議，以官品逾限田外買之，此猶有嫉富抑强之意。繼而派買，除二百畝以下者免，餘各買三分之一，其後雖百畝之家亦不免。立價以租一石者償十八界、會四十楮。不及，減買數；稍多，則銀絹相半；又多，則以度牒告身准直。登仕，三千楮；將仕，千楮，許赴漕試；校尉，萬楮；承信，萬五千楮；承節，二萬楮，則理爲進納。安人，四千楮；孺人，二千楮。

公田專官

提領劉良貴檄府丞陳嵓往湖、秀，將作丞廖邦傑往常、潤，任督催之責。六郡有專官，平江則知郡包恢、撫參成公策；嘉興則知郡潘墀，撫幹李輔、寓公焦焕炎；安吉則知郡謝奕、寓公趙與嵓、撫幹王唐珪；臨安則察判馬元演；常州則知郡洪穮、運使劉子庚；鎮江則知郡章坰、漕司准遣鄭夢熊；江陰則知郡陽班、准遣謝某、司户黄伸。候竣事各轉一官，選人減一削，守臣並以主管公田繫銜。

公田賞罰

包恢，旴江人，爲陸氏學。公田令行，人心不服，一路騷然。朝廷除包知平江府，專領公田，行以峻急，至施肉刑。時年已八十，酬勞拜簽樞而卒。初，提領劉良貴劾奏嘉興宰葉悊佐以不即奉行之罪，又劾長洲宰何九齡，追毁出身，永不收敘。以不合出給官田，令田主抱納，失田業相離之初意。

公田之禍

壬戌五月，公田以江陰軍、平江府隸浙西憲司，安吉、嘉興隸兩浙運司，常州、鎮江隸總所。每歲秋租輸之官倉，特與減饒二分，或水旱則别議放數。遂立四分司，王大吕平江，方夢玉嘉興，董楷安吉，黄震鎮江、常州、江陰三郡。初以選人爲之，任滿則理爲入班。州縣鄉都則分差莊官，以富饒者充應，兩年一替。每鄉創官莊一所，每租一石明減二斗，不許多收。其間毘陵、澄江一時迎合，止欲買數之多，凡六七斗者皆作一石。及收租之際，元額有虧則取足于田主，以爲無窮之禍。或内有饒瘠及租佃頑惡之處，又從而更換，於田主其禍尤慘。

謫皮龍榮

參政皮龍榮者，上東宫舊僚也。居潭州，知似道忌之，杜門不預人事。一日，上偶問龍榮安在，似道疑其再入。時李雷奮憲湖南，似道陰諷雷奮劾之。先是，雷奮訪龍榮，龍榮辭以故，既退，以「小鬼」斥之。或以語雷奮，雷奮不能平。至是疏其貪利營私之罪，且以爲：「幸祥琴之甫奏，即揆席以自居。於州郡從吉之伸，冀朝廷收召之速。」又謂：「每對人言，有『吾擁至尊于膝上』」之語，蓋龍榮爲東宫官故也。有旨謫衡州。衡州，雷奮治所也，遂自酖死。

銀關先識

見錢關子始于紹興元年冬。張浚屯軍婺州，朝廷以水道不通始置。召商人入見錢于婺州，執關子請見錢于杭、越榷貨務，每千加十以爲優潤。六年，張忠憲爲都督，張澄主管財用，請依四川法造交子，與見錢並行。後三十一年春，遂置行在會子務。景定甲子，賈相當國，造金銀見錢關子。時十九界矣。以一準十八界之三，廢十七界不用。其關子之制，上黑印如品字，中紅印三相連如目字，下兩傍各一小長黑印，宛然一「賈」字也。銀關之上，列爲寶蓋幢幡之狀，目之曰「金旛勝」，以「今代麒麟閣，何人第一功」爲號。後北朝大兵渡江下江南之時，如入無人之境，人以爲讖。信然。

竄謝枋得

建寧府教授謝枋得校文江東漕闈，發策詆時政。似道怒，竄興國軍。其《江東十問》備陳賈似道景定以後政事，知國家必亡於權臣之手。至於《八陵一問》，讀之使人淚下。

推排田畝

理宗朝嘗欲舉行推排之令，廷紳有言而未行也，賈似道當國卒行之。有人作詩曰：「三分天下二分亡，猶把山川寸寸量。從使一丘添一畝，也應不似舊封疆。」又有作《沁園春》題於道間者：「道過江南，泥牆粉壁，右具在前。述某州某縣，某鄉某里，住何人地，佃何人田。氣象蕭條，生靈憔悴，經界從來未必然。惟何甚，爲官爲己，不把人憐？思量幾許山川，况土地分張又百年。正西蜀巉巖，雲迷鳥道，兩淮清野，日警狼烟。宰相弄權，姦人罔上，誰念干戈未息肩？掌大地，何須經界，萬取千焉。」

彗星之變

景定甲子秋七月甲戌，彗星出柳，芒角燭天，長數十丈。自四更從東方見，日高方斂，如是者月餘。參政楊棟謂是蚩尤旗，非彗也，遭論去國。上減膳避殿，臺臣交章言星變灾異，皆公田不便，民間愁歎不平之所致，乞罷公田以答天意。似道力辨人言，乞辭相位。上曰：「言事易，任事難，自古然也。然公田之説不可行，則卿建議之始，朕已沮之矣。惟其上可以免朝廷造楮之費，下可以免浙西和糴之擾，公私兼濟，所以決意命卿舉行之。今業已成矣，一歲之軍餉皆仰給于此。若遽因人言而罷之，雖可以快一時之異議，如國計何？如軍餉何？卿既任事，亦當任怨，禮義不愆，何恤人言？卿宜安心，毋孤朕倚毘之意。」自此公論頓沮矣。是秋，邊無警報，國無大咎。冬十月，理宗升遐。先是，嘉定壬午八月初五夜，彗星見於西南方，去地不甚遠，尾長三丈餘。初十日夜，光芒亘天，至甲申，寧宗升遐始驗。藝祖升遐彗亦出柳云。似道奏云：「彗出三河周分，與河南無干。」

理宗升遐

景定甲子冬十月，理宗崩。上自臨御以來，始終崇獎周、程、張、朱諸儒義理之學，故得廟號曰「理宗」，陵曰「穆陵」，御書閣曰「顯文閣」，原廟殿曰「章熙殿」。理宗興于側微，崇儒納諫。寶、紹間，以史彌遠有擁立功，于萬機謙遜無所預。彌遠卒，始親政，召真德秀、魏了翁諸君子于朝，號端平，爲「小元祐」。然自即位以來，失襄，失淮，失全蜀，三邊流血。庚子大旱，壬子建寧大水，内郡之民死者相枕藉。開慶己未，北兵南來，社稷幾亡矣，而猶不親見之，亦可謂福。

理宗政迹

理宗龍顔隆準，臨朝坐輦端嚴若神。端平初，勵精爲治，信向真、魏諸賢，廷紳奏疏，三學叩閽，悉經御覽，所言訐直，無不容受；間以罪斥，旋復收用，此其盛德也。在位既久，嬖寵浸盛，中貴盧允升、董宋臣，女冠吴知古等薦引，奔競士驟至通顯，賄賂公行。又用外戚子弟任畿輔監司、郡守，贓罪狼籍。臺臣論奏，則宣諭節貼而已。盧允升等以奢侈導上意，信方士，妄稱五福太乙自嘉定己巳南入巽宫，臨吴越之分，作太乙宫。又作龍翔宫、集慶寺以祈福；作湖上西宫，造御舟以備遊幸；作禁苑芙蓉閣、香蘭亭以供遊翫；又作閻、賈二妃奉先功德寺，極土木之功。專置修内一司，以内侍管領，望青伐木，自德壽故宫、王邸戚里、民家墳塋皆不免。又置修内司莊、御前莊，開獻納之門。没入兩爭田土，名曰「獻助」，實則白取。禁中排當頻數，娼妓傀儡得入供應，宫嬪廩給泛賜無節。有職掌名位之外【二】，其先朝者艾六字號夫人者，嘉定六百員，淳祐增至一千員，内藏告乏，則移之封椿、左藏庫，何其不節耶！

度宗即位

理宗崩，度宗即位，改元咸淳。初，慶元府育王寺舍利塔，晉時許詢所造，每經一朝則必積圮一次，蕭梁已後屢加修整。雍熙年間衆議重修，非數萬緡不可。一行童於大衆中頂禮曰：「我願勸緣以成其事。」衆曰：「何言之易？」答曰：「只印此塔影，逐日沿門念佛請施【三】，何患不成？」主僧然其言。後所得甚微，不足以就。行童乃曰：「今天下惟八大王（榮邸）。最有錢，我持疏勸緣，必可如願。」詣府開疏，大王上題一千緡。行童歸，自斷

【二】名位之外　「外」，原作「分」，據《四庫》本、《西湖遊覽志》卷二改。

【三】念佛請施　「念」，原作「合」，據《四庫》本改。

其臂，血流不止，遂死，自火葬後莫有言前事者。度宗庚子歲生於八大王府，日夕嘑號不已，更數乳母，多獲譴。最後一乳母捧抱行廊廡間，入小閣，見所粘塔影，忽然而笑，既去復顧。因以水噀取置手中，自是不復嘑泣。乳母以告，大王始悟所題疏未勾。下本寺問故，僧具言行童自府歸，斷臂流血不止，以某年某月某日終。計其死之時，即度宗生之旦也。大王遂捐貲以成其事。度宗入宫，將册爲皇太子，理宗忽夢有告之者曰：「此十年太平天子也。」遂斷自宸衷，以繼大統，後享國之歲悉如所夢云。陸務觀詩：「人間八萬四千塔，便合推爲第一仙【四】。」即此塔也。

全后

開慶己未，議皇太子妃，丁大全以京尹顧嵒女爲言。一日，謝后召入大内，宫嬪進花一枝，后令侍御以賜。既退，次日后感疾，議遂寢。庚申歲乃議全昭孫女，昭孫值北兵避地于岳州、臨湘之間，逾數日入京，遂册爲妃。

士人言賈相

咸淳丙寅，臨安府士人葉李、蕭至等上書，詆似道專權，害民誤國。似道怒，嗾士人林德夫詣京尹劉良貴，告李等泥金飾齋扁不法，黥竄諸州。

【四】便合推爲　「便」，原作「使」，據《四庫》本、《西湖遊覽志》卷二改。

臺諫應故事

以季可爲察院【五】。時賈相當國，益忌臺諫言事，悉用庸懦易制者爲之。彈劾不敢自由，惟取遠小州太守及州縣小官，毛舉細故，應故事而已。

似道專政

咸淳丁卯，賈似道平章軍國重事，魏國公葉夢鼎爲右丞相。時賈似道專政，夢鼎充位而已。似道一月三赴經筵，三日一朝，赴中書查治事。上初立，朝政一委大臣，似道益自專，上稱之曰「師臣」，通國稱之曰「師相」、曰「元老」。居西湖葛嶺賜第，五日一乘車船入朝，不赴都堂治事，吏抱文書就第呈署，宰執書紙尾而已。朝夕議則館客廖瑩中，外則堂吏翁應龍。凡臺諫彈劾、諸司薦辟舉削，及京户畿漕處斷公事，非關白不敢自專。在朝之士忤意者輒斥去。後葉夢鼎、江萬里皆歸田，軍國重事似道於湖上閑居遥制。時人語曰：「朝中無宰相，湖上有平章。」

半閑亭

度宗賜賈似道第於湖上，似道扁亭曰「半閑」，自稱「雲水道人【六】。」每治事罷，則入

【五】以季可爲察院　原作「以季爲可察院」，據《四庫》本乙。

【六】自稱雲水道人　「自稱」，原作「以停」，據《四庫》本改。

亭中習打坐。有佞之者上《糖多令》詞【七】，大稱似道意。議者謂其時乃聖哲馳騖而不足之秋也，曾謂似道而以「半閑」自處乎？其詞曰：「天上謫星班。青牛初度關。幻出蓬萊新院宇，花外竹，竹邊山。軒冕倘來間。人生閑最難。算真閑、不到人間。一半神仙先占取，留一半、與公閑。」夫似道爲國之重臣，而其可以閑中消日月耶？天下烏得不壞！

排當

宫中飲宴名排當。理宗朝排當之禮，多内侍自爲之，一有排當則必有私事密啓，度宗因之。故咸淳丙寅，給事陳宗禮有曰：「内侍用心，非借排當以規羨餘，則假秩筵以奉殷勤。不知聚幾許汗血之勞，而供一夕笙歌之費。」此説可想矣。有詩云：「花磚緩步退朝衙，排當今朝早賞花。玉鐙金鞍皇后馬，香輪繡轂御前車。」

賈相舉令

一日，壑翁招碧梧馬廷鸞、西磵葉夢鼎行令。舉一令要一物與人，得物者還以一聯詩。秋壑云：「我有一局棊，付與棊師，棊師得之，予我一聯詩：『自出洞來無敵手，得饒人處且饒人。』」碧梧云：「我有一釣竿，付與漁翁，漁翁得之，予我一聯詩：『夜靜水寒魚不餌，滿船空載月明歸。』」西磵云：「我有一張犁，付與農夫，農夫得之，予我一聯詩：

【七】糖多令詞　「糖」，原作「唐」，據《四庫》本改。

『但存方寸地，留與子孫耕。』」似道不悦而罷。

賈相之虐

賈似道居西湖之上，嘗倚樓望湖，諸姬皆從。適有二人道妝羽扇，乘小舟由湖登岸。一姬曰：「美哉二少年。」似道曰：「爾願事之，當令納聘。」姬笑而無言。逾時，令人持一合，唤諸姬至前，曰：「適爲某姬受聘。」啓視之，則姬之頭也，諸姬皆戰慄。初，似道于浙西行公田，民受其害，有人題詩曰：「襄陽累載困孤城，豢養湖山不出征。不識咽喉形勢地，公田枉自害生靈。」至乙亥罷相，公田、國事俱休矣。

校勘記

卷之六

降生皇子

咸淳戊辰閏正月初六日，天明，大風雷雨，居民屋宇皆動。日午，楊美人降生皇子，是爲益王。十一月仲冬，全氏降生皇子，是爲嗣君。

李瓘掛冠

咸淳戊辰，龍飛狀元興化陳文龍。同郡李瓘，太學貫道齋内舍係第三甲正奏名，唱名後，乞以本身致仕，合得恩例，盡以回贈父母。上書畢，辭先聖及三魁同舍，出錢塘門，脱緑袍挂于門上，泛舟而去。時三魁同舍皆送別，瓘有詩云：「人言學古思入官，我謂學易而官難。平生透出夢覺關，本來面目只儒酸。吾親不俟若爲歡，不如歸去卧林間。殿前三策罄忠肝，多謝皇恩天地寬。緑衫卸了白衣還，扁舟飛過子陵灘。前修亦有逋與摶，聖世待之俱寬閑。何物种放大厚顔，山鬼移交伐其奸。此行無復出閩山，休音息影谷之盤。今朝釃酒釂雲壇，便向錢塘門掛冠。」又有詩云：「有手須搴龍衮衣，有頭須叩九堦墀。

有口須讀《離騷》詞，有腹須飽商山芝【一】。有身不願掛綠衣，笑問此身欲何之？石室山之巔，重湖水之湄。陶公云樂天，知命復奚疑。」

龍飛賦題

咸淳戊辰龍飛省試，考官商議出題，題皆不欲出天子聖人。於是別院出「乾爲天」，正院出「帝德廣運，皇天眷命」，皆大金年號，而天眷又正是徽、欽過北之年。時人爲之語曰：「正院無天子，別院少聖人。廣運與天眷，卻是比咸淳。」

襄陽受圍

咸淳戊辰，北兵圍襄陽。攻襄陽，劉整之計也。整，宋驍將，號「鐵胡孫」。己未，大兵渡江，止遷蹕之議者，丞相吳潛也。盡守臣之力者，帥臣向士璧也。奏斷橋之功者，曹世雄其一，而整次之。似道功賞不明，殺潛、殺士璧、殺世雄，整守瀘州，懼禍及己，遂叛。獻策南伐，上急攻緩取之書，東南之兵勢、地勢如指諸掌。進攻之計不于淮、不于湖廣、不于蜀，獨于襄者，蓋知襄者東南之脊，無襄則不可立國。吕祉嘗謂「得襄陽則可以通蜀漢而綴關輔，失襄陽則江表之業可憂」者，正此也。整初至襄陽，與少保吕文德借地開互市。互市既置，因築城築堡，江心起萬人臺，立撒星橋以遏南兵之援。乙丑、丙寅間，時出

【一】有腹須飽　原作「有復」，據《四庫》本改。

師哨掠襄樊城外，兵威漸振。未幾，文德死，文焕代守襄陽。于戊長之冬以大兵圍之，而襄日孤矣。

高達赴援

襄陽被圍，吕文焕遣人告急，朝廷遣高達、范文虎赴援。時北兵于要害處連珠劄寨，圍數十里而道不得通，襄陽之圍不可解矣。

賈相出督

賈似道請出督，而又陰嗾臺臣以留之，實無意外出也。乃以范文虎爲殿帥，孫虎臣爲步帥。

時相不合

咸淳己巳，葉夢鼎辭位，不允，徑去。以江萬里拜左相，馬廷鸞拜右相，輪日知印。萬里與似道議事不合，乃辭去。

戲文誨淫

湖山歌舞，沈酣百年。賈似道少時挑㒓尤甚，自入相後，猶微服間或飲于妓家。至戊辰、己巳間，王焕戲文盛行于都下。始自太學，有黄可道者爲之。一倉官諸妾見之，至于羣奔，遂以言去。繼有張蕃孫者，入京調官，鄰居一婦人乃宮中乳母，因病還家。張見其美而不之察，日以服玩通殷勤。事聞，押歸本貫。臺章繼上，謂張蕃孫之爲人，專以蠱惑人家妾婦爲能，有趙右司希建者，因身没而亂其家。今敢窺伺宮婢，無忌憚如此。削籍徙嶺南。嗣濮王弁妻，按章有云「糠也下堂，蓷焉在谷」，時人傳以爲笑。一征官娶罪將李虎妻，臺章亦及之。自是專務捃摭士大夫帷薄之事，以供月課。理宗厭之，嘗加戒勵。至于蠹黨所爲，大姦大貪，曾不敢言，以至亡國。悲夫！

賈相諱言

賈似道見襄城被圍日久，束手無措，日以辭位爲請。至咸淳庚午，襄陽之圍不解者三年矣。一日，度宗問似道：「襄陽之圍三年矣！」似道對曰：「北兵已退去，陛下得臣下何人之言？」度宗曰：「適有女嬪言之。」似道詢問其人，誣以他事賜死。自是邊事並無敢言者。

明堂遇雨

咸淳壬申九月祀明堂，平章賈似道爲大禮使，駕幸景靈宫，回宿太廟。質明，有司奏中嚴外辦，請升玉輅。大雨如注，胡貴嬪之父帶御器械胡顯祖【二】，檢討開禧登輅遇雨，乘逍遥子故事面奏。上白賈，賈欲候雨止登輅，顯祖回奏：「平章已肯。」上遂冒雨乘逍遥子，直入和寧門，百官愕然，莫知所以。禮成肆赦，似道奏：「臣充大禮使【三】，而陛下舉動不得預聞，乞罷政。」即日出嘉會門，三降御筆勉留，乃還朝。鐫罷胡顯祖，出胡貴嬪爲尼，上爲之泣下。

張貴赴援

壬申五月，張順、張貴赴援襄陽。襄樊自丁卯以來被圍日久，生兵日增。既築鹿門之役，水陸之防日密，築白河虎頭及鬼關，以鍵出入之道。自是孤城閉守者凡四五歲，援兵往往扼關不克進，所幸城中有宿儲可守，然所乏者鹽薪布帛耳。張漢英守樊城，募善泅者，寘蠟書于髻中，藏積草下浮水而出，謂鹿門既築，勢須自荆郢救援。既至隘口，守者見積草多，鉤致欲爲焚爨用，遂爲所得，于是郢鄧之道復絶矣。既而荆閫移屯郢州，而諸帥重兵皆駐新郢及均州河口，以扼要津。又重賞募死士，得三千人，皆襄郢山西民兵之驍悍

【二】胡貴嬪之父　《四庫》本作「胡貴嬪之兄」。

【三】大禮使　原作「大理使」，據《四庫》本改。

善戰者。求將久之，得民兵部轄張順、張貴。俗號張貴爲「矮張」。所謂「大張都統」、「小張都統」者，其智勇素爲諸軍所服。先于均州上流各水中立硬寨，造水哨輕舟百艘，每艘三十人，鹽袋布二百，且令之曰：「此行有死而已。」壬申五月，漢水方生，于二十二日稍進圍山下。越二日，又進高頭港口，結方陣，各船置火鎗、火砲、熾炭、巨斧、勁弩，夜漏下三刻起矴出江，以紅燈爲號。貴先登，順爲殿，乘風破浪徑犯重圍。至磨洪灘以上，敵舟布滿江面，無罅可入，鼓勇乘銳，凡斷鐵絙攢筏數百。屯兵雖衆，皆披靡以避其鋒，轉戰一百二十餘里。二十五日黎明抵襄城，城中絕援久，救至大喜。及收軍點視，獨失張順，軍中爲之短氣。越數日，有浮尸逆流而上，被甲胄，執弓矢，直抵浮梁，乃張順也。

繫籍秀才

御史陳伯大奏行士籍。先是，朝廷患科場弊倖百出，有發解過省而筆迹不同者，有冒已死人解帖免舉者。多方措置，乃議今後凡應舉及免舉人，各于所屬州縣給曆一道，親書曆首，將來赴舉過省參對筆跡異同，以防僞濫。時人謂之「繫籍秀才」。咸淳庚午科已行之矣。時人有詩曰：「戎馬掀天動地來，襄陽城下哭聲哀。平章束手全無策，卻把科場惱秀才。」又太學生蕭某有詞云：「士籍令行，伯仲分明，逐一排連。問子孫何習，父兄何業；明經詞賦，右具如前。最是中間，娶妻某氏，試問于妻何與焉？鄉保舉那當，著押開口論錢。祖宗立法于先，又何必更張萬萬千。算行關改會，限田放糴，生民凋瘵，膏血俱朘。只有士心，僅存一脈，今又艱難最可憐。誰作俑，陳堅伯大，附勢專權。」

地生白毛

咸淳癸酉，平地産白毛，臨安尤多。如銀線菜，可採以相餽，但挺直耳。或者謂此即白眚、白祥之類是也。

錢神獻夢

咸淳癸酉春，賈相連奏，乞出視師，且謂：「諸閫欲爲敗闕張本，每遣客游談，不曰無財力，則曰無兵力。不知臣之料錢招軍，悉有實狀可以按覆。」奏罷歸府，合目靜坐，忽夢有男子團面方口，突然而入。賈相叱之曰：「爾何人？敢至此！」答曰：「我金主也。相公早間入奏太激，天下事不由相公，皆由我。相公好好做三年，我六年後亦不復顧人間事。」言訖，賈相且怒且醒，因與所親言之，漫不可曉。三年而賈相罷，六年而錢禁行，乃知男子錢神也。廢興信有數乎！

襄樊失陷

咸淳癸酉春二月，破樊城，下襄陽。文煥捍禦應酬，備殫心力，糧食雖可支吾，而衣裝薪芻斷絶不至。文煥徹屋爲薪，緝麻爲衣。每一巡城，南望慟哭。城破，遂以城降。且獨守孤城，降于六年之後，豈得已哉。

勉留賈相

咸淳癸酉，自襄樊敗後，似道累章乞出視師，謂「非臣上下驅馳，聯絡氣勢，作急奔赴，則有大可慮者」。而又陰嗾朝臣論奏，以爲師相不可一日離左右。

度宗晏駕

咸淳甲戌秋七月，度宗崩。皇子㬎即位，太皇太后垂簾聽政，改明年爲德祐元年。

諒陰三元

度宗崩，幼君諒陰。進士榜第一名王龍澤，二名路萬里，三名胡幼黄。京師爲之語曰：「龍在澤，飛不得；萬里路，行不得；幼而黄，醫不得。」

詔兵勤王

冬，詔天下勤王，贛州太守文天祥應詔募兵。朝廷分兵九路會合：端明黄萬石，江西；侍郎趙縉，金陵、江陰；開封夏貴，淮西；節使篤萬壽，京湖；殿帥張彦，廣德；招討孫虎臣，采石；都統仇子真，宣城；練使張世傑，海道；費伯恭、阮克己，平江。克己，揚州人，糾集義兵三萬勤王。

下郢復州

咸淳甲戌冬十月，下郢州，沙洋守將邊居誼死之。時丞相伯顔將兵，號百萬，用南降人爲向導，吕文焕等舟師出襄陽，劉整等騎兵出淮泗，分道並進，攻郢。郢人堅守，以戰船横截江面，不得渡。文焕覘視傍有一湖可通大江，于是大集人力，陸地牽舟，紆行凡百餘里然後至水。舟師忽自上而下，沙洋乏備，未知措手。守將邊居誼所部三千人盡力死戰，竟無一人降附。十一月下復州。

北兵渡江

甲戌十二月初九日，北兵自襄陽擺洑沙口出江。十四日渡江，常時江水風波不可狎視，至渡江時江水鏡平，豈非天哉！進圍漢陽軍，移師攻陽羅堡，時淮西制置夏貴拒戰于陽羅堡，敗績，奔還瀘州。夏貴自陽羅堡之敗，順流而下，沿江南岸縱兵放火，歸廬州解甲。當是時，其心已無國矣。後有人題詩于廬州夏貴節樓，有曰：「一語淮西留養老，三更江上便收兵。縱使節樓高萬丈，到頭難免重臣名。」

下陽羅堡

陽羅堡乃江鄂屏蔽，一帶有七百扨，風起則多利北舟。欲守此江，必守此堡，此堡既失，則鄂危矣。守將閬池王都統與所部八千人死戰，中流矢而死。乃自陽羅堡攻鄂州。

下鄂州

咸淳甲戌十二月十八日，下鄂州，守城張晏然降。先是，李雷奮爲守，十月以臺論罷，至是無正官。張晏然守鄂，所恃者朱禩孫之援。朱禩孫提重兵至鄂，退歸江陵，晏然失助，鄂遂降矣。時夏貴與朱禩孫通任長江之責，朱歸荊州，夏歸淮西，一上一下，中流蕩然全無備禦，哀哉！

卷之七

下蘄黄州

德祐乙亥正月，北兵順流而下，沿江諸將多吕氏部曲，望風降附。既至黄州，陳奕以城降。奕始謂大兵以襄、漢船自漢入江，乃知大兵未渡，而蘄、黄已先降。故其渡也，襄、漢、蘄、黄之船皆在焉。遂至蘄州，管景謨以城降。至南康軍，葉閶以城降【一】。

劉整死

正月初七日，劉整死。初，整與文焕分兵南渡，及是整無功，發憤得疾，死于無爲軍城下。

下江州

正月十三日，下江州。九江，江西屏蔽也。錢真孫以帥兼守，舉城以降，則江西一路如破竹矣。嘗記宋太祖以乙亥年命曹翰取江州，後三百年乙亥而失之，豈非數歟？吕師

校勘記

【一】葉閶以城降　「葉閶」，原作「葉昌」，據《宋季三朝政要》卷五、《宋史》卷四七《瀛國公紀》、《元史》卷一二七《伯顔傳》改。

夔以大元命知江州。

下安慶

大元國兵至安慶府，范文虎以城降。文虎，吕氏壻也。賈似道奏云：「文虎爲趙縉所憤激，而以安慶叛」，而不知文虎與吕氏係親黨也。

賈相出師

甲戌十二月，以賈似道爲都督軍馬，黄萬石、李珏參贊軍事，檄召諸路軍兵聽督府調遣。於封樁庫撥給金十萬兩、銀五十萬兩、關子一千萬貫充都督公用。時邊報轉急，似道猶未有行意，聞劉整死，乃議出師。乙亥正月十五日，似道上《出師表》，略曰：「臣以老病之身，遭時多艱，豈復能以驅馳自勉。云云。每念身雖危，可以奮勵振；事雖急，可以激烈圖。云云。逆整世受國恩，一旦反噬而仇視我，役役貪生畏死，視便則趍，夫亦何有於彼哉！自襄有患，五六年間，行邊之請，不知幾疏，先帝一不之許。襄陷郢單，臣憂心孔疚，請行又不知其幾疏，先帝復不之許。頃罹孔棘，詔既奪情，臣辭亦不知幾，迫不獲命。竊自附於金革無避之義，陛下踐祚以來，邊劇日駭，臣請悉力。政以江流數千里、江面數十屯，而脈絡不貫，非臣督視，隨機上下，是必有不能遏其渡江者。今不幸臣言中矣。向使先帝以及兩宫，下至公卿、大夫、士，早以臣言爲信，聽臣之出，當不使如此。往者不可諫，及今汲汲圖之恨其晚，尚可强臣之留耶！臣留，不過使都民苟安旦暮，而非所以爲宗社大計也。陛下惟命臣以王導故事，都督中外諸軍。然兵入吾境，亦既兼旬，臣苦心處置，忘寢廢食，未能少强人意。誠以注的之矢難留，在目之機易見。與其坐待其來，于事無補，孰若使臣決於一行，以求必勝，事理較著有不難知者。恭惟祖宗三百餘年德澤其來未艾，兩宫仁慈孝愛動無闕失，臣恃此，咸發信順之心，斷可憑藉以辦此事。臣羸弱之軀非不知自愛，云云。孤忠自誓，終始以之。臣有三子三孫，留之京師，日依帝所，以示臣無復以家爲意。否則苟免而已，寧不愧死於斯言哉！深切迫急，拜表即行。」

遣使請和

德祐乙亥二月十七日，賈似道遣宋京使軍前請和。京與北使來，賈似道自往。似道遣阮思聰、東元嘉代行。思聰回，知事不就，惶怖失據，陰備快船爲走計。時大軍乘勢衝下，南北兩岸立砲座、設划車，中流數千艘，乘風直進，宋兵不支。夏貴，老將也，既失長江，惟恐督府成功，無所逃罪，又恐孫虎臣新進，位出己上，殊無鬬志。

下饒州

乙亥正月，大兵至饒州，守臣唐震竭力守禦。城破，震爲北兵所害，死于州治之玉芝堂。二十一日城破，二十七日鄱判官始得其遺體，温然如生，遂具衣棺而葬之。前丞相江萬里寄居饒州，州人皆遁，萬里坐守以爲民望。兵入其第，赴水而死。萬頃自南康來省兄，遇兵不屈，遂以磔死，至死駡聲不絶口。先是，張世傑至饒州，萬里與之飲，大醉。世傑曰：「國事如此，丞相如何？」萬里曰：「力不能以報朝廷，惟有死爾。」世傑曰：「丞相之言是也。他家事，世傑盡知之。拿一个盞跪在地，不能得他接，接了未能得他飲，安能忍辱事他人耶？吾盡吾職分，延得一日，也是趙家一日之天下。如不可爲，亦只有一死，庶幾可見趙皇於地下。」觀此，則萬里從容就義之心已先決矣。

破池州

乙亥正月，大兵破饒州，遂至池州。時池州無守臣，蜀人趙昂發爲池州倅，權州事。措置、備禦等官謂昂發曰：「州不可守，不如棄之。」昂發曰：「吾守土臣也，豈可偷生避死也哉？」大兵至，留詩於第，夫婦逐自經而死。時人語之曰：「臣爲君死，妻爲夫亡。」

蕪湖潰師

乙亥正月二十二日，賈似道潰師於蕪湖。是日三鼓，孫虎臣告急，至似道舟中，泣告曰：「追兵已迫。」夏貴亦曰：「彼衆我寡，委難抵當。」垂泣而去。似道撫諭三軍，遂許喝轉官資。諸軍詬曰：「要官資做甚！已未、庚申官資何在？」鳴鑼一聲，退兵於珠金沙，十三萬軍一時潰散。督府之印已失。似道奔入揚州，李庭芝閉城不納。

姜才敗績

大兵順流乘勢至瓜州，揚州都統姜才出兵二萬餘於揚子橋，士氣百倍，衆皆披靡。時彼衆我寡，相持半日，凡數十戰，勝負未分。生兵日增，乃至敗績，姜才稍引兵還。大兵入太平州，守臣趙縉遁。

金山之敗

大兵入建康府，沿江制置、知建康府趙縉遁。北兵方入城時，察院潘文卿按趙縉取行宫公帑所積金帛，棄城而遁。建康爲江東重鎮，既失，則江東之勢去矣。北兵駐建康府不進，遣哨騎四出。大兵至鎮江府，張世傑、趙縉戰于金山。世傑多海舟，無風竟不可動，遂敗。留守司參軍沈圻自柁樓上墜下，嘔血而死。守臣洪起畏遁。嗚呼！京口第一重門户而失之，行闕岌岌矣。

趙與可遁

乙亥二月，大兵入寧國府，守臣趙與可遁。與可，宗室也，而望風宵遁。朝旨除名，勒停，追毁出身以來文字，以爲不守封疆者之戒。既，北兵下徽州。

二相遁去

乙亥二月二十六日，左丞相王爚去。先是，賈似道奏請遷都，太皇太后不許。及是，殿前指揮使韓震再申前請，爚議堅壁固守，求罷不允，徑去。三十日夜，右丞相章鑑遁。二相去國，朝廷事可知矣。

誅韓震

乙亥三月初一日，誅韓震。三省奉聖旨云：「韓震身爲殿帥，陰懷異志。當此危急，不肯出戰。聲言提兵闌入禁闕。姦謀叵測，罪不容赦。國人皆曰可殺，吾念其父有功于蜀，不料其子負國若此。除已明正典刑，罪止其身。若家屬親黨決非同謀，一切並爲免罪。」先是，有言震謀脅遷都者，宜中與客潘希仁計議，乃伏甲士于樞密府，擊殺之，以步軍指揮使領其衆。震部曲百餘人，聞變大鬨而出，射火箭入大内，又以大刀斫嘉會門，宜中遣兵逐之，奔建康府。

五木之敗

北兵入常州府，時三月初二也。知州王宗洙遁，權守節幹王良臣以城降。五月，張彦、劉師勇復常州，王良臣敗走。又復廣德軍。九月，王良臣以北兵攻常州，知府姚訔、統制劉師勇、王安節拒守，攻城不克。十月，常州告急，文天祥遣將尹玉、朱華、張全、麻士龍赴援。二十六日，戰于横林，敗績。二十七日，戰于五木，敗績。張全不發一矢，尹玉、麻士龍死之。天祥調兵再往，道不通。十一月十六日，常州糧盡，劉師勇以騎突圍，出奔平江府，遂破常州，屠其城。知府姚訔死之，生獲王安節，不屈而死。姚訔乃姚希得之子，王安節乃節度王堅之子。尹玉者，江西憲司將也，與北兵戰，殺數千人，復收殘兵五六百與角，一夕兵敗，手殺七八十人，遂死之。其麾下與北兵戰，併死，無一降者。朝廷贈濠州團練使，官其二子焉。常州自三月二日陷，至五月再復。九月北兵再至，知府姚訔糾集義民，登城巡視，旌旗雲擁，鼓聲震天。潛遣劉師勇、王安節等出師迎敵，大捷。次日北兵至城下，開門迎戰，二陣夾擊，攻城之兵爲其掩殺，攻城不克而遁。劉師勇又于歸路設伏以待之，殲者過半。常州雖能保城，而管下屬縣屋宇焚蕩，人民據掠殆盡。生獲百姓殺之，臠其肉，煎油作砲，擲入常州城下，使膏油散在牌杈木上，積日，使火箭射之，牌杈自焚。又俘其人，使之運土于城外，築堡傾泥，併其人填之。常州屬縣之民，遭此横禍。十一月，糧盡，城始破。嗚呼！使北兵渡江之後，州州有守臣如姚訔者，忠于國家，死守封疆，宋鼎又安得而轉移耶！

朝臣宵遁

乙亥三月，京師戒嚴，朝臣接踵宵遁。大軍已迫畿甸，勤王兵不至，人情恟恟。知臨安府曾淵子、兩浙運副皆遁，浙東提舉王霖龍遁，機政文及翁、倪普，臺諫潘文卿、季可、陳過、徐卿孫，待從已下陳堅、何夢桂、曾希顔數十人並遁。朝中爲之一空焉。朝堂榜云：「孟軻謂：『君視臣如草芥【二】，則臣視君如國人。』又謂：『諫于其君而不聽，去，則窮其力而後止。』識者猶以爲非君臣之正誼。我朝三百餘年，待士大夫以禮。吾爲嗣君，遭家多難，爾小大臣未嘗有出一言以救國者，吾何負于汝哉！今内而庶僚畔官離次，外而守令委印棄城，耳目之司既不能爲吾糾擊二三，執政又不能倡率羣工。方且表裏合謀，接踵宵遁。平日讀聖賢書，自負謂何？乃于此時作此舉措，或偷生田里，何面目對人言語？他日死，亦何以見先帝？天命未改，國法尚存，可令尚書省別具在朝臣，在京文武，並予

【二】草芥　原作「草莽」，據《四庫》本改。

特轉二官。其負國棄予者，令御史臺覺察以聞。其榜朝堂，明吾之意。」

罷賈似道

乙亥三月三日，賈似道罷平章、都督，予祠。宣制曰：「大臣具四海之瞻，罪莫大于誤國；都督行諸軍之事，律尤重于喪師。告九廟以奉辭，詔羣工而聽命。具官賈某，小材無取，大道未聞。昔相穆陵，徒以邊將而自詭；逮事先帝，遂于國事以獨專。謂宜開誠布公以扶皇極之彝，并謀合智以盡天下之議。而乃恣行胸臆，不恤人心，以吏道沮格人才，以兵術剸裁機務。括田之令行而農不得安于野，權利之法變而旅不願出其途。矧當任閫之驅馳，不知戎事之緩急。戰攻或曠歲而不舉，兵事或臨時而不修。纖悉于文法之搜求，闊疏于邊政之科瑣。遂令飲馬以渡長江。迺者抗表出師，請身戡難。人方期以孔明之志，朕亦責以裴度之功。謂當披髮纓冠而疾趨，乃復二矛重弓而容與。三軍解體，百將離心。彼被甲之謂何，未聞聲而先潰？孟子謂：『吾何畏彼？』左氏謂：『我不成夫【三】。』社稷之勢綴旒，縉紳之言切齒。姑與薄罰，俾爾閑祠。於戲！膺戎狄，懲荆舒，今復奏周公之事；放驩兜，殛伯鯀，尚思寬虞典之誅。可罷平章軍國重事、都督諸路軍馬。」十四日，賈似道遣堂吏翁應龍護都督印歸朝，上表自劾。至五月，太后乃降詔，令李庭芝宣意，略云：卿其亟歸喪次，以盡臣子之道。當曲示保全，否則衆論益甚，忠孝靡容，

【三】我不成夫　「成」，《四庫》本作「文」。

吾雖欲屈法伸恩而不可得。卿其明聽吾言，善終以始，亦有辭于永世。時左相王爚奏：「陛下念其勤勞三朝，免于遠竄，使之歸里終喪，忠厚之至。既數辭矣，安坐維揚，未聞就道。既不能死忠，又不能盡孝，遂使公論切齒愈甚。願降一明詔切責似道，以正方命之罪。」

貶賈似道

乙亥七月十二日，合臺奏賈似道喪師誤國。内批：「賈似道專權誤國，得罪公論。吾以其歷事三朝，近嘗許以終制，不欲已甚，合臺露章未已。更與降三官，改徙鄰郡，少弭人言。」時賈似道婺州居住，廖瑩中、王廷追毁文字，除名，勒停，送韶州羈管【四】。内批：「王廷、曾淵子改送雷州居住。敕賈似道降三官，改送建寧居住。」翁合奏：「賈似道以妬賢無比之林甫，輒自託于伊、周；以不學無術之霍光，敢效尤于莽、操。其總權罔上，賣國召兵，專利虐民，滔天之罪，人人能言。云云。首聞邸報，臺諫交章聲其姦謀，乞行遠竄。迫于衆怒，僅謫建寧。雖國家之典憲未伸，而朝廷之意向稍白。臣切伏惟建寧實朱子講道之闕里，雖三尺童子粗知向方，聞似道且嘔惡唾去，況可見其面？如朱熹釋《大學》一章曰【五】：『放惡不遠，彼且稔惡所伏之地，其民何罪？必以禦魑魅而後已』。夫與之同中國且不可，而可一日同此鄉哉！必放之此鄉，此鄉亦復何罪？《巷伯》惡惡之詩曰：

【四】送韶州羈管　「送」，原作「選」，據《四庫》本改。

【五】朱熹釋大學　「熹」原脱，據《四庫》本補。

『投畀有北，有北不受。』而終曰：『投畀有昊』。蓋有北決所不受，則付與有昊，惟天得制短長六合爾，此則陛下事也。乞將似道遠竄深廣，以伸國法，以謝公論。」有旨賈似道移漳州，責授高州團練副使，下臨安府、台州，簿録其家。

相陳宜中

乙亥三月初三日，陳宜中參知政事、陳合僉書樞密院，召王爚還朝。初十日，陳宜中除右丞相。初四日，宜中辭相，奏云：「臣今月初四日恭準内批，不許臣辭免新除特進右丞相恩命。念臣一介樸愚，初無矯飾。此番出位，奉行陛下如神之斷，將順陛下如天之仁，實出于愛君憂國之血忱，非有一毫傾人利己之私念。皇天厚地，實所鑒臨。今若許臣以舊官備位，人猶謂臣無所爲而爲之，可以少逭清議。若不先不後于此易變恩榮，公論無情，何所不至。或謂臣乘時傾似道而奪其權，或謂臣拱手不留臣鑑而據其位。臣既無面顔立于百僚之上，亦安能復有精神念慮能爲陛下宣一日之勞哉？」自魯港敗後，宜中首斬韓震脅遷之議，差强人意。宜中實無經綸【六】，至秋，託故遁歸。及不得已，十月再來，則國事去矣。

【六】實無經綸　「綸」，原作「濟」，據《四庫》本、《文信國集杜詩·相陳宜中第十六》改。

校勘記

【一】皆謂內人　「謂」，原作「得」，據《四庫》本改。

卷之八

張世傑入衛

乙亥三月初十日，張世傑入衛。京師內空，賴張世傑一軍萬人自荆湖至。世傑本信安歸正人，擢承宣使。陳宜中疑世傑，易其所部之軍，世傑不得盡其力。時呂文福請提兵入衛。文福，文焕兄也。

議遷蹕

宗學上書曰：「臣等爲國同姓，與宗社相依爲命。近者元臣開督視師，繼而又聞逆整已斃，臣等私竊喜之。邇日以來，京師內外喧傳，皆謂內人今已放散【一】，御船今已排定，營衛諸軍皆已點差，倉庫今已搬移，陛下移蹕亦在旦夕。躊躇未即行者，獨吾太皇太后不肯輕動爾。臣竊爲陛下計，不過移蹕慶元，其次則移蹕平江。至事勢危急，則航船幸閩。不思我能往，彼亦能往。縱使兵或可守，陛下豈能鬱鬱求活，作一龜茲國耶？北兵渡江已踰兩月，不聞有備禦之策，但聞和議之請。和議未必能成，危亡之勢漸迫。今天下勤王之兵，在京屯戍者不下二十萬，猶堪一戰，豈束手待斃而已哉！臣願陛下戒諸將帥，糾集精兵，盡力血戰。戰若不勝，死於社稷，猶可見藝祖于地下。惟陛下思之，幸甚！」

陳宜中奏

殿院陳宜中奏云：「近北兵渡江已踰兩月，上而三宫，下而萬姓，皆謂平章賈似道督師一出，未必負三朝禮遇之恩，必能以一死酬天地涵容之澤。而乃擁師逗留，不發一矢。今月二十日，忽報孫虎臣；又二十二日，報臣等以諸軍皆潰散。初猶有自與一決之語，既乃發爲海上迎駕之言。臣見其平日自詭以知兵，意或有深謀祕計，可以救一脈于垂亡。觀其所措，有非腐儒所能測識。忽二月二十八日早，有督府隨吏回歸，乃言似道于二十日夜三更鳴鑼一聲，喝散諸軍【二】，竄身而去，莫知所之。臣聞之血淚迸流，欲死無由。因自痛念，曩經丁大全敗竄之餘，適際理宗再生之德，徼逾末年。似道時適當國，起自書生，叨居樞地。彼雖一出，臣每見其施行時有差舛，未嘗不從容納規，而才弱力薄，凡莫能救正。如范文虎事，爭之不力，稔禍今日，涕殞何追。今似道以潰師竄身，上誤宗社。臣曩爲臺諫，既無吕誨之先見；臣今爲執政，又不能爲社稷力爭。罪何所逃。謹自具劾以聞，欲望聖慈重行追竄，正平日苟容之罪，以謝公論；仍乞正似道誤國之罪，以謝天下。祖宗德澤未衰，人心戴宋猶故，元氣一脈尚可挽回。仍乞將公田、市舶、茶鹽等拂民所欲

【二】喝散諸軍　「喝」，原作「回」，據《四庫》本改。

者悉賜改正【三】。令學士院降詔，以明太皇太后、陛下哀痛悔恨之意，少回皇天舍逆助順之心。」

陳宜中都督

陳宜中都督軍馬，時乙亥四月也。奉旨建督于京，檄召諸路軍馬勤王，并令潰軍各歸所部。淮東隸李庭芝，淮西隸夏貴，沿江隸汪立信，四川隸朱禩孫，江西隸黄萬石節制。團結内外兵十七萬五千人，分厢差寄居官爲總督，給一軍，赴教場教閲。

詔諭三將

五月，太皇太后詔諭吕文焕等息兵通好，詔曰：「賈似道專制朝政十有五年，挾智行私，矜己自用，結怨軍民，失信隣國。戰功當賞而不賞，邊費當支而不支，盡心力以守襄城者，坐視不救；備己財以贈郢兵者，反受責言。遂使諸將離心，三軍解體。比者請師出督，畏死偷生，不戰而逃，莫知所在。自古失律之師，未有如此之謬者，吾已節次明正其罪。但念吾年七十，抱病滋久，嗣君幼冲，煢煢在疚。念北方之兵薄吾近地，宗社危急不可以一朝居。似道召禍如此，老身幼主實受其殃。因思爾文焕世受國恩，久當事任，守城備，殫勤勞。爾弈、爾文虎，皆受先朝之知，嘗任藩帥之寄，一時捨此，度非本心。三人在

【三】拂民所欲者 「拂」，《四庫》本作「咈」。

北，豈能遽忘本朝之舊，不念吾國之危？ 兹用手披，敷陳吾意，爾三人爲吾轉道此意於師相。 吾老幼雖不足念，生靈何辜，受此荼毒？ 不知何道可以息民，何辭可以通好於北朝，以成南北之美意，以紓社稷之近憂。 願亟爲我圖，俾王室不壞，理宗、度宗在天之靈，亦必降於爾衷。 故兹詔示，想宜乎悉。」

吕文焕回本國書

報國盡忠，自許初心之無愧。 居城守難，豈圖末路之多差。 兹祈轉念昔日之功，庶可少伸今日之款。 明公問信，歸人欲言。 伏念某少服戎行，壯臨邊徼，干戈滿眼，輕性命於鴻毛； 弓箭在腰，繫死生於馬足。 不但馳驅于西北，誓將屏蔽于東南。 幸以微勞，屢收薄效。 至若襄城之計，最爲淮甸之危。 蠢兹無厭之戎，指爲必攻之地，迅裂如水火之衝擊，飄蕩如風雨之去來。 坐一日以猶難，居九年而可奈！ 南向高築，蓋欲拒吾喉襟； 樊城盡屠，又已去我羽翼。 雖劉整首先于犯順，而焦然中苦於黨姦。 孤城其如彈丸，謂靴尖之踢倒； 長江雖曰天塹，欲投鞭而斷流。 兇熖如斯，先聲屢至。 臣能死爾，仰天而哭，伏地而哀； 敵既深乎，析骸而爨，易子而食。 尚冀廟堂之念我，急令鄰郡之聚兵。 委病痛于九年之間，投肌肉于羣虎之口。 因念張巡之死守，不如李陵之詐降，猶期後圖，可作内應。 國手敗局留著，豈異尋常之機； 俗眼據圖觀形，寧識驪黄之馬。 蓋使忠臣偶陷于敵國，烏能絶意不念于鄉閭？ 固知死也何補，于生奚益，安有食焉不任其事。 因銜北命，乃擁南兵，視以犬馬，報以仇讐。 非曰子弟攻其父母，不得已也，尚何言哉！ 今我皇上亶其好生，開以自新之路。 明公都督，雖是問罪，藹然念舊之情，安敢固違，永爲背叛？ 見今按兵不動，卧轍不驚，撫此良辰，伏觀景命。 且秦穆公之赦殺馬，在野人猶知報恩； 如齊威公之相射鉤，願君子終無忌怨。

督府檄文

略曰：「且整之叛我也，固以自疑。 若焕之去國也，獨何不忍？ 不思元温羣從，並受卵翼之恩，李陵一門初無毫髪之損。 國家厄運，一至于此，人心忠義，夫誰無之？ 太皇后七秩之聖躬，今天子孤惸之沖質。 在人情尤知恤鄉閭之老幼，矧臣子忍坐視君父之傾危。 寧無郡國賢臣，亦有江湖豪傑，共會倡義之旅，載馳勤王之師。 如陶士行慷慨之真，如張魏公忠赤之至。 救日之弓，拔月之矢【四】，便直指于旌旗； 如礪之山，如帶之河，尚永堅于盟誓。」

王爚平章

乙亥四月，王爚平章軍國重事。 八月，王爚致仕。 爚具位平章，在朝無所建明，不顧

【四】拔月之矢　「拔」，《四庫》本作「救」。

君父之顛危，退爲保身存家之計。鄙哉！

日蝕

乙亥六月初一日午時，日有食之。既是時天地晦冥，咫尺不辨人，雞鶩歸，猶如暮夜。自巳至午，其明始復。下詔曰：「天降罰于我家，嗣君幼冲，未堪多難。吾以衰耄，勉强聽政。明不能察姦臣之誤國，仁不能救兵革之殄民。德澤弗流，政令多失，乖氣致異，謫見于天。迺夏季月朔，日有食之，既陽微晝晦，變莫大焉。吾惟艱危之會，憂心如熏，重以災異譴告【五】，于何不臧？憂咎在吾，痛自先責。貶損尊號，猶恐未盡應天之實。方與嗣君夙夜祇懼，省躬悔過。慨念姦臣專政之久，杜塞言路，蒙蔽天變，下情壅于上聞，禍至此極。今吾當儆悟，少知懲艾，虚心聽政，惟人言是聽，以答天意。咨爾百僚士庶，盡忠極言。凡涼菲之愆，政事之疵，黎元之疾苦，爰暨修禳固圉之常策，可以消厄運，導和氣者，毋有所隱，將採擇施行。人心悦而天怒解，庶幾在此。布告中外，體吾至意。」太皇太后内批：「痛自切責【六】，以答天戒，可去『聖福』二字，用昭吾恐懼脩省之意。」

陳留並相

乙亥六月，陳宜中左丞相，留夢炎右丞相，陳文龍、黄鏞僉書樞密院事，謝堂鎮撫使，

【五】譴告　「譴」，原作「謫」，據《四庫》本改。

【六】痛自切責　原句首有「時」，據《四庫》本删。

家鉉翁知臨安府。授文天祥刑部尚書，趨赴行在。命夏貴淮東制置，知揚州；朱焕淮西制置，知廬州。召李庭芝赴行在。夏貴不受代，李庭芝閉門自守。

文天祥入衛

乙亥四月，文天祥爲江西提刑，募兵於贛州。台州杜滸糾合四千人從之【七】。至九月，天祥將吉、贛民人及峒丁二萬人入衛，衣裝器械，戈甲精明，人心喜慰。詔褒奬，除江浙制置使，知平江府，提兵捍禦。是時陳宜中歸永嘉，留夢炎當國。夢炎意不相樂，乃以天祥爲制閫，出守吴門。

徵諸帥不至

徵吕文福入衛，行人失辭，文福自疑不至。復徵夏貴督萬壽、黄萬石入衛，並不至。時京城招軍年十五以上號武定軍，長不滿四尺，觀者寒心。

諸郡望風而降

乙亥三月，知江陰軍鄭濡道遁去，知廣德軍令狐槩降之【八】。三月十四日，下平江府，守臣潛説友遁，通判胡玉以城降焉。下安吉州，守臣趙與立降。江上列城，或降或遁，

【七】台州杜滸糾合　「台」，《四庫》本作「吉」。

【八】令狐槩降之　「槩」原闕，據《宋史》卷四七《瀛國公紀》補。

無一人堅守者。夏四月，下江陵府。高達，京湖名將，已未解圍鄂州，似道許以建節，後竟不與。達怨望久矣，至是爲荆湖制置，以城降，宣閫不能制。城初陷，朱禩孫仰藥，不得死，既而亦降焉。乃令朱禩孫移文諸州歸附，既，鼎州、澧州、常德府、壽昌軍並降。時大兵徇湖南，圍潭州。安撫李芾與大兵戰于澧陵，得捷，守城，攻之不能克。九月，大兵至獨松關，殺廉萬户希賢。後丙子二月，廉希賢之子殺張濡【九】，磔之。濡，張俊之曾孫也。十一月十六日，大兵下隆興府，劉槃以兵累戰不利，遂以城降。牛傅、危天順二將赴火死。初，瑞州先下，姚計議至隆興説降，劉槃拒之，乃引兵出戰，殺戮不少。凡累戰不利，不得已而以城降焉。大兵至撫州，時制置黄萬石開閫撫州，聞大兵至而遁。都統密侑迎敵，就擒不屈，嚼舌，駡聲不絶而死。施至道以城降焉。建昌相繼而下。宋師戰于相關，敗績，去杭百里。時獨松關告急，召文天祥入衛。天祥自吴門還，遣守獨松關。時天祥軍三萬，張世傑軍五萬，諸路勤王師猶有四十餘萬。天祥與世傑密議：「今兩淮堅壁，閩廣全城，王師且衆，何不與之血戰。萬一得捷，則罄兩淮之兵以截其後，國事猶可爲也。」世傑大喜，遂議出征，獨宜中沮之，事不成矣。二十八日，進攻平江府，通判王矩之以城降。十二月，大兵屯平江府，伯顏在焉【一〇】。京師戒嚴，留夢炎、陳文龍、黄鏞、劉黻並遁去。大兵屯于長河堰，陳宜中蒙蔽外庭，陰遣使請和【一一】，見伯顏于長安堰，已而不如約，故大兵竟至皋亭山下。丙子正月，大兵入臨江軍，權守滕巖瞻遁。臨江告急吉州，乞兵援守。吉

【九】張濡　「張」，原作「漲」，據文意改。

【一〇】伯顏在焉　「伯顏」原作「巴延」，據《四庫》本改。

【一一】陰遣使請和　「陰」，原作「和」，據《四庫》本改。

州差禁軍三百人至臨江防拓。舟必從吉水，敢勇軍守吉水；陸必從永豐，忠勇軍守永豐。未幾，大兵至，禁軍潰散，大兵入臨江。大兵更自相江疾馳至吉州城下寨。十八日，大兵進皋亭山，去城三十里。北使請執政軍前議事，文天祥請行，百姓官民迎丞相伯顏于皋亭山下。十九日，大兵進屯北關門外，京城百姓門上各貼「好投拜」三字，呂文煥、范文虎九騎入城，遂入大內，謁太皇太后。

納降表

乙亥十二月，遣使納降表。直學士高應松辭草表，乃以京局官劉褒然權直院草之。自賈似道喪師後，至今十餘月【一二】，國事危急，將士離心，兵出屢衂。朝廷方理會科場、明堂等事，士大夫陳乞差遣，士人覬覦恩例，一籌不畫。及是束手無措，乃議納土，求封爲小國，賫降表，奉使燕京。哀哉！

詔罷兵

宋太皇太后詔文天祥罷兵。詔曰：「卿之忠義，朕已素知。見今遣使請和，卿宜自靖自獻，慎勿生事，乃所以保全吾與嗣君也。」天祥捧詔號泣，于是不敢出師矣。

【一二】餘月　原作「月餘」，據《四庫》、《宋季三朝政要》卷五改。

罷團結

乙亥十二月，宋太皇太后詔民兵罷團結。既，太后詔南北講和，京城内外民兵罷團結。三省榜諭京城百姓：「兩宫仁慈，保全生靈，南北見議講和，毋致惶惑。」

二王航海

丙子正月十二日，命秀王與擇奉皇兄廣王昰、皇弟益王昺，出宫航海。

宜中夜遁

陳宜中十月再相，國事亦危矣。至丙子正月十八日，大兵至臯亭山，要以相見，宜中夜遁。十九日，以賈餘慶爲右丞相，吴堅爲左丞相，謝堂樞密使，家鉉翁參知政事，劉岊同知樞密院事。是時宜中遁，文天祥辭右相不拜，遂以賈餘慶爲右丞相，朝廷愈无統矣。

文魁辭相

丙子正月十九日，除文天祥右丞相、兼樞密使。天祥辭不拜，除資政殿大學士。北師邀當國者相見，執政、侍從交贊公出，天祥曰：「國事至此，吾不得愛身。」辭相印不拜，以

資政殿學士行。天祥至皋亭山，伯顔丞相引見【一三】。天祥抗辭慷慨，議論不屈，遂留之
不使南歸，遣王千户館伴。

京城歸附

丙子正月二十日，大兵入臨安府，太皇太后請降【一四】。太后詔江南諸郡歸附。詔
云：「今根本已撥，諸城雖欲拒守，民何辜焉？詔書到日，其各歸附，庶幾生民免遭荼
毒。」時賈餘慶令學士院降詔，俾天下歸附之。各付一省劄，惟家鉉翁不肯署押，吴堅一
如賈餘慶之命。程鵬飛作色，欲縛鉉翁。鉉翁云：「中書無縛執政之理。」歸私廳以待，
程竟不敢誰何也。朝廷自乙亥十二月至丙子正月，信使往來，和議未決。正月二十四日，
北使請宰執親往燕京朝覲，于是以吴堅、賈餘慶、家鉉翁、劉岊、文天祥五人爲祈請使。朝
廷百官或在或遁，至是爲之一空矣。二月初一日，伯顔丞相指揮收京城軍器【一五】。至十
二日，索宫女、内侍、樂官諸色人等，宫人赴蓮池死者甚衆。二十日，北使請三宫北遷。二
十二日，宋少帝令太后、隆國夫人黄氏、朱美人、王夫人以下百餘人從行。福王與芮參政、
謝堂、高應松、駙馬都尉楊鎮、臺諫阮登炳【一六】、鄒珙、陳秀伯、知臨安府翁仲德等以下數
千人，太學、宗學生數百人，皆在遣中。惟太皇太后以疾留大内。

【一三】伯顔丞相　「伯顔」，原作「巴延」，據《四庫》本改。

【一四】太皇太后請降　原作「請太皇太后降」，據《四庫》本改。

【一五】伯顔丞相　「伯顔」，原作「巴延」，據《四庫》本改。

【一六】阮登炳　「阮」，原作「段」，據《四庫》本、《宋季三朝政要》卷五改。

潭州死節

丙子正月，大兵破潭州。李芾守潭，竭力備禦凡八九月，其間出戰屢捷。而大兵之攻日增，芾不能支。城破之日，命積薪樓下，於是攜家人盡登樓大宴，積金銀于兩畔。李與館客上坐，其餘列坐左右。數盃後，命喚二劊子來。既至，則令「將此金銀去與你家口，取法刀來」。一不肯受，一會意，徑受之，攜去分付家人。後須臾將法刀至，李帥呼之至前，分付「先從頭殺人，到尾殺我，待我點頭時下手」。復飲酒，良久點頭。惟館賓與一妾墜樓而走，妾折一足。最後李帥伸頭受刃。此劊子遂四面放火，自刎其腹而死。既，潭州陷，衡州、茶陵軍、袁州相繼而下。其後李兩山有詩題潭州驛懷李肯齋曰：「天運由來有廢興，義無兩大一身輕。封疆社稷若不死，婦女鬚眉何用生。紐解綱常重接續【一七】，灰寒萬劫獨光明。便當配食三間廟，啓迪民彝開太平。」三間水死，肯齋火死。

吉州歸附

丙子二月十五日，大兵至吉州，權城守周天驥以城降。大兵循浙東至嚴州，知州方回降。至台州，知州楊必大降。至處州，知州梁信降。衢、婺等州並下。

【一七】紐解綱常　《四庫》本作「紐解三綱」。

揚州死節

丙子五月，廣王登極，除李庭芝爲右丞相。六月，庭芝棄揚州，引兵至泰州，欲航海至福州。大兵追及之，庭芝凡戰數合，大敗，遭擒。宋都木達元帥斬庭芝于軍前【一八】。八月，大兵攻淮東，破揚州，朱焕以城獻，姜才死之。姜才，淮之猛將，前後主將皆其人也。姜才屢戰大捷，大戰三日，姜才身生九疽，不可掛甲，遂敗。至泰州，被執，不肯降，臨刑含血，罵聲不絶口。淮人言之，無不傷歎。

【一八】宋都木達元帥　「木達」原作「歹」，據《元史》卷九《世祖紀》改。

卷之九

丙子北狩

祈請使

左相吴堅天台人。　右相賈餘慶海州人。　參政劉岊重慶人。　樞密文天祥吉州人。　參政家鉉翁眉州人。

奉表獻璽納土官

監察御史楊應奎廬州人。　大宗丞趙岩秀臨安人。

日記官

宗丞趙時鎮廬州人。　閣贊嚴光大紹興人。

書狀官

御帶高州太守徐用禮臨安人。　潮州通判吴慶用臨安人。　惠州通判朱仁舉　處州通判沈庚會　浙東路鈐吴嘉興

掌管禮物通事官

通事總管高舉江陵人。　總管吴順

提舉禮物官

環衛總管潘應時　總管吴椿　環衛總管劉玉信揚州人。

掌儀官

浙東路鈐詹困。帶行官屬五十四員，隨行人從二百四十人，扛擡禮物將兵三千人。

北朝館伴使

伯顔丞相貼差特穆爾萬户【一】　阿朮元帥貼差焦愈相

祈請使行程記　日記官嚴光大録

德祐丙子二月初九日，宣奉大夫、左相吴堅自天慶觀方丈出北關門，送通議大夫、右丞相兼樞密使賈餘慶、銀青光禄大夫、樞密使謝堂、端明殿大學士、中奉大夫充祈請使劉岊、承議郎守監察御史充奉表納土官楊應奎【二】、朝奉郎充奉表納土官趙岩秀。當登舟時，南北朝阿里議事傳伯顔丞相命留吴相【三】。登舟，泊于北新橋岸下，終夜流涕。北軍差軍前唆都相公勉諭之。此日會文天祥于軍前，忠義激烈，分辨夷夏，遂激北朝丞相之怒，遂點差堅戰頭目守之。

【一】伯顔丞相　「伯顔」，原作「巴延」，據《四庫》本改。

【二】楊應奎　「楊」，原作「揚」，據《四庫》本改。

【三】伯顔丞相　「伯顔」，原作「巴延」，據《四庫》本改。

初十日，樞使謝堂納賂免行，遂回。是夕泊謝村。

十一日，吴堅、賈餘慶、家鉉翁、劉岊各乞封贈三代妻屬，衆官乞封贈三代，奏從之。午後，文天祥自北寨登舟，同特穆爾萬户至。諸使、衆官會於唐西寺，就宿舟中。

十二日早，行舟。夜泊人場國濟橋。

十三日，夜泊上墩。兵火之餘，横尸滿野。

十四日，舟次平江府。北官宣撫使就閶門接官亭，令妓置酒待吴、文二相，不赴。晚催登舟，馬軍三百餘人沿塘護送至無錫縣。

十五日，舟次無錫。是日，特穆爾萬户生日，四府俱送壽儀。就三登倉橋上，特穆爾舞勸酒。是夜，泊常州十里鎮。

十六日早，舟次常州，燬餘之屋塞路，殺死之尸滿河，臭不可聞，惟此最多。次過奔牛鎮。夜泊吕城，白骨堆積如山。

十七日早，過吕城堰，换舟到丹陽縣，泊七里廟。

十八日，行過新豐寺，遇一舟，有北朝國師劉參政，舉酒勸之。次至鎮江府韓蘄王廟前，有招討石祖忠、招討張郎中攜妓樂，獅豹勸酒【四】，迎入府治，同特穆爾留客于府治後堂。泊舟丹陽館後。

十九日，府第率衆官渡揚子江，入瓜洲，見阿术平章【五】，留宴于禿魯萬户張郎中

【四】獅豹勸酒　「獅豹」，原作「師豹」，據《四庫》本改。

【五】阿术平章　「阿术」，《四庫》本作「阿珠」。

房子。

二十日，阿朮元帥統諸臣從官【六】，同太皇太后續差到【七】閣贊吴忠翊督戰，孫通直賫手詔，帶北朝馬數千往揚州。至揚子橋，砲聲連響。繼至城下，一砲震天，城上旗幟雲擁，軍船放划，弓弩密如雨。再一砲響，陰雲四合，冷雨大作，驟如傾盆，勢不可進。阿朮平章請回揚子橋，茶飯罷，入瓜洲。

二十一日，雨雪大作，疾風驟發，江濤洶湧，不敢發舟。再泊瓜洲。

二十二日，雪霽，諸使回鎮江府。

二十三日，吴閣贊、孫通直、阿朮平章欲命諸使親札，勸揚州制置李庭芝納降，衆從之，獨文丞相不署名。繼而平章先索藁，及諸使札成，無計可達。其地分各有軍馬把截，時有遊騎出巡。夜宿舟中。

二十四日，宴于鎮江府治。夜宿舟中。

二十五日，夜宿舟中。

二十六日，伯顔夫人自臨安回【八】。夜宿舟中。

二十七日，夜宿舟中。

二十八日，焦僉省、諸使宿鎮江州治。

二十九日，渡江。夜泊舟中。至夜，文丞相脱去。

【六】阿朮元帥　《四庫》本作「阿珠」。

【七】太皇太后　疑有誤，《宋季三朝政要》卷五作「太皇」。

【八】伯顔夫人　「伯顔」，原作「巴延」，據《四庫》本改。

三月初一日早，方知文丞相已脱去。閉城三日搜覓，不見。收從人、幹僕、竝管伴使千户及總管等人囚之。夜宿舟中。

初二日，宿于揚子橋圃内。乘鋪馬。

初三日，宿灣頭。午前經行。有揚州都統姜才出戰，士氣百倍，其鋒不可當，乃退。

初四日，過邵伯鎮，徑行一堡子，濶六十里，北軍屯戍。又有水寨，屯軍甚多，内有小堡子六十餘所。波羅相公、阿里右丞在内宰馬置酒，延待諸使。忽報揚州北門軍馬擁出，姜才分陣殺奪，交傷不少，相持半日。及暮，波羅相公以軍馬相距而退，至中路，遇廬州一卒，云淮西廬州夏貴已于三月初三日投拜，見賫降書至阿术平章處。有軍馬數十護送，蓋揚州未降故也。晚宿荒屋内，路上尸骨如山。

初五日，過天長縣，宿荒草上，坐以待旦。有尸滿野。

初六日，渡天長河，無舟。滿河皆腐尸。夜宿草地。

初七日，過寶應軍。

初八日，過招信軍，至淮安界。忽望見旌旗雲擁，砲響震天，有數隊人馬出戰，矢下如雨。乃吕文德兵馬，親臨軍陣，殺傷不少。特穆爾萬户集兵拒守，及日晚方退。夜遂移屯，宿于荒草。

初九日，過江羅城，渡清河口。守渡衆官迎入軍治，設宴。出城宿舟中。

初十日，舟離清河口，過小清河口七里莊，轉河至桃源。晚宿舟中。

十一日，宿舟中。

十二日，至宿遷縣，僅有二三十家。舟泊野岸。

十三日，舟行，晚宿邳州城外。邳州守離城遠接，置酒作樂，會衆官于草廬下。夜，舟泊圯橋之下，即子房椎擊始皇博浪沙，中副車，遂逃于此，子房進黄石公履，即此橋也。自此人皆戴笠，衣冠别矣。

十四日，換舟，諸官入邳城去看風俗。城壁圮頽，民居荒蕪。自此經過州縣只如此。晚宿野岸。

十五日早，發淮陰【九】，屬徐州界，道左有元祐間石麒麟院所立鎮碑。是晚，徐州守臣攜酒至，款諸使。夜宿舟中。其日乃清明，諸使多感傷。

十六日，抵徐州，換舟。宿野岸。

十七日，舟行，午過留城，少泊。父老云此是漢高祖封子房爲留侯，即此城是也，有廟碑記在焉。晚過九里。

十八日，次沛縣，乃魯地也。高祖起于豐沛，去豐二十里。沛民聞宋朝宰相等官至，家家門首焚香迎拜。申牌後，過雞鳴臺，晚次舟河口魚棠縣。昔《春秋·隱公五年》「觀魚于棠」，即此地也。

【九】發淮陰 「淮」，原作「洱」，據《四庫》本改。

十九日，舟行，午至谷亭馬頭。申時過魯橋，有四洞，水流甚急，橋畔有四天王之祠。晚宿魯橋。

二十日，易行李上車，屬官皆乘鋪馬。西牌抵新州。夜宿縣治，即濟州也。

二十一日，車行，西過汾陽，即郭令公所封之地。夜，宿于縣治。

二十二日，車行，午至東平府。夜，宿嚴相公家。

二十三日，東平守置酒，高會于宣聖廟。聖像雄偉，殿宇宏麗，去宣聖墓二百里。一人云「墓有巨木，皆三丈圍」。夜宿嚴相公府。此處風俗甚好，商旅輻輳，絹帛價極賤。一路經過，惟此爲最。

二十四日，車行，申抵在平縣。宿縣治。

二十六日，車行，過合城鎮，午過臨城鎮勝果寺。有周柴世宗廟，遺像存焉。自東平府去，村聚頗繁，麥畦桑畝，一望不斷。晚至高唐平原縣，係趙地，戰國封平原君處。夜，宿縣治。

二十八日，車行，至陵州。陵州郡守迎諸使，宴畢，宿州治。

二十九日，易車行陸州西關，就渭河登舟。午後過林鎮，屬河間府，有梁山伯祝英臺墓。夜宿于岸。

三十日，早行。舟已抵灌縣界東光縣。焦僉省置酒宴于縣治。夜，泊野岸。

閏三月初一日，舟至長蘆鎮，土人云「小燕京」，蓋人烟輻輳。此地産鹽，有鹽運司，鎮南有浮橋。妓樂、雜劇宴待諸使。未牌，舟抵興濟縣，酉抵青州。夜，宿舟中。

初二日，舟行，過清河鎮，去海不遠。夜，泊鎮内。

初三日，舟過清河鎮永濟河【一〇】。時海風大作，吹沙走石。是夜宿舟中。

初四日早，抵楊村，歇于館驛。焦僉省差楊村巡檢下鄉民户辦車三十兩。夜，宿驛内。

初五日，諸使宴焦僉省于驛中。

初六日，車行，午過武清縣，東有蒙古皇帝《選命賢才牧民德政碑》，進士趙崇選撰。夜，宿州治。

初七日，車行。過王臺鎮，四望桑麥青青。午過分頭，土人云此地甚冷，五月方可養蠶，麥苗長不滿三寸，六月方食麥。次抵德仁府，此地屬瀞陰縣。

初八日，拂明，諸使率官屬詣德仁府永壽寺，啓建太皇壽崇聖節道場。退，宰執來議，勘會國信所禮物。已近燕京，護送官吏、督擡兵級併祇候人【一一】，各與給犒，須議旨揮。

護送禮物官徐用禮，特與轉行武功大夫，帶御器械，知高州；日記官嚴光大，特與轉武翼郎，陞閤贊，添差福建路馬步軍副總管，福州駐劄；大通事高舉，特與轉武經郎，帶行環衛官，添差西路副總管，臨安府駐劄；尚書省都事吴慶用，特轉朝奉

【一〇】永濟河 《四庫》本作「永冀河」。

【一一】祇候人 「祇候」，原作「抵侯」，據文意改。

郎，添差通判潮州，賜緋；　尚寶省録事朱仁舉，特轉奉議郎，差通判惠州事，賜緋；中書省録事沈庚會，特轉奉議郎，差通判處州事，賜緋；　尚書省令史陳允謙，特轉宣教郎；　樞密院丞旨胡繡，特轉武功郎，添差浙東路兵馬鈐轄；　國信所掌儀詹囦，轉武功郎，浙東路分紹興府駐劄；　專庫龔友諒、陸鎮各轉承信郎；　直省所劉某、鍾應辰、沈文亨、鍾大有各轉承信郎；　陳總、姚安國、石寶、林恢各補進義校尉。凡扛擡禮物節級等，各有犒賞。

初九日甲辰，過大興縣，至滂村宿。是日贾相病。

初十日，馬入燕京陽春門，諸色妓樂等祗候，迎入會同館。焦參政勸酒館内，歇來遠堂；　賈右相、家參政歇于穆賓堂右；　吴、劉二相歇于穆賓堂左；　屬官分歇後堂；　從者分歇前兩廊。此館係大金四大王府，今改爲驛，兩廊有八十餘間。酒食米菜之類，專委斷事官分撥輪到，各責同知排辦齊整。厨子、工夫等人分房祗直，每日委監察御史等官覺問，逐一宣問茶飯好歹。贾相病甚，仍宿館内。

十一日，樞密院差軍卒數十人守館内。賈相病重。

十二日，夏貴至，歇來遠堂之右，隨行帶領將佐三百餘人。都人聚觀哂之。

十三日，樞密院差太醫診賈相脈，投石膏散，疾愈篤。

十四日，賈相薨，衆官大慟。

十五日巳時，賈相自會同館後門出殯，諸官出麗正門。燕京大興總管府排辦神道綵亭十餘座，鼓鈸幡蓋之類，送至洞神觀側殯焉。

十七日，諸使祭賈相于洞神觀。

十八日，特穆爾萬户宴諸使。

十九日，諸使同屬官至樞密。值雨，入麗正門内右，首參張平章、陳參政，會少保夏貴，端明吕師寶，都統洪模并宰執屬官。少保官屬同宴，張平章問吴相郊祀典禮、儀仗制度等事，陳參政以丞相所言詳細答之，席終而回。

二十日，諸使點視禮物。

二十一日，伯顔丞相回【一二】，諸使出接，有大旗書「天下太平」四字。

二十三日，伯顔上開平府【一三】。

二十四日，諸使出陽春門，迓太后、嗣君于五里外起居。隆國夫人、王昭儀、新安宫正、新定安康、安定夫人、天眷福王、沂王、謝樞密從駕車大小九十三輛，大小宫使六十餘人。張知府濡繼至。有緋緑妓樂、神鬼清樂，戴珠翠衣銷金，乘馬而坐。旌隊、鎗刀、金鼓等迎接入燕京。隨駕下車，入中堂内，垂簾而坐。諸使屬官立班，兩拜後，班稍側，又兩拜，退。

二十五日，諸使訪謝樞密、沂王。

【一二】伯顔丞相　「伯顔」，原作「巴延」，據《四庫》本改。

【一三】伯顔上開平府　「伯顔」，原作「巴延」，據《四庫》本改。

二十六日，吴丞相、劉參政宴謝樞密等官。

二十七日，禮物官屬食于宴樂園。

四月初一日，諸使率屬官詣會同館，起居兩宫。

初二日，焦僉省來訪諸使。

初三日，諸使會議祈請事宜。

初四日，諸使宴焦僉省。

初五日，諸使訪樞密院陳參政。

初六日，諸使同訪趙同僉。

初七日，僉省來訪諸使。

初八日，諸使率屬官詣長壽宫，恭賀崇壽聖節。本觀見有一真人掌觀，宫内道衆八百人。

初九日，謝樞密、沂王宴諸使。

初十日，中書訪諸使，議赴上都日子。

十二日，諸使及官屬乘鋪馬，出通玄門，晚抵昌平站。自此以往，步步皆沙漠之地。省院諸色人點差一甲隨行，餘留燕京。

十三日，車馬行，晚宿榆林站。是日過隘口。

十四日，車行，晚宿懷來站。

十五日，晚宿洪站。是日，太后、嗣君、福王、沂王、謝樞密離燕京，亦赴上都。

十六日，離洪站，十里到雲州，無城，一閧人家。過州二十里，地名龜門山，峭壁對峙，有神靈。甚晚宿雕巢站。

十七日，車馬行，晚宿獨石站。自昌平站至獨石站，亡墻草廬，皆是漢兒官人管待，名「漢兒站」。

十八日，宿牛羣站。此去皆草地，此乃韃靼家官人管待，名「韃靼站」，並無房子，只是氊帳。韃靼人多喫馬牛乳、羊酪，少喫飯，飢則食肉。路中每十里一急遞鋪，九州自此通路去。

十九日，晚宿明安站。有床帳，無人家。

二十日，宿京亭站。亦無人家，無水可喫，取水于十里外，只燒馬糞。

二十一日，宿李三站，無人家。

二十二日，車馬行四十里，至上都開平府，入昭德門，宿城内第三街官房子。自燕京至上都八百里，一步高一步，井深數十丈，水極冷，六月結冰。五月、六月汲起冰，六月雹如彈丸大。一年四季常有雨雪，人家不敢開門，牛羊凍死，人面耳鼻皆凍裂。秋冬雪積，可至次年四月方消。屋宇矮小，多以地窟爲屋。每掘地深丈餘，上以木條鋪爲面，次以茨蓋。上仍種麥菜，留竅出火。有地屋掘地三四尺，四圍土牆。此地極冷，每年六月皇帝過此避暑，冰塊厚者數尺。夜瞻星象，頗大。蓋地勢高故也。

二十三日至二十七日【一四】，不許私行。不録。

二十八日，太后、嗣君、官人、宫使至昭德門裏官舍安歇。福王子傳制在隆國處安歇，謝樞密在房子下，夫人留伴燕京會同館。沂王以疾不入城。

二十九日，沂王疾亟。

三十日，樞密院以月旦日請太后、嗣君、福王同宰執屬官、宫人、中使並出西門外草地，望北拜太廟。

五月初一日，早出西門五里外，太后、嗣君、福王、隆國夫人、中使作一班在前，吴堅、謝堂、家鉉翁、劉岊并屬官作一班在後，北邊設一紫錦罘罳，即家廟也。廟前兩拜，太后及内人各胡跪，福王、宰執如南禮。又一人對罘罳前致語，拜兩拜而退。

初二日，太后、嗣君、福王、隆國夫人、中使等，天曉盡出南門十餘里，宰執同屬官亦列鋪設金銀玉帛一百餘棹，在草地上行宫殿下，作初見進貢禮儀。行宫，殿宇宏麗，金碧熀耀。諸妃、諸王但陞殿，捲簾列坐。

皇帝、皇后共坐雷中，諸王列坐兩序。太后、嗣君、福王、宰執以次展敬，腰金服紫，屬官緋緑，各依次序立班，行朝甚肅。皇帝云：「不要改變服色，只依宋朝甚好。」班退，陞

【一四】二十七日　「日」原脱，據《四庫》本補。

殿，再兩拜，就留御宴。

皇帝問吴丞相云：「汝老矣，如何爲丞相領事？」答云：「自陳丞相以下遁去，朝廷無人任職，無人肯做，故臣爲相未久。念臣衰老，乞歸田里。」

校勘記

卷之十

赴省登科五榮須知

兩觀天顔，一榮也；　臚傳天陛，二榮也；　御宴賜花，都人嘆美，三榮也；　布衣而入，緑袍而出，四榮也；　親老有喜，足慰倚門之望，五榮也。

省試

正月二十五日午間，鎖院。至晚，宣押省試官入院。

試前一日，省試院引保，或不用親臨，只責之書鋪。

書鋪納卷，鋪例五千，自裝界卷子與之，或只二千，無定價。過此無害也。

宗子又有一宗文字，頗多，非四千不可。　特奏名納卷，亦三千。

二月初一、初二、初三日，引試詩賦人。

初五、初六、初七日，引試經義人。

初九、初十、十一日，引試宗室。　鎮廳應舉人。

混經、賦爲一場【一】。

十三、十四日，引試取應宗子。

別試所則又遲經義場一日，乃初六、初七、初八日也【二】。

省試案子不得以方州移動。挾書傳義，皆所不可。卷中自有第幾幕印子收納，士人自書治經、鄉贯、姓名、押字于曆上。若昏黑，曆子收去，無曆可書，大有利害。

御試給號

試前數日，書鋪告報，士人請號。納卷鋪例五千，因鋪家卷子兼得御試須知一本。禮部給正奏注進士號，次日給特奏名及四川進士、三色宗子號。書鋪知委體例，二百錢與之，索添不過三百。請號之日，士人天未明到書鋪，黎明而裀幞入都【三】，書鋪引入。尚書、宰執據案坐于庭中，設桌子及曆于吏部。依省榜次第喚姓名而前，逐人自書姓名、押字于曆記，則得號一枚。吏既與之號，則唱而戒之曰：「牢收號，入殿不得唐突。」號以白紙半片爲之，有字數行，尚書侍郎、郎中皆銜押字，及有中官某人監集英殿門。試日，以其號照入殿門，一失其號，則不得入矣。

【一】混經賦爲一場　此段原在「十三十四日」後，據《四庫》本移到「初九初十十一日」後。

【二】初八日也　此段原在「初九初十十一日」後，據《四庫》本移到「十三十四日」後。

【三】裀幞入都　《四庫》本有小字註：「四字疑有誤」。

丹墀對策

廷試之日，士人由和寧門入，徐行，執號、樂衛士收數【四】，成行而入。至集英殿門外，中官展視而收之。殿外掛混圖于露天，甚高。良久，天大明，了然分明，知位次。士人聚于殿門外，待百官常朝畢，方引士人進拜，列于殿下。宰臣進題，上覽焉。天子臨軒，天顔可瞻。起居贊曰「省元某人以下躬拜」「再拜」，又躬身而退。各依坐圖行列而坐。每位有牌一枚，長三尺，羃以白紙，已書某人某鄉貫，或東西廊第幾人，不得移動及污損。坐定，中官行散御題，士人皆以御題録于卷頭草紙上，以黄紗袋子垂繫于項上，若有損污，謂之不恭，納卷所不收受。散題後，駕已興，入内進膳，賜食于士子。太學饅頭一枚，羊肉泡飯一盞。食畢，不見賜謝恩。或要登東作旋，則抱牌，捲卷子而往。衛士相引而出，亦不甚遠。既坐而試，不得與隣座説話。中官、從官雜處董之，宰執巡行。至申時，天子復臨軒，納卷于殿廷東廡階下之幕中。一中官監視收其牌及御題卷子，亦不容人臨時于納處展視。若至昏時，則見有傳者云：「已不在黄甲矣。」士人每出一門，必書姓名于門東，歷四門，皆書姓名、押字。出時無號，無人押行，亦不待人齊出。

【四】樂衛士收數　疑此句文字有誤。

擇日唱第

皇帝御集英殿唱名，非有他殿，只掛集英殿牌于殿前，特奏唱名則于數日之後。先唱名數日，書鋪又告報請號，禮部又散號，一如廷試給號之禮。及得號視之【五】，乃前日所收之舊號也，但于其上用紅印書「入集英殿試訖」，中官姓名押小字一行耳。仍戒曰：「牢收號，入殿不得唐突。」書鋪告報之人又有所求，先量支少金與之，不待開口。唱名之日，亦由和寧門而入。身襴袍而足亦穿靴，列行，舉號。數人收號，一如廷試之日。候常朝畢，贊者引入廷下，再拜。

皇帝臨軒，宰臣進三名卷子，讀于御案前。用牙篦點讀畢，宰執拱立，列于上前，閤門立于御案之西向。宰執先于御案前拆視姓名，則曰「某人」，閤門則承之，以傳于陛下，衛士凡六七人，皆齊其聲，傳其名而呼之，謂之「臚傳」，亦謂「遶殿雷」也。凡呼而唱者三四聲，士人方從衆中出應，衛士夾而翼之，問以鄉貫、父名；翼至廷下，對玉墀直躬，未拜。廷上問以鄉贯、父名，衛士則以對。對畢，過軒下少立，就甲入次，其榮在此也。非特名登天府，先代祖父之名，達于聖聽矣。待一甲畢，則往兩廊角取勑黄而執之。甲内人齊，則廷上呼「謝恩」，士人廷下立，躬身再拜而退，立于軒下。狀元則便獨班謝恩，不待甲内齊也。自第二名、第三名爲一班，便賜食，相身爲袍，各設位，賦詩以答皇恩。第四名至第十

【五】及得號視之　「及」原作「又」，據《四庫》本改。

名終爲一班，第二甲全甲爲一班，謝恩了，皆手執勑黄而立。勑黄用麻紙兩副連粘，大書某人等宜唱某等科第。

狀元至第二甲終，皆曰「宜賜進士及第」。

第三甲第四甲終，皆曰「宜賜進士出身」。

第五甲則曰「宜賜同進士出身」。

勑黄可漏子又長于勑黄一尺。唱第二甲盡，駕興，入内進膳。須臾，賜進士食三品：赤焦肉餅二枚，天花餅二枚，只是素餅。羊肉飯一盂。并羊、虀飯，内有鹽粉，皆三品併至。上方起，衛士已將下三甲名字來，排當士人。兩衛士管一紙，一紙書十五人名字，皆先自唤集，排當資次，仍問鄉貫、父名。審畢，候上復出，殿上一呼某人，則衛士已夾其人而進于前，駢貫而進，亦候一甲齊方拜謝恩，授黄勑。有恩例陞甲人，則當殿上宣示上旨某人有某恩，合陞一甲末。所以方走唱名之人，雖有恩例，亦不可自陞甲。蓋陞甲人面授上旨，當殿謝恩故也。若無陞甲恩之人，不入赴唱名。傳者曰：「待二年外方許到卻。」唱至第五甲，上亦入少憩。頃之，傳出，唱第五甲畢，士人皆執勑黄再拜，殿上傳曰：「賜進士袍笏。」袍笏積于殿外之兩廡下【六】，士人出殿門，于上廊爭取之，往往皆不暇脱白襴，而便就加緑袍于其上。其所賜：淡黄絹衫一領，袖如緑袍之寬大。淡黄絹帶一條，緑羅公服一領，笏一面。

【六】兩廡下　「廡」上原有「南」字，據《四庫》本删。

士人披衫繫帶未畢，則殿上催謝恩。謝恩罷，拜而出，紫綠相間，環堵可觀。紫袍牙笏，以取左宗子拜所賜也。擁而趨出門頭，亦不待書名字。蓋前日秀才，今日官人，五榮之中，此屬其最。唱名時，不可一聞姓名遽然而出，尤當詳緩之爲佳。唱畢既出，至大門外，人備車馬以須其出者十有五六。若自有車馬，雖不用支散，然羣不逞隨之，呵殿元者數十爲隊，所費亦不貲。不若只行出内門前茶店中，待其人散，徐行歸耳。狀元、榜眼、探花須皆上馬，蓋臨安府自備馬以待之也。

置狀元局

狀元一出，都人爭看如麻。第二、第三名亦呼「狀元」。是日迎出，便入局，局以别試所爲之，謂之「三狀元局」，中謂之「期集所」。大魁入局，便差局中職事，一一由狀元點差，牒請：糾弾、牋表、小録、掌儀、客司、計掌器、掌酒果、監門。多者至五六十員，少者亦不下四十員。視事官送牒，例皆二十。初第人多喜入局，得陪侍三狀元與諸同年欵密，他日仕途相遇，便爲傾蓋。常例五日一會食，否則日中有酒杯、點心、果子二色。局中職事官雖多，入局而食者常半之，食罷，出入無妨。三狀元常宿于局中，不可出宿于外，月餘而罷局。凡預局中執職事官員【七】，納小録題名錢，非職事官須納錢五千，而後得小録題名一本。

【七】自「謂之期集所」至「凡預局中執事」一三一字，原錯簡羼入前文「擇日唱第」中，據《四庫》本釐正。

狀元入局之初，依全賜錢一千七百貫。及諸公納到助小録錢，亦一千三百貫有奇。

三狀元入局五日，職事官入局。局中以職事官名申臺部，十日後正謝。

正謝日係太史臺擇日，亦謂之「門謝禮」，用牋表皇帝及東宫。牒表隔日計會，閤門通進。表中止用三狀元名銜，正特奏同日而謝。是日亦由和寧門而入，在常朝殿門外，北面天顔，贊者引唱，躬拜、再拜而退。門外有立仗馬及衛士等，衛士唱喏畢，馬退，士人方列班而拜，拜君之門而已。

越二日，拜黄甲于貢院。

黄甲者，由省中降下。唱名既畢，省中以其所陞甲之人附於甲末，用黄紙以書之，故謂之黄甲。是日，貢院設香案於廷下，狀元引五甲内士人拜香案，禮部亦遣官來贊導，置黄於案上，望闕拜。拜畢，士人列兩廊，四十以上東廊，四十以下西廊。其日擇一人最年高者上堂，大魁拜之，年高者答拜。又擇一人最少者上堂，拜大魁，大魁亦答拜而退。吏人以紙筆請各書姓名，依黄甲排次，匠者鐫於題名石。是日謂之敘同年、拜黄甲也。特奏不得與焉。

越四五日，鄉人之官於朝者爲鄉會，以待鄉中之新第者。

越三日，赴國子監謁謝先聖、先師，祭前三日，狀元點差職事官十四員。

監禮官，彈壓職事之不恭者。

奉禮官，跪於先聖、先師座前，奉幣，進之於獻官。太官，酌酒以進之於上三獻官。

太祝讀祝。

分獻官十員，分獻於十哲及兩廊賢人。一人分獻五位，每位皆三拜。搢笏、興、伏拜、起，皆贊者導之。禮畢而班退。贊者皆大常寺差來。

越三日，局中職事官下湖運司，做二大舟，局中連三狀元凡七八十人，分坐於兩舟。酒數行，借張侯之真珠園散步，侯家亦有餽焉。其例也，薄暮，艤舟於玉壺園而竟席。

書鋪告示，越十日，引正奏名黄甲士人射。

上自按試於講武殿。

次日，賜聞喜宴於貢院。齊，而後押宴官率官屬及進士列拜於廷下，面闕設香案，侍從及貼職官皆與焉。凡拜五，舞蹈，其節有四，共十拜也。拜訖，正奏名坐於東廊【八】，特奏名坐於西廊【九】，立亦如之。

小黑桌子，坐則青墊，果子人各四器，望果一器，望花一朵，醯醢列於前。

初坐，先斟酒，三行，不下食。第三酌下鮮鮓一碟，第四、第五皆有食以配酒，五行而中歇。

人賜宫花四朵，簪於幞頭上。花以羅帛爲之。從人、下吏皆得賜花，又有例賜冰。再坐，

【八】正奏名　原作「正奏各」，據蔣光煦《斠補隅録》改。

【九】特奏名　原作「特奏各」，據蔣光煦《斠補隅録》改。

分與士人。又到班亭下，再拜謝花，簪而謝之。兼坐帶花。又四盃而竟席。前筵。羊半體，七寶頭羹，並皆奇品。

初坐則以銀臺盞酌。再坐則易以銀卮。

共九行，而飯則粟米爲之，畢宴，不用謝恩。退皆簪花乘馬而歸，都人皆避，以赴御宴回也。

次日，局中自用錢作期集所會，遵前例也，亦七盃，正奏名皆赴焉。亦就貢院爲之。

越十日集註。

是日，天拂曉，袍笏，書鋪引入部。前數日，部中先榜於闕亭，書鋪録示新第人，先擇其願授者而書於笏。及入部，郎中坐庭中，以殿榜資次而呼前。廷上唱曰：「某人官人上階。」揖問曰：「願受甚處闕？」對，郎中視簿，合受則揖。廡下書簿中某人願授某州某官闕而退。三狀元皆送闕，不與集註。

告勅一道。印紙一軸。信符一道。門謝關子一道。

常例：皆賜御寫經書一軸，或賜御製詩一首。臨安府鐫碑表裝，賜宴時以分賜士人。

◎佚名撰

東南紀聞

燕永成整理

點校説明

《東南紀聞》三卷，不著撰人，清四庫館臣根據書中内容，疑爲元人或南宋遺民所作。

該書主要記述宋代社會人物的傳聞遺事，以及山川景色等，並且以南宋時期的史事爲多。全書共計八十五條記事，據後人研究表明，所記内容則多出自宋人筆記等。對此，余嘉錫在《四庫提要辨證》卷十八中，不僅指明了該書三十六條紀事的史料來源，而且進而指出：「然則此書，恐是純由各家説部内綴輯而成，殆無一條爲其所自撰。」該説是否完全準確，有待考證，不過，經整理者再次搜檢，至少四十二條紀事出自他書，占該書總紀事條目的一半。這些條目主要來自岳珂的《桯史》、陸游的《老學庵筆記》、曾敏行的《獨醒雜志》，以及范成大的《吴船録》等。在選用史料時，作者或全録，或摘引，或改動字句，或合併條目，或調整語序，總之，對所引記事内容做了一定加工處理。因該書中的一些紀事爲他書所不載，故其仍有一定的史料參考價值。

該書未見著録，原書卷帙不詳，今傳本係清四庫館臣從《永樂大典》中輯出，並且厘定爲三卷。現存版本主要有：《四庫全書》本，《墨海金壺》本和《守山閣叢書》本均出自《四庫全書》本。此外，尚有《養素軒叢録》本（南京圖書館藏）。這次整理，以文淵閣《四庫全書》本爲底本，以《養素軒叢録》本作通校，並且參校了《墨海金壺》本、《守山閣叢書》本、《永樂大典》以及宋代有關典籍等。

校勘記

卷一

司馬温公歸洛，講《孝經》。有二父老往聽，持簞食、豆羹以獻公爲享。盡講《庶人章》畢，父老請曰：「自天子至士皆有詩，庶人獨無詩耶？」公不能答。

李如圭字寶之，吉水人。七歲能誦《書》。淳熙間，孝宗諭云：「誦《尚書》。」即誦《無逸》。孝宗大喜，撫榻和誦，以至終篇。誦訖，聖諭云：「予汝一官。」即再拜謝，遂授迪功郎。

葉少藴早年貴顯，退居石林，累年常以吟詠自娱。每遇風和日暖，輒以數婢子肩小車，且攜酒罇、食奩自隨，遇其意適處，即下車酌酒賦詩。有小史稍慧，每使之檢書，薰染既久，亦能詩詞。

浙西趙憲懇夫權平江府事，有婦告姑私醋者，官追姑勘罪。將施刑，而問婦曰：「事姑孝乎？」曰：「極孝順。」憲曰：「汝既孝順，代姑受杖。」竟杖其婦。俞文豹云：「深得誅心之法。」

張尚書杓尹京，禁銅器，有僧持匙筯一副來首。及追問犯者，則云：「自祖父相傳，每日用此齋僧，至此僧遂挾之而去。」公縱之，而語僧曰：「汝能辦事，今刺汝爲廂軍。」乃當額大剌「專一搜捕銅器」六字。此蓋深得誅心之法。

徐帥安民守漢陽時，外境旱蝗，上下巴河嚙草木淨盡，次第入境。同官父老皆以爲法當禳禬，或驅而殺之，翁不然。一日四鼓，小騎徑之境上，望蝗所，祀天曰：「漢陽民悉力耕耨，幸而中熟。今境外蝗有將及境者，此皆臣政事不明，德意不宣，願蝗飛入臣口，寧臣死，毋壞百姓田【一】。」頃之大雨。明日，報蝗已盡出境矣。

韓滮字仲止，上饒人，南澗尚書之子。以蔭補京官，清苦自持。史相當國，羅致之，不少屈，一爲京局，終身不出，人但以韓判院稱。南澗晚年有宅一區，伏臘粗給。至仲止貧益甚，客至不能具胡床，只木杌子而已。長沙吴某得廣東憲，還至京，擁迓吏甚盛，道候仲止，立馬久之，廳事闃寂無人。未幾，一老嫗啓户出，吏亟以刺狀授之。抵於地，徑入去。吴慚退，訪樟丘文卿，亦故舊也，色尚未和。樟丘曰：「得非見拒於仲止乎？」曰：「然。」樟丘曰：「是非君所知，且相與共食。食畢，與同往。」於是聯裾行至廳事，樟丘以杖叩屏者再，内徐問爲誰，樟丘自稱曰：「文卿。」復徐言：「吴某也在此。」仲止乃出，吴謝曰：「適候謁移時。」仲止笑曰：「松風吹耳，不聞喝道也。」時方暑，於是席地飲，極歡而去。次日，吴專狀遣吏送酒錢若干。仲止出問曰：「你官人交割了也？」吏錯愕曰：「本官方拜見，自此却去上任。」仲止作色云：「便是近來官員不曾到任，先打動公使庫物色，韓某一生不會受此錢。」使吏領賫去。其清節如此。

【一】毋壞百姓田　「田」字原脱，據《養素軒叢録》本補。

龍溪汪藻與薌林向子諲交游，情分甚厚，汪集中有《和向伯恭詩》，即薌林也。汪爲湖州，納妾名娼周氏，而其妻不能容。汪置諸郡圃，時與之會。其妻矚其往，即徑造其所而詬之。汪預戒十數卒布於道，俟其妻之來，則連聲大唱喏，其聲如雷，汪聞喏聲，即由他道以去。向平居每議論慷慨，以功名自期。後知潭州，失守而歸。汪舉笏戲之曰：「君喜功名，今中興第一功也。」向答云：「公喜佛，今十大弟子位也。」汪以是深怨之，已而向爲言者論去。

楊談字純父【二】，臨川人。少學聲律，弱冠曳裾侯門，泛舟訪郢州張守。既至，張資之往合淝謁制使杜子興，杜亦壯之。明年，用以解安豐圍。孟元庵珙開帥荆湖，張郢州薦之元庵處，以茶局周其資用，楊盡捲本領錢數萬，用之既盡。茶局本領錢實隸總所，後事發，秋壑爲總領，求純父甚急。元庵以白金六百兩與之，使急還元逋。純父又以散之賓客，酣歌不顧。

汪勃，歙人也。仕州縣，年踰六十猶未調。官滿趨朝，試干秦檜，求一近闕。秦問其：「已改官乎？」曰：「未也。」「有舉者幾人？」曰：「三人耳。」于是遣人導之往謁張、韓。時二公皆以前執政奉朝請，聞有秦命，倒屣出迎，執禮甚至。勃得改秩，秦後擢寘臺省。

蔡京爲相日，置講議司，官吏數百人【三】，俸給優異。一日，集僚屬會議，因留飯，命

【二】楊談　《宋史》卷四一二《楊掞傳》作「楊掞」。

【三】官吏數百人　「數百人」原作「人數」，據曾敏行《獨醒雜志》卷九改。

作蟹黄饅頭，畧計其費，饅頭一味爲錢一千三百餘緡。又嘗有客集其私第，酒酣，顧庫吏曰：「取江南官員送鹹豉來。」吏以十缶進。细認，乃黄雀肫也。京問：「尚有幾何？」吏對以：「猶有八十有奇。」其充口腹之欲者若此，他可知也。

劉龍洲過，太和人。嘉定間客京師，因爭競到府。趙尹師羼素不喜士，將杖之。其儕輩扣橐使王方巖居間，王不得已，折簡於趙云：「劉過平生違越事不止此，要當使俗子治之，勿出吾曹手也。」趙忻然，即釋其罪。

韓大倫，蘄王曾孫也。本刀鑷家兒，隨父出入府第，韓翁奇之。翁無子，媪啓翁曰：「刀鑷兒尚在，今不收拾，後得無患？」翁慨然呼以入，時十七八矣。翁立之於前，作色曰：「我有四個字，汝能不犯戒則留，不然去耳。」請問之，曰：「酒、色、財、氣也。」大倫曰：「幸受教，敢不敬承。不飲酒，不耽色，不愛財，皆當服行終身。惟氣之一字，却欠商量，不可少屈。」翁聞其言，大喜，出布衣一襲俾服。自是折節讀書，力行其言，惟居官着紫袍，每下廳，小虞兵即擎青布背子在屏後。自幼及老，不改其操。

蜀人任子淵好譃。鄭宣撫剛中自蜀召歸，其實秦檜欲害之。鄭公治蜀有惠政，人猶覬其復來。數日，乃聞秦氏之指，人人太息。衆中或曰：「鄭不來矣。」子淵對曰：「秦真少恩哉！」人稱其敢言。

韓蘄王世忠微時，貧困亡聊，疥癩滿體，臭腐不可近，其妻孥亦惡之。夏日浴於溪澗中，忽一巨蟒直前，將噛之，韓窘急，以兩手握其首頷間，蟒以尾繞其身。韓不得已，握持以歸其家，欲呼妻孥刺殺之。皆駭遁，不敢前。韓愈窘，入厨中，見有切菜刀偶仰置几上，遂持蟒首就上，極力按之，來去如引鋸，卒斷蟒首。既免，不勝忿，置之鑊，煮而啖之。明日，所病疥癩即脱去，肌體瑩白如玉，其無疥癩處即否。

理宗朝史嵩之當國，往往以深刻得罪公論。鹺之商運，自昔而然，嵩之悉從官鬻，價直低昂，聽販官自定。其各州縣别有提領，考其殿最，以辦多爲優。於是他鹽盡絶，官擅其饒，每一千錢重有賣至三千足錢者。深山窮谷數百里之錢，無不輻輳。收到見錢，就充糴本。順流而下，撥赴邊州。廟堂會計糴運到邊，每一軍斛止計本錢十七界會一道。時江西十七界百十五錢【四】，可不謂之深刻乎？有無名子以詩嘲之曰：「萬舸千艘滿運河，人人盡道相公鹺。相公雖是調羹手，傳説何曾用許多。」

鎮江有讖云：「老虎逐鹿走，狀元出京口，丞相背後走。」寶祐戊午春，虎逐一鹿，自甘露寺後入城，突入故將李顯忠家，諸孫皆勇悍，攢槍拒之。鹿死，虎復從故道出城遁去。次年，三邑舉人入京赴省，集飲豐樂樓下，中間傑作者，醉中踴躍，自謂必應此讖。時丞相丁大全聞而惡之，意謂狀元應讖，丞相當走矣。丁，鎮江人也，陰囑省闈官吏，默識三邑試卷，皆不取。及揭曉，悉遭黜落。時丁之氣燄熏灼，邦人敢怒而不敢言。是年冬，丁罷相，出判鄉郡，繼而遭劾，代之守鎮江者乃焦炳炎，嘗爲武舉狀元，與丁素有深憾。到郡未幾，

【四】時江西十七界百十五錢　「十五」，《墨海金壺》本、《守山閣叢書》本作「五十」。

適丁有謫居之命，焦遣勇將數十輩押發，如捕強盜，丁狼狽就道。是知狀元出，丞相走，讖應乃如此。

黄震知撫州，以明決稱。宜黄宰何自亦能官。一日，郡符督賦，何自報云：「若欲行椎剥之政，下邑不能奉承。」黄怒，幾劾去之。

張惟孝字仲友，襄陽石碑人。鐵面磔髯，身長六尺，善騎射，以《春秋》領鄉薦。金之敗也，聞北兵掃境，率其族人自襄趨郢，過湖渡江，卜居江陵之藕池，湖光山色，抱膝長嘯，如是者二十年。鍾泉巖訪唐舜申，見其人物魁梧，心異之。問之，唐具言其平生。鍾自扣之，則不輕言。再三扣之，則曰：「朝廷負人。」遂不答。明日，鍾言於宣撫姚橘洲希得，姚使邀之，堅不來，鍾與唐委曲導意。又明日，盛禮具書札宴之仲宣樓，酒數行，鍾語之曰：「有國而後有家，今天下如此，將安歸乎？」始有相向意，即條具請虚帖三十，歸所居召募，明日遂行。

韓境字仲容，金紫膺胄之曾孫也。蔣重珍以女許妻之而未婚，蔣招之就學。韓見其冰翁所爲有可議者，未免苦口。蔣不悦，驟遣之，援牒朝堂，離婚改壻。境後登進士第，遂别娶焉。

咸淳丙寅秋，澧陽風雹，四山林木皆赭如焚，而枝葉不凋。凡當墜者率糜爛，而澧陽爲甚。時守澧陽高將軍也，高爲郡守，惟取蛇饌，每一都保月獻一蛇，皆全生致【五】，萃以

【五】皆全生致　「全」，《養素軒叢録》本、《墨海金壺》本、《守山閣叢書》本皆作「令」。

陶瓮，將食則旁薪炭迫之，或臠或脯，又走四遠以餽親厚，一郡皆苦之。至是雹見異，大者重一二斤，著瓦瓦裂，著木木折，郡之器用率皆碎毀。高恐怖，不知所爲，避在牀下，亦不能禦。有吏教以亟具衣冠，秉笏下拜，以謝天怒。不得已用其言，久乃漸息。譙樓直廳事之南，前有高城爲之障，暝色既解，但樓忽頓在城外沙上，蓋風挾之以去也。未幾，高遂罷。

秦檜爲相，都堂左揆閤前有榴著實，時檜每默數焉，忽亡其二，不之問。一日，將排馬，忽顧謂左右取斧伐樹。有親吏在旁，倉卒對云：「實甚佳，去之可惜。」檜反顧曰：「汝盜吾榴。」吏叩頭服。蓋其機穽根於心，雖細瑣，弗自覺。

何執中居相位，時京師童謡曰：「殺了穜蒿割了菜，喫了羔兒荷葉在。」説者謂指童貫、蔡京、高俅及執中也。賈似道當國，京師亦有童謡云：「滿頭青，都是假，這回來，不作耍。」蓋時京妝競尚假玉，以假爲賈，喻似道之專權。而丙子之事，非復庚申之役矣。因記似道貶時，有人題壁：「去年秋，今年秋，湖上人家樂復愁，西湖依舊流。吴循州，履齋之貶，似道擠之。賈循州，十五年間一轉頭，人生放下休。」比之雷州寇司户之句，勸儆尤多。

王樞密庶，本出張魏公之門，後忤秦檜，貶死。其子又以誹謗時政，褫官編置，在貶所無聊，有方士口辯，多技能，因與之往還。方士能以葯和水作字，白與紙等，人不知其有字也，投之水上乃見。庶之子因戲書「秦檜可斬」四字，投諸水以試其術。方士持紙竟去，欲白之官，厚賄之乃已。每至家，升堂呵叱如嚴父然，少咈其意，即欲白發其事。其子飲恨，事之惟謹。獨一老僕不平，一日與方士遊屋後廢圃，中有眢井，僕謂方士曰：「井有巨蟒。」方士俯視，僕從後推墜方士入井中，下石瘞之。已而爲人所告，秦遂起大獄，加以叛逆，獄遂成。其家夢庶乘馬語其家人曰：「吾今往辯明兹事矣。」未幾，秦死，其獄遂解，其子之奇，淳熙間入兩府云。

秦檜爲相，久擅威福，士大夫懷速化之望，故仕於朝者多不肯求外遷。有王仲荀者，以滑稽游公卿間。一日坐於秦府賓次，朝士雲集，待見稍久，仲荀輒曰：「今日公相未出，衆官久候，某有一小話，願資醒困。」衆知其善謔，竦聽之。乃曰：「昔有一朝士，出謁未歸，有客投刺於門，閽者告某官不在，客怒，叱閽者曰：『汝何敢爾？凡人之死者，乃稱不在。汝獨無忌諱而爲此言，我必面白以治汝。』閽謝曰：『小人誠不曉忌諱，若以爲不可，當復作何語以謝？』客曰：『汝官既出，但云某官出去可也。』閽愀然曰：『我官人寧死，却是諱出去二字。』」滿坐大笑。仲荀出入秦門，預褻客云。

東山先生楊長孺，字伯子，誠齋之適也。學似其父，清似其父，至骨鯁乃更過之。守霅川時，秀邸横一州，廷相擇而使之，蓋欲其拔薤。一日，秀王袖緘招府公，公念不欲往，又無辭以却，於是往赴，張樂開宴，水陸畢陳，帷幕數重，列燭如晝，酒半少休。已而復坐，乃知踰兩日夕矣。歸即自劾云：「祗赴嗣秀王華會，荒醉凡兩日夜，曠廢職事，願罰俸三月，以懲不恪。」自是終其去，秀邸不敢復招，亦斂手不敢撓政。一日，幹辦府捉解爬松釵人，公據案判云：「松毛本是山中草，小人得之以爲寶。嗣王捉得太吃倒，楊秀才放得却又好。」闔郡傳之以爲笑。

王嘉叟自洪倅召爲光禄丞，李德遠亦召爲太常丞。一日，相遇於景靈幙次，李謂王曰：「見公告詞云：『其鐫月廪，仍褫身章。』」謂通判可借牙緋，入朝則服緑，且俸薄也。王答之曰：「亦見君告詞矣。」李曰：「云何？」曰：「具官李浩，但知健羡，不揆孤寒。既名右相之名，又字元樞之字。」蓋謂史衛王、張魏公也，滿坐皆大笑。

葉丞相衡罷相歸金華里居，不復問時事，但召布衣交游，日飲亡何。一日，覺意中忽忽不怡，問諸客曰：「某且死，所恨未知死後佳否耳？」一士人在下坐，作而對曰：「佳甚！」丞相驚顧，問曰：「何以知之？」曰：「使死而不佳，死者皆逃歸矣。一死而不返，是以知其佳也。」滿坐皆笑。士氏金，滑稽人也。

劉平國宰，京口人。弱冠登紹熙庚戌第，有高誼，復善綜理。初甚貧，後斥奩裝買田，由此遂裕。聚族於漫塘，族皆仰給焉，因以漫塘自號。再調浙東倉司鹽幹，措置得宜，鹺利大入。後以賣運鹽籮，發邑宰之私，爲宰所下石，遂歸不復出，杜門却掃，屏居二十年。端平甲午，特改入官，除藉田令，不拜。尋又起知宣州，後直秘閣，至大監。有《漫塘集》，文挾偉氣。其尺牘有云：「今之所謂豪傑士者，古之所謂破落户者也。」意有所指，知者以爲名言。其《漫塘口占》曰：「醉着船頭背月眠，醒來紅日浴晴川。等閒活計無人共，獨占江湖萬里天。」又《漫塘賦》云：「張端衡謂漫塘叟曰：『余昨宦東州，客有問漫塘之景者，余無以應。或又有徵圖於余曰：「子，漫塘里中人也，寧無之？」余又謝無有。既歸，將與好事者謀之，而遊乎塘之上，見景物之無奇，游觀之無所，難之可若何？』叟不對，援筆爲之賦，其辭曰：『東沿柳巷，北屆蔬畦，小溝環其南，通川浸其西。靡種靡藝，不薅不治，葭蘆茁而映帶成行，沙土潰而壅底爲堤。茶蓼叢生，蒲稗因依，菡萏紅白，錯如布棋，爛乎若吴陂。初按於綵陳，粲兮若月宫，更下於瑶池。翠蓋亭亭，芳氣菲菲。鷺慣圓沙之宿，魚便密藻之依。蛙蚓爭鳴而鼓吹百萬，鴛鴻來下而斕斌舞衣。雲斷而霞散錦綺，風平而月漾玻瓈。兹實天壤之真趣，有非世俗之可知。亦有新齋臨乎水涯，小橋斜徑，短屋疏籬。雨未多而泥没膝，門雖設而草侵扉。朽木慣宰予之晝寢，青苔驚玉川之夜歸。仙舟自去，誰爲元禮？高軒不來，孰爲退之？』叟之辭未畢，端衡曰：『止，余聞李愿安盤谷之居，杜老喜浣花之寓，彼豈玩志於物，縱心佚豫？蓋以厭俗喧卑，脱身遐舉，要必有偉麗之觀，幽閒之趣，以澡雪其精神，澄清其志慮，庶白日可到于羲皇，而宵夢足通乎帝所。況如吾子，内絶意於聲色，外忘勢於圭組，爲計已決，歷年已屢，而是塘也，廣深雖愧蘇夫子之滄浪，而僻遠亦殊柳先生之鈷鉧。其隘也可闢，其闕也可補，胡不增其高而爲基，夷其平而爲圃。畫舫浮深，修梁跨阻，嘉花美木之列植，高館涼臺之接廡。使隣曲改觀，兒童欣舞，顧乃計失于因循，事仍於莽鹵。豈惟無以自適於一時，抑恐由之貽笑于千古？』漫塘叟曰：『吁！巢居知風，穴處識雨。顧吾與子雖同聲氣，尚殊出處。子寧規我以目前之苟且，毋寧怵我以方來之謗譽。彼花迷金谷之園，雪冷袁宏之渚，淒涼釣瀨，富貴郿塢。試由今而視昔，果孰去而孰取？』張子由是俛然而思，釋然而悟。曰：『子無俟於索言，吾特從而戲汝。』」

吴鎰字仲權，臨川人。頗慕張于湖之豪蕩，于湖豪氣横九州，去長沙百年，猶有能道其不羈者。仲權尤不減，嘗使湖南漕，行部以小舟私載一妓自隨，至湘潭夜泊。就妓失足墜水，舟人驚呼打撈，運使幸而拯溺。其豪放如此。

卷二

神宗年十三，居濮邸。一日正晝寢，英祖忽顧問何在？左右褰帳，方見偃卧，有紫氣自鼻中出，盤旋如香篆，大駭，亟以聞。英祖笑曰：「勿視也。」後竟登大寶。

理宗初在潛邸，與余天錫同里。初生之夕，天錫見外間失火，紅光燭天，奔到火所，實無有也，惟榮王府開闢明燭。天錫入問，王答云：「適生小兒。」天錫知其爲異，即求一觀。及入室，異香馥郁，若有二童子張青蓋護之。後太子竑忤史相彌遠，史遂密謀于余，余告以理宗降誕之異，史遂命余薦之，權處以小職。來謁時，史相故使之誤坐主席。去後，家人問云：「相公何以讓他主席？」史但捶胸而已。寧宗不豫，立理宗爲皇太子，其太子竑別聽處分。史相繼進金丹百粒，有頃上崩，遺詔太子柩前遂即皇帝位。

魏公張浚督師漢中，夜頓舍，帳前環兵以衛。金人遣刺客害公，兵覺而獲之。公問：「誰遣汝來？」曰：「四太子也。」「其烏珠乎？」曰：「然。」公曰：「汝何許人乎？」曰：「太原府拓拔某也。主以金兩笈與我，妻子爲質而來。」公曰：「如汝比者幾人？」曰：「猶有一人，且以某相嘗，事不集，則有彼。」公曰：「汝今何如？」曰：「請即死。」公曰：「吾生死有命，非汝曹所能制。」飲而遣之。翌日，會僚屬，猶有咎公以爲非者。公笑曰：「某倘不以罪去，數月其人當復來。」既數月，外白有降者兩人，自謂嘗爲刺客，蒙相公不殺者，因率其黨歸順，自殺其妻，置嬰兒及先人之骨於褚中而來。呼而物色之，良是，一軍始大服。

淳熙己酉，孝宗倦勤，光宗登極，羣臣奉表請以誕聖日爲重明節，如故事。時有術者以拆字自名，言世人吉凶事蹟無不奇中。因語人曰：「近得邸報乎？節號重明，非佳名也。其文爲二千日，兆在是矣。」聞者掩耳而走。既而甲寅之事，果如其言。此與太平與國一人六十之讖無異，豈天道徵應，固有數乎？

吴曦未叛時，常歲校獵塞上。一日夜歸，笳鼓競奏。曦方垂鞭四顧，時盛秋，天宇澄霽，仰見月中有一人，騎而垂鞭，與己惟肖。問之左右，所見皆符，殊以爲駭，默自念曰：「我當貴，月中人我也。」揚鞭而揖之，其人亦揚鞭。乃大喜，異謀繇是益決。

虞雍公字允文，以西掖贊督議，既却金主于采石，還至金陵，謁葉樞密義問于玉帳，幕屬皆在焉。相與勞問間，流星警報沓至，蓋金主將改圖瓜洲。時劉武忠錡屯京口，病且亟，度未必可倚，遣幕府合謀支敵。衆以雍公新立功，咸屬目，葉酌巵醪以前曰：「舍人盛名方新，士卒想望，勉爲國家卒此勳業。」雍公起立，受巵曰：「某去則不妨，然記得一小話，敢爲都督誦之。昔有人得一鼈，欲烹之，不忍當殺生之名，乃熾火使釜水百沸，横篠爲橋，與鼈約曰：『能渡此則活汝。』鼈知主人以計取之，勉力爬沙，僅能一渡。主人曰：

『汝能渡橋，甚善。更爲我渡一遭，我欲觀之。』僕之此行，毋乃類是乎？」坐上皆笑。已而雍公竟如鎮江，金主不克渡而弑。自此上簡知，馴致魁柄云。

徽宗微行，遇一貧儒，李其姓，自號落魄子。問其生庚，則與徽宗年月日時一同。上因憐之，問以當塗官況好惡，李對曰：「蜀最好。」上曰：「吾與蜀帥有故，當作書使周汝。」李辭以囊乏，上又資之以扉屨及書贈之。李固不識其爲徽宗也，於是投書。剥封，則勑劄令其交代本職，帥遂辦公用迎人禮上【一】。李交事後越兩日，中風死。上聞之，遂以其命付太史局推算貴賤，史云：「生於重屋者爲帝，生于茅簷者爲庶人。」

東都大相國寺有術士，蜀人，議命。一命必得一千，先夕留金，翌日議命。顯肅后父鄭紳貧無籍，其姪居中在太學，約紳議命。紳笑曰：「何不留錢市酒肉耶？」强之必往，如約。術士先説紳命，只云：「異姓真王。」再説居中命，又云：「亦是異姓真王，因前命而發。」後紳以后貴，積官果封王。居中作相，亦封華原郡王。外戚生封王爵者，宋蓋自紳始。命術之驗如此哉！

周益公必大致仕後，出謁，道經巷陌間，遇一賣屨者，甚憐之。使問其命，則年月日時與益公不差一字，於是取衣一襲賜之，俾食其家，廪之終身。其人更衣、受食，一日暴病而死。有知命者曰：「其年五星聚江湖，益公生於舟中，故得鍾美，而業屨者不與焉。」其與雷轟薦福碑者，雖際遇之大小不侔，而其爲窮一也。

【一】帥遂辦公用迎人禮上　《養素軒叢録》本無「上」字。

中都有談天者居觀橋之東，設肆于門，標云「看命司」，其術稍售。其徒憎之曰：「司者，有司之稱。一妄庸術者乃以司自命，豈理也哉？」

同州節推、廷評岐君賁，登進士第。尚奇好古，文學之外，尤耽《易》象。製《周易彩戲圖》，蓋取《大易》六十四卦、三百八十四爻，除《乾》六爻爲君象，不敢以爲戲，自餘每爻當棊子一路，爻有吉凶，子有賞罰。

青城大面山中有二隱士。其一曰譙先生定，字天授，建炎初以經行召至揚州，欲留之講筵，不可。拜通直郎、直祕閣致仕。今百數十餘歲矣，巢居險絶，人不能知，而先生數年輒一出至山前，人有見之者。其一曰姚太尉平仲，字希晏，靖康初在圍城中，夜將死士攻敵營不利，騎駿騾逸去，竟不出。後有見之於丈人觀道院，亦年近九十，紫髯長委地，喜作草書。二人蓋皆得道於山中云。

明月先生成守祖，家鄂州。淳熙間，繇鶡弁任某處巡檢，忽解官，棄妻子，從廬山李麻鞋爲師。至富川，居西山道堂之左，徧行通衢爲乞士，凡十餘年。一日無疾交坐而化，書片紙曰：「七十餘年一夢間，棄名入道得安閒。隨緣明月街頭叫【二】，鬧市難居却入山。」二日首微低，爲頃復如初。居三日首復低，爲頃又如常。自古坐化、立化、側化、倒化有矣，未聞俯而仰，仰而俯，自如若此者，亦奇矣。雪山王景文爲之《傳》，且謚之曰明月先生云。

【二】隨緣明月街頭叫　「明月」，《永樂大典》卷一三四五〇作「日月」。

華山陳真公，隱于睡，小則亘月，大則幾年，方一覺。馮翊羽士寇朝一亦事處士，得睡之大畧，還全神觀，惟睡而已。一日，劉垂範往見，其徒告以睡，寢外聞齁鼾之聲，雄美可聽。曰：「寇先生睡有樂，乃華胥調。」其徒曰：「既有曲調【三】，譜記如何？」劉以濃墨塗滿紙，題曰「混沌調」。

靖康、建炎間，關中奇士趙宗印提義兵擊敵，有衆數萬，所向輙下，敵不敢當。會宋師敗於富平，宗印知事不濟，大慟於王景畧廟，盡以金帛散其下，披髮入華山，不知所終。

單路分煒字炳文，京師人，後居沅州。書法有所傳授，以任子爲右階【四】，吉水郭敬叔與番陽姜堯章皆師焉。單云：「堯章得吾骨，敬叔得吾肉。」單又自畫梅，作一絶與敬叔云：「蘭亭一入昭陵後，筆法于今未易回。誰識定齋單自號。三昧筆，又傳壁坼到江梅。」其風致可見。

四明臧、史二姓皆世姻，嵩之、巖之與元堅皆爲中表。兩家又皆妙年仕宦，偶俱留京。一日，以飲博失色，臧詬史，發其隱。史深銜之，未有以復也，乃匿怨爲懽，幾微不露，如是者一二十年。後嵩之爲荆閫，北使王檝道之所往，嵩之隱相接。及得政，而巖之開閫九江。檝遣上介持得白金若干錠，還朝廷，云：「皆殺雜，間有鐵胎，巖之爲之繳上。」有旨覈所從來，乃内藏賜物，而元堅爲監官時給賜也，於是除名，羈管廣州。自淛而廣，必由江西，巖之遣人陰伺於路而殺之。有王濟叔者，吉之龍泉人，偶善元堅，意巖之必有謀，中塗

【三】既有曲調　「調」字原脱，據《養素軒叢録》本補。

【四】以任子爲右階　「子」字原脱，據《養素軒叢録》本、《墨海金壺》本、《守山閣叢書》本補。

教以易衣冠，匿箱篚，以己草輿雇夫亟載以西，自廬陵間道至五羊。伺者覺，亦疾尾其後。至則羈客庭參已數日，賴濟叔力獲全，不然落虎口矣。後二史以覲去，以罪斥，臧始得歸。以是而言，有心於任術，不若平心而任理。

九江有周教授者，家太乙觀前，畜犬猙獰，穿窬者無敢視其藩。一日，啓觀扃鑰有異，發笈空焉，亟集里正驗視，迹捕四出，越三日始獲之。初，盜得貲錢，一盜出蛇岡山，將如吉、贛。晝日嘗過其下，見道傍梅有繁實，渴甚，登木取之，有蛇隱葉間，傷其趾，負傷而逃。至佳溪，則趾如股矣，不能去。主人責炊，則曰：「予無他藏，獨餘鋌銀，可斧而售。」既而無碪，不可碎，歸之盜。盜又出囊珠，主人念山谷間無售者，適龍德宫中貴人劉璵廬石耳峯下，持以求質，劉曰：「姑畀爾萬錢，詰朝歸爾餘金。」劉已聞周氏之盜，意疑其是，馳僕示之，則果周氏之物也。捕于邸，贓驗一網而得，因以跡餘黨，如言無脱者。夫是盜之彰亦異矣，梅實偶然而藏蛇，主人無心而出驗，天固以此啓之耶！抑稔慝當露，適因其所值耶！

長沙推官陳某【五】，南劍人。殿試前名，年甫及壯，到官未久，郡差往南岳神祠降香訖，詣岳祠，入後宫遍覽。有土偶夫人像，貌端麗，陳心慕焉。瞻顧移時，謂虞兵曰：「夫人笑我。」左右以爲戲言。是夕，宿市中銓德觀，虞兵輩聞陳在帳中笑語不輟。次早，忽云：「夫人昨夜來此相伴。」亟往寺中焚香致謝。至則又指云：「夫人大笑，汝輩何爲

【五】長沙推官陳某　「官」字原脱，據《養素軒叢録》本補。

不見？」

龔斗文夢靈，崇陽人。淳祐丁未，登進士第。後校文醴陽，醴陽解額五人，賦二，《詩》、《書》、記檄一。偶得《周禮》一卷，極愛之，欲下《禮記》而取《周禮》，已批點，置枕旁矣。中夕驚覺，若有鞭榻之聲。未幾，夢有神約以木横門，云：「若取此，當以此木斷汝前程。」次早遂敗興。越一日，與他試官細味其文，定議取上。是夕，鞭榻之聲愈急。次日會諸公，疑議不決，監試以爲莫若申州取行，下云：「年例取《禮記》，今《周禮》優長，未委如何？」而州報只照舊例，遂只以《禮記》充貢，其《周禮》置之乙魁，然龔心終怏怏也。既出院，乃知治《周禮》者昵妾而薄其妻，見有離婚之訟在江陵。功名信非偶然也！

清漳楊汝南，少年時【六】，以鄉貢試禮部，待捷旅邸，夜夢有以油沃其首，驚而寤。榜既出，輒不利，如是者三，竊怪之。紹興乙丑，復與計偕，懼其復夢也，榜揭之夕，招同邸者告以故，益市酒肴，明燈張博，相與劇飲，期以達旦。有僕倦卧【七】，忽呻吟如魘，亟呼醒之，具言：「有二人扛油鼎自樓而登，執主而注之，我爭而呼。」汝南聞之大慟，同邸亦相與歎息，罷博。及明觀榜，其名中焉。視榜若有迹【八】，振衣拂之，油漬其上。蓋御史涖書，以夜覆燈盌故也。功名之前定如此！

東都盛時，郭洵直後改名儀直，字敬叔，吉水人。七歲誦書兼屬文。中書挑誦畢，試賦一首，既就其半，如厠，於厠側取懷間草紙寫所以成者，爲邏者所獲。扶至試所，官詰

【六】少年時　「時」字原脱，據《永樂大典》卷八八四一補。

【七】有僕倦卧　《永樂大典》卷八八四一作「有僕劉五卧西牖下」。

【八】視榜若有迹　「榜」原作「傍」，據《守山閣叢書》本、《永樂大典》卷八八四一改。

之，對曰：「父在外間，恐出而脱忘，故私録之。」官疑焉，遂换題更試，又立就，遂授宋州文學。

澗谷羅椅之遠頃由乙科登顯仕，廬陵大儒也。江南革命，歸隱故鄉。嘗作《瞌睡詩》，曲盡其妙，末意尤有味，云：「瞌睡從何來，譬若風雨至。曲几不待憑，虚檽那暇寄。鷹人眉强撑，伸手扇已墜。徑遊華胥國，欲見混沌帝。齁齁自成腔，兀兀更有味。息踈疑暫醒，氣窒還扶醉。兒童欲惱翁，摇膝問某字。吻間僅一答，言下已復寐。雜然拍手笑，欲嗔嗔不遂。何曾參佛祖，先會點頭意。何曾逢麴車，流涎已沾袂。不省較短長，誰能問興替。陰天百怪舞，開口輒差異，三百六十日，何似長瞌睡。」

淳熙間，有張氏者，尉廣之增城。時黠盜劉花五聚黨刦掠，官捕之，累載不獲。張任内，弓級陳某捕得之。尉上之縣，縣上之府，皆以張非馬前躬捕。後任滿，謁憲臺，憲命以府司成案，録爲據付之。至臨安，以初筮無舉員，當入殘零，張甚窘，以此據示，部胥視之曰：「君厚謝我，則事立辦。」張諾之。數日胥來，以文書銜袖，觀之，則名登于進卷矣。張欣然謝之，莫測其故。蓋部胥初得憲司據，見前有書功閥，皆曰「增城尉司弓級陳某，獲若干盜」。胥歸家，每於「司」字增其左畫曰「同」，則如格也。

昔有詩客朱少游者，在街市間立卓賣詩，以精敏得名。一日，有士人命以「掬水月在手」一句爲題，客應聲云：「十指纖纖弄碧波，分明掌上見姮娥。不知李白當年醉，曾向江邊捉得麽。」又有持芭蕉一莖俾賦之，即書云：「剪得西園一片青，故將來此惱詩情。怪來昨夜窗前雨，減却瀟瀟數點聲。」誠可謂精矣。

卷三

息壤在江陵子城南門外，舊記以爲不可犯，畚鍤所及，輒如故，又能致雷雨。唐元和中，裴宙爲牧，掘之六尺，得石城，如江陵城樓狀。是歲，霖雨爲災。用方士説，復埋之，一夕如故。舊傳如此。近世遇旱，則郡守設祭掘之，畚其土於傍，以俟報應。往往掘至城樓之簷，則雨作。復以故土還覆之，不聞壤之息也。然掘土而雨，則辛稼軒幼安帥江陵時，親驗之而信。秦甘茂盟息壤，乃在秦地，非此也。龍興寺今在永州太平寺，而息壤不復見矣。江陵城内有法濟院，今俗稱爲地角寺，乃昔息壤祠。《圖經》引《溟洪録》云：「江陵南門有息壤焉，隆起如伏牛馬狀，平之則一夕如故。前古相傳，不知其始。牛馬踐之或立死。」唐元和中，裴宙牧荆州，掘之，深六尺，得石城，與江陵城同制，中徑六尺八寸，棄徙於牆壁間。是年，霖雨不止，江潦暴漲。從道士歐陽獻之謀，復埋之，祭以酒脯而水止。厥後凡亢旱，徧禱無應，即詣地角寺，欲發掘，必得滂沱之雨，遂爲故事。詳見皇祐辛卯，刑侍王子融《息壤記》。二郡大率相類，而秦地之息壤，則未詳也。

龍門峽在新城峩眉覼下數里，蓋溪澗自兩巖門中湧出者也。范石湖嘗以一葉舟棹入石門，兩巖千丈巖壁，色如碧玉，刻削光潤。入峽十餘丈，有兩瀑布，各出一巖頂【一】，相

校勘記

【一】各出一巖頂　「各」原作「水」，據范成大《吴船録》卷上改。

對飛下巖根，有磐石盛之，激爲飛雨，濺沫滿峽，舟逼其前，衣皆透濕。又數丈，半巖有圓龕，去水可二丈許，用木梯升之，即龍洞也。峽中紺碧無底，石寒而水清，非復人世。舟行數十步，石壁益峻，水益湍激，亟返棹。舟人云：「前去更奇。」以雨大作，且飛瀑沾濡，暑肌起粟【二】，骨驚神僽，凜乎不可久留也。蓋天下峽泉之勝，當以龍門爲第一。要之遊者自知，未遊者，當必以其言爲過也。

范石湖帥蜀還至嘉州，登大峩山焉，即佛書所紀普賢大士示現之所也。山高摩霄，無復磎磴，斫木作雲梯，釘巖壁，緣之而上，頂峯有光相寺七寶巖，險峻無比。上有松，狀如杉而葉圓細，重重偃蹇，有如浮圖。范以季夏至時，數日前，雪大降，木葉尚有雪漬斑斕之迹。草木之類，世所無有。明日，復登巖眺望，諸山之北，即西域雪山，崔嵬刻峭，凡數千百峯【三】，初日照之，雪色洞明如爛銀，晃燿曙光中，此雪見者謂自古至今未嘗消也。頃之，巖前氛霧四起，混然一白，僧云銀色世界也。俄而洗巖雨至，而佛現光矣。光將大現，兜羅綿雲布巖下，紛郁而上。巖腹有大圓光，偃卧平雲之上。外暈三重，每重有青、黃、紅、緑之色。光之正中，虛明凝湛，觀者若自見其形貌於虛明之處，毫釐無隱，一如對鏡，舉手動足，影皆隨形而不見旁人。僧云攝身光也。此光既没，前山如水起雲馳【四】，復出大圓光，横亘十數山，盡諸異色，合集成彩。峯巒草木，皆鮮妍絢蒨，不可正視。雲霧既散，而此光獨明，人謂之清現。又自雷洞山上，復出一光而差小，過山外，至平野間，與巖

【二】暑肌起粟　「暑」原作「著」，據《吴船録》卷上改。

【三】凡數千百峯　「千」，《吴船録》卷上作「十」。

【四】前山如水起雲馳　「水」，《吴船録》卷上作「風」。

正相直，色狀俱變，遂爲金橋。大畧如吴江垂虹，而兩圯間有紫雲捧之。至未時，雲物淨盡，謂之收巖。金橋至酉後始開。

艮岳初建，土木宏麗，獨念四方所貢珍禽之在囿者，不能盡馴。有市人薛公，素以豢擾爲優，日集輿衛效禽鳴，以致其類。一日，徽宗幸是山，聞清道聲，望而羣翔者數萬焉。翁輒先以牙牌奏道左，曰：「萬歲山瑞禽迎駕。」上顧罔測，遂命以官，賚予加厚。

宣和末，有巨商捨三萬緡，裝飾泗州普照塔，焕然一新。建炎中，商歸湖南，至池州大江中。一日晨興，忽然見一塔十三級，浮水上南來。金碧照燿，舟師人人見之，皆驚怖。

杭州有豢魚者，能變魚以金色，鯽爲上，鯉次之。貴游多鑿石爲池，寘之簷牖間以供玩。問其術，秘不肯言。或云以闤市汚渠之小紅蟲飼，凡魚百日皆然。初白如銀，次漸黄，久則金矣，未暇驗其信否也。又别有雪質而黑章，的皪如漆，曰玳瑁魚，文采又可觀。吴曦之歸蜀，汲湖水浮載，泛巨艘以從，詭狀瑰麗，不止一二種。惟杭人能餌蓄之，亦挾以自隨。東坡詩曰：「我識南屏金鯽魚。」則承平時蓋已有之，特不若今之盛多耳。

維揚有石塔院者，特以塔之精妙得名。龍德韋后幸維揚時，嘗欲往觀，先遣人排辦供奉。諸璫環視之，嘆賞曰：「京師無此制作。」有一僧從傍厲聲曰：「何不取充花石綱？」宣和間，起花石綱，名艮岳。衆愕然。龍德尋聞之，遂罷幸。

維揚后土廟有瓊花，宣和間，起花石綱，因取之御苑。三年不花，乃杖之，遣還其地，花開如故。

松源之望山曰中子，折旋綿延以達于桃溪，有石如龜，在水之涘。鄉人以之占歲，没則豐，見則凶，更數百年罔有弗驗。將没則涇潦乘其巔，驅沙卷石，化爲平洲，漫不露踪跡，時則豫有豐年之喜；將見則流水齧其下，盪激溲滌，匯爲深淵，屹然浮游於清波之上，時則豫有凶年之憂。鄉人因其没而樂于耕稼，因其見而謹於蓄儲，是以豐年有餘而凶年不匱。兹其爲靈龜歟？

嘉州凌雲寺有天寧閣，即大像所在。沬水由雅州而來，合大江直擣山壁，灘瀧險惡，舟楫至危之地。唐開元中，浮屠海通始鑿山爲彌勒像以鎮之，高三百六十尺，頂圍十丈，目廣二丈，爲樓十三層，自頭面以及其足。去江數步，驚濤怒號，洶湧過前，不可安立正視，今謂之佛頭灘。東坡詩云：「但願身爲漢嘉守，載酒常作凌雲遊。」後人取其語，作載酒亭於山上。

湘西有漢廟焉，門外古樟一兩株，本幹空竅，小株出根上，亦數十圍。意廟必長沙定王時所建，及瞻肖像則前祀漢文帝，上不及高，下不及景，後殿呂后巍然而已。

柳耆卿風流俊邁，聞于一時。既死，葬棗陽縣之花山。遠近之人，每遇清明日，多載酒殽飲于耆卿墓側，謂之「弔柳會」。

蜀之青城有繩橋，每橋長百二十丈，排連之，上布竹笆，攢立大木數十于沙中，輦石固其根，每數木作一架，掛橋于平空【五】，大風過之，掀舉幡幡然，大略如漁人曬網。

白樂天有《忠州木蓮詩》，木蓮，蓋所罕見。放翁陸游嘗遊臨卭白鶴山寺，佛殿前有兩株，高數丈，葉堅厚如桂，以仲夏發花，狀如芙蕖，香亦酷似。花折時有聲如破竹【六】。然一郡止此二株，不知何自至也。成都多奇花，亦未嘗見。

《北户録》云：「廣人於山間掘大蟻卵爲醬，名蟻子醬。」按此即所謂「蚳醢」也，三代以前，固以爲食矣。然則漢人鼂祭宗廟，又何足怪哉！

泗州浮圖下有僧伽像。徽宗時，改僧爲德士【七】，僧皆頂冠。泗州太守亦令以冠加於像上，忽天地晦冥，風雨驟至，冠裂爲兩，飛墜門外。舉城驚怖，莫知所爲。守遽詣拜曰：「僧伽有神，吾不可强。」遂止。又翟公巽靖康初赴召過泗州，見僧伽像，鬚涌出長寸餘。他人不見，怪之。一僧曰：「公雖召還，不久復出。蓋鬚出者，須出也。」後果驗。

名山大川皆有神司之。潯州一土神並無土偶像，但有一木主，長五尺餘，半在地，書云：「唐御史李百行殿。」然考之《唐書》，無傳，竟不知何神也。

九江岳肅之負山立屋，在湓城之中。山有堅土，凡版築者，得畚致之。慶元初年五月，大雨隤其巔，古冢出焉。初僅數甓流下，其上有刻如瑞草，傍著字曰：「永寧元年五月造。」又有匠者姓名曰張某，下有文如押字焉。居數日，山隤，壙周半墮，骨髮棺槨皆無存。兩傍列瓦盌二十餘，左壁有一燈，尚熒熒，取之即滅，有油如膏，見風凝結不可抉。盌

【五】掛橋于平空　「平」，《吴船録》卷上作「半」。

【六】花折時有聲如破竹　「折」，《墨海金壺》本、《守山閣叢書》本作「拆」。

【七】改僧爲德士　「德」原作「道」，據曾敏行《獨醒雜志》卷九改。

中有甘蔗節，有銅盆類今厮羅，殊無古制，中有雙魚，盆底有四鐶附着，不測其所以用。有一銅盂，穴底，市井庖人什器同制。碣曰：「晉征虜將軍墓。」數日復雨，山又隤，碣遂埋焉。考《晉書》，永寧蓋惠帝年號，征虜之名漢雖有之，在晉時，以此官顯者不著於史，又無姓氏可見，亦一異也。

雪山王景文嘗遊東林，有導以訪古冢於西山之阿者，入而觀之，累甓爲室，下廣而方，上鋭而圓，四隅蹲以猛獸，而其傍皆石爲壁，石柱承之。柱爲龍虎形而壁則爲人狀，别以類而飾于首，有功曹、書佐、門下功曹、門下書佐、車亭長、候車亭長、信都長、都亭長、從史、門下史、中史、立符史、重車卒、賊曹、騎小史二人、騎牛三人，皆乘大車蓋，或挽以橐駞，以馬以牛從者，或執刀斧，或執劍，或懸鐘鼓以擊之，皆作奔走狀。又有反袂障面而哭者，其畧可見者如此。又有穴，正中斑斑，似有人物而狹不可入，其刻畫不甚精密，而皆有文采，字正類漢隸。退而考之，其官屬與《晉志》多合，往往晉、宋前郡守、縣令所藏也。其刻諸壁者，亦記當時送葬之官屬云耳。以其與前事相類，故取而併録之。

番禺有海獠雜居，其最豪者蒲姓，本占城之貴人也。後留中國，以通往來之貨。居城中，屋室侈靡，富盛甲一時。性尚鬼而好潔，祈福有堂，堂中有碑，是爲像主。凡會食時，不用匕箸，以金銀爲巨槽，合鮭炙、粱米爲一，洒以薔薇，寘右手于褥下，羣以左手攫取。

吉水周氏之先，有爲里胥者，出入里巷。一日，至縣下十里外曰牢橋小鹺鋪中，見鋪家用一稱錘，如冶鐵，如土硃石，周取而閱之，亦贊其好，問鋪家：「何處得來？」鋪家曰：「牆東隅尚有數十塊。」周就取其一，歸示妻子，競相傳玩，愛其形如馬蹄，有磨之於石者，其光爛然，乃知其爲金也。周即夜擕小器，盡載以歸，枚枚相似，輕重不差。夫麟趾、裹蹏，漢一斤金也，其來古矣。更千百年，忽焉而出，古人云「至寶横棄道側」，是可爲此寶惜。

南安屬縣曰上猶，有鍾氏者家素饒財，有媪主家勤儉好善，所居堂後汙池廣尋丈，以散鵞鴨。一日，鴨得魚長七八寸，既吞復吐。媪意魚之不受啄也，倚户視之，吞吐益久，怪之，驅鴨而涸其水，魚無有也，漉其泥，得一笏如魚之長，浴而視之，白金也。既又探泥，笏愈多。竭其泥，得笏凡千百，自是家益饒。

義騟者，九江戍校王成之鎧騎也。嘉定庚午，峒寇李元礪盜弄潢池。兵符下，統府調卒，成與行。至吉之月餘，寇犯龍泉栅，成出鬭死焉。官軍亟鳴鉦，騟屹立不去，悲鳴尸側，賊將顧之曰：「此良馬也。」遂取之。

錫夫人者，俚謂之湯婆。鞲錫爲器，貯湯其間，霜天雪夜，置之衾席，用以煖足，因目爲湯婆。竹谷羅學温文之曰錫夫人，且贊之曰：「《禮》云：『八十非人不煖』，則人固可以安老也。然黄太史之詩不云乎：『小姬煖足卧，或能起心兵。』則人或適以病老也。夫人有安老之功，而無病老之患，其賢於人遠矣。孔子曰：『《關雎》樂而不淫。』錫夫人有焉。」

東晉猶乘牛車，王導短轅犢車、長柄麈尾是也。唐《劉子玄傳》：古大夫以上皆乘車，以馬爲騑服。宋朝渡江以前，無今之簥，只是乘馬，所以有席帽、護塵之服。思陵在維揚，一時擾亂中遇雨，傳旨百官，許乘肩轝，因循至此，故制盡泯。紹興、乾道間，都下安敢張蓋？雖曾爲朝士，或外任監司州郡入京，未嘗有蓋，只是持袋扇障日。開禧間，始創出皂蓋。程覃尹京，出賞嚴皂蓋之禁，有越士張蓋過府門，遂爲所治。後學中有詩云：「冠蓋相望自古傳，以青易皂已多年。中原數頂黃羅繖，何不多多出賞錢。」時山東盜賊紛起，故有此詩也。

《唐高祖實録》：武德二年正月甲子，下詔曰：「釋典微妙，淨業起於慈悲；道教沖虛，至德去其殘暴。況乎四時之禁，毋伐麛卵；三驅之禮，不取順從。蓋欲敦崇仁惠，蕃衍庶物，立政經邦，咸率斯道。朕祗膺靈命，撫遂羣生，言念膏肓，無忘鑒昧【八】。殷帝去網，庶踵前修；齊王捨牛，實符本志【九】。自今每年正月【一〇】、五月、九月十直日，並不得行刑。所在公私，宜斷屠殺。」此三長月斷屠殺之始也。竇苹注引釋氏《智論》曰：「天帝釋以大寶鑑鏡，照四大神洲，每月一移，察人善惡。正、五、九月照南贍部洲，故爲省刑。」唐士大夫如白居易輩，蓋有遇此三齋月，杜門謝客，命僧作佛事者。宋朝於此三月，官中請俸，亦不支羊肉錢。近年之禁刑屠，亦其遺制也。

【八】無忘鑒昧　「鑒昧」原作「餐寐」，據陸游《老學庵筆記》卷八改。

【九】實符本志　「本」原作「末」，據《老學庵筆記》卷八改。

【一〇】自今每年正月　「年」字原脱，據《老學庵筆記》卷八補。

古所謂揖，但舉手而已。今所謂喏，乃始於江左諸王。方其時，惟王氏子弟爲之，故支道林入東，見王子猷兄弟，還，人問：「諸王何如？」答曰：「見一羣白項烏，但聞唤啞啞聲。」即今喏也。

今之衣半臂者，或者謂非古之禮服也。魏明帝嘗著帽，被縹綾半袖，楊阜問曰：「此於禮何法服也？」帝默然不答。自是不法服不見阜。《光武紀》：更始諸將服婦人衣，諸于繡𧝓。注：書無「𧝓」字，《續漢書》作「褔」，並其勿切【一一】。三輔吏士莫不笑之，或有畏而走者。注《前書音義》云：「諸于，大掖衣也，如婦人之袿衣。」揚雄《方言》：「襜褕，其短者【一二】，自關而西謂裗褔。」郭璞注云：「俗名褔掖。」據此，則諸于上加繡褔，如今之半臂也。

五原趙執中分領駐鎮江之中軍，出新巧，進木幹箭，塗之以漆，黑質而赤章，椽首罌項，自其腹羨以殺之，旁開兩道，左右如一，中爲穴，以末受鏃，其鋒鑿長七寸有奇，射及三百步之外，名曰風羽云。

宣和之季，京師士庶競以鵞黄爲腰腹圍，謂之腰上黄。婦人便服不施衿紐，束身短製，謂之不製衿。始自宫掖，未幾而通國皆服之。未幾而金人之來，卒不能制，斯亦服之妖歟？

楊東山云：「紹興庚戌，隨侍先文節公接伴北使，使以趙州濁梨兩顆私覿。梨皮黄褐色，肉黑如墨，質如酥，味甘而香，大如㜷膀，亦奇種也。」

【一一】並其勿切　「其」原作「甚」，據《養素軒叢録》本、《墨海金壺》本、《守山閣叢書》本改。

【一二】其短者　「短」原作「矩」，據《墨海金壺》本、《守山閣叢書》本改。

⊙佚名撰

咸淳遗事

燕永成整理

點校説明

《咸淳遺事》二卷，不著撰人，清四庫館臣認爲：「核其詞意，疑宋之故臣遺老爲之也。」

該書主要記述南宋度宗朝的朝廷大事，記事起自理宗景定五年春二月，至度宗咸淳八年。重點載録了度宗時的朝廷詔制、皇帝御筆與内批、君臣奏對以及其他時事，反映了度宗時的部分朝政狀況。因該書所載史料原始詳細，故有極高的參考利用價值。

該書唯明《文淵閣書目》卷二著録爲「一部一册」，具體卷帙不詳。今傳本係清四庫館臣從《永樂大典》中輯出，並且厘定爲二卷。現存版本主要有：《四庫全書》本，《墨海金壺本》和《守山閣叢書》本均出自《四庫全書》本。此外，尚有《粤雅堂叢書》本以及汪士鍾的藝芸書社抄本（上海圖書館藏）。這次整理，以文淵閣《四庫全書》本爲底本，以《粤雅堂叢書》本作通校，並且參校了藝芸書社抄本、《墨海金壺》本、《守山閣叢書》本以及宋代有關典籍。

卷上

景定五年甲子春二月辛未，雨土。行都大火。時大元世祖皇帝之至元元年也。秋七月甲戌，彗出柳，芒角燭天，長十餘丈，自四更從東方見，日高方歛。如是者月餘。楊棟謂是蚩尤旗，非彗也，遂遭論去國。己卯，丞相賈似道、參政楊棟、同知葉夢鼎、僉書姚希得奏事【一】。上曰：「彗出于柳，彰朕不德，夙夜疚心，惟切祇懼。」宰臣奏曰：「陛下勤于求治，有年于兹，寧有闕失？寔臣等輔政無狀所致，上貽聖憂。臣見上疏，乞罷免，可以上弭天災。」上曰：「正當相與輔承闕失，止回天意【二】。」台臣交章言：星變灾異，皆公田不便，民間愁嘆不平之所致。乞罷公田，以答天意。賈似道亦丐辭右相位。上曰：「言事易，任事難，自古然也。使公田之説不可行，則卿建議之始，朕已沮之矣。惟其上可免朝廷造楮之费，下可免浙西和糴之擾，公私兼濟，所以舉意命卿行之。今業已成矣，一歲之軍餉，仰給于此。若遽因人言而罷之，雖可以快一時之異議，如國計何？如軍餉何？卿能任事，亦當任怨。禮義不愆，何恤人言！卿宜安心，毋孤朕倚毗之意。」於是羣議遂息。先是，都漕劉良貴、浙漕吴势卿陳堯道曹孝慶合奏：「限田之法，自昔有之。置官户踰限田，嚴歸併飛走之弊。回買官田，可得一千萬畝。每歲則有六七百萬之入。其于軍

校勘記

【一】僉書姚希得奏事　「得」字原脱，據《守山閣叢書》本、《墨海金壺》本、《粤雅堂叢書》本及汪氏藝芸書社抄本補。

【二】止回天意　「止」，《粤雅堂叢書》本、《宋季三朝政要》卷三作「上」。

餉，沛然有餘，可免和糴，可以住楮弊，可以餉軍，可平物價，可安富室。一事行而五利興，寔爲無窮之利。」上然之。似道遂以自己浙西萬畝爲公田倡，嗣榮王繼之。趙孟奎以自陳投賣。自是朝野無敢言者。初議以官品逾限田外官買之，除二百畝以下者免，餘各買三分之一。立價以租一石者，償十八界會四十楮，不及者減價數。稍多則銀絹各半【三】，又多則度牒、告身准直。登仕郎三千楮，將仕郎千楮，校尉萬楮，承信郎萬五千楮，承節郎二萬楮，安人四千楮，孺人二千楮。于是浙西六郡各有專官，平江則包恢、成公策，嘉興則潘墀、李補、焦焕炎，安吉則謝奕、趙與訔、王唐珪、馬元演【四】，常州則洪穮、劉子庚，鎮江則章坰、郭夢熊，江陰則楊班、黃伸。並俟竣事，各轉一官，守臣並以主管公田繫銜。其公田每歲秋租輸之官倉，特與減饒二分。或水旱，則別議放數。其間毗陵、澄江一時迎合，止欲買數之多，凡收六七斗者皆作一石。及收租之際，元額有虧，則取足于田主。及歸附以來，元無底籍，田主又將止收四五斗者，抵换元賣田數。以致米數不敷，遂成拋荒，遺害農民，迄今嗟怨。

冬十月，忠王即皇帝位，是爲度宗。詔以明年爲咸淳元年，詔曰：皇天眷佑下民，而作之君王者，改元視始而正其本。朕以菲質，獲承至尊。罔不在初，永爲嗣德之義；悠未有艾，益謹繼繩之謀。蠲貢式以清化原，施曠恩而導和氣。內則收召衆正，以立邦家之基；外則撫循三軍，以固封疆之守。期底寧于方夏，用固毖于成功。率循舊章，靡遑他

【三】稍多則銀絹各半　「稍」原作「租」，據《宋季三朝政要》卷三、《錢塘遺事》卷五改。

【四】馬元演　原作「馬無演」，據《守山閣叢書》本改。

務。將更端于嗣歲，用改曆以紀年。永惟冲人，祗遹丕憲。奉顯謨而纘服，寔同奠廟之初；躬達孝以盡倫，爰法壽皇之制。況咸平、淳熙之際，皆泰和極盛之時。乃輯嘉名，式新紀曆。庶幾咸樂利而致天下和平之福，一風俗而延運祚長遠之休。嘉與函生【五】，共陶聖化。其以明年正月一日，改爲咸淳元年。赦文曰：帝王统羣生，寔任撫綏之寄；《春秋》正五始，況承付託之初。仰惟先皇，丕承前烈。纘緒十有三聖，光紹寧宗，享國四十一年，遠繼仁祖。子民若保，事帝如臨。以江海之量，優容羣言；以雨露之仁，滲漉九有。時和屢格，敵難乍消。日引月長，久于其道；蚤朝晏罷，遹求厥寧。聖躬莫殫于焦勞，冲候遂愆于節適。興言菲質，共侍宸廷。解帶匪遑，所期日間；抱弓何及，詎意天摧。驚聞凴几之言，俾奉纘圖之重。恪承懇極【六】，勤撫多方。創鉅痛深，且嬛嬛而在疚；投艱遺大，尤懍懍以弗勝。惟天地之德好生，惟祖宗以仁立國。矧屬君臨之初政，式循覃霈之舊章。可大赦天下云云。於戲！天付有家傳在予，必稽謀而疾敬德；父有天下歸于子，惟永念而弗棄基。庶能慰六軍萬姓之同心，于以答中國四裔之望治。尚賴忠賢碩輔、文武百僚，叶濟康功，共扶昌運。

翌日，降内批曰：予惟章聖嗣統之初，復秦王官爵，蓋太宗意，而章聖克承之。故濟王生前之官，先皇已自追復，而有未復所贈官爵，乃留以遺後之人，即章聖踐阼贈秦王太師、中書令之典也。所當繼志，以慰永懷。可追復元贈少師、保靜鎮海軍節度使，仍令所

【五】嘉與函生　「函」，《粤雅堂叢書》本作「咸」。

【六】恪承懇極　「懇」，《粤雅堂叢書》本作「皇」。

屬討論墳塋之制，目下增修。餘照先帝端平元年六月十二日指揮。按《通鑑》：宋寧宗嘉定十七年，史彌遠矯詔廢皇子竑爲濟王，而立沂王子貴誠，即理宗也。又理宗端平元年，太常少卿徐僑嘗侍講，開陳友愛大義，帝悟，乃復命竑官爵，有司檢視墓域，以時致祭。

又降内批曰：恭禀慈訓，先帝嘗欲照故太師、崇憲靖王加兩鎮恩數于太師嗣榮王，治命不可違也。令學士院擇日宣鎖降制。其制曰：朕初紹丕圖，恪遵慈訓。《棠棣》孔懷之愛，仰沐先皇；《行葦》内睦之仁，孰加叔父？撫紹熙一時之令典，有憲靖拜節之殊榮。曩友則其兄，恩未酬于素志；言猶在耳，令爰屬于眇躬。如對咫顔，用孚羣聽。具官與芮聯暉，皇極□□總磐。元王帝弟之最尊，多閲義理；河間宗室之大雅，獨備温文。愛其所親，庶幾達孝。況承治命，具有舊章。是用端策涓辰，揚庭涣號。衮衣赤舄，仍冠禮亦宜之。粤予宅揆之初，追感盡倫之義。承而弗德，望而弗至，惡乎用情；敬其所尊，厚敘親賢，時維昭著。聳民瞻之赫赫，莫重建旄；訓公族之振振，有華襲爵。式相好矣，槐司；寶甲琱戈，加崇將鉞。膺組不移于泮水，新麾增焕于雲安。順考邦彝，三公迺兼兩鎮；特優宗老，累朝不過數人。併衍爰田，申陪真食。敢望馭貴，惟以篤親。於戲！稽漢制之兼郡連城，用彰殊禮；慨唐宗之大衾長枕，能不愴懷？式示蕃釐，以綏茂渥。可特授武康、寧江軍節度使，依前太師、判大宗正事嗣榮王，加食邑一千户、寔封四百户。

尊謝皇后曰皇太后，宫曰慈福。太后兄謝奕封郡王，姪堂、㙜、塈、垕皆節度使。

立全氏爲皇后。后，理宗母慈憲夫人姪孫，全昭孫女。其制曰：王位在德元，所以接千歲之統；后職聽内治，所以形四方之風。朕肇摠乾綱，儀圖坤載。文王爲世子，問安嘗共至于寢門；太姒嗣徽音，思媚益仰承于京室。稟奉慈闈之命，延登中壼之賢。涓選剛辰，誕揚涣號。全氏冲和而淑茂，懿敏而静專。居勤圖史之遵【七】，動中珮環之節。仰惟聖父，謹擇儲妃。興懷慈憲之家，我之所自出；爰得元良之配，因不失其親。褘褕粲入覲之儀，衿帨盛來嬪之禮。天作之合，人無間言，而能謙毖自將，柔恭有恪。寒温隨甘旨之適，夙夜期警戒之成。漢觀錫名，鍾在太孫之愛；唐宫臨藻，增多慈母之歡。朕丕紹帝圖，敬敷明則。怡怡愉愉而奉太后，兹惟即位之初；雍雍肅肅而惠宗公，端屬御家之始。矧明揚于親訓，仍申諭于耴躬。謂子事母，婦事姑，既無違禮；則男正外，女正内，當舉上儀。加重翟以玉笄，範盤螭于金璽。式遵隆旨，茂建鴻名。於戲！朕承長樂之顔，后則佐餕于東内；朕奉清廟之祀，后則親蠶于北郊。《關雎》有正始之基，《葛覃》爲節用之本。順夫陰陽之義則家理，侔于天地之行則物宜。庸基化原，永綏福履。可立爲皇后，仍令有司擇日備禮册命。

賈似道爲山陵使，護理宗梓宫渡江，殯于紹興之殯宫。似道自上即位，累辭相印，至是遂歸紹興私第。去之後三日，上遣都官牟瀠賫御筆宣諭促還。其書曰：予夜不安枕，未明求衣，專俟師相歸，處分萬幾之事，今兹三日矣。所降諭旨，今差牟瀠用致予意。勉

【七】居勤圖史之遵　「居勤」二字原闕，據馬廷鸞《碧梧玩芳集》卷三《皇太子妃全氏立爲皇后制》補。

促師相速回，宜諒深衷，毋事臯緩。繼以似道未至，復命陳昉再賫御筆宣促。其書曰：師相鎮安夷夏，綏撫生民，怡然泰和之世。今師相舍機政而歸錦里，誰與予膺鎮安撫綏之任？此豈泛泛悠悠，越日與時，從臣猶未有的回之報。更命陳昉親行，代予勉諭師相速還朝堂。至意所在，幸冀矜體。兩使既至越，似道猶辭不已，復奉表回退相印、丐祠，然後敢還。上欲其回，乃曲從之，降内批曰：賈似道援引故事，毅然去國，極力勉留，累疏懇切，渡江歸里。其以數從臣宣召者亦既至再，親筆由庚置往者日不下六七，端殿從臣朝列今已八遣。回闕之期未聞，納禄之請隨至。所賴師相力勉陳詣，又必以得祠爲期。予亟欲師相之還朝，姑爲雅志之是徇。可依前太師、鎮東軍節度使、魏國公、醴泉觀使兼侍讀，仍奉朝請，令學士院降制。上又遣近臣同福王至其第邀請，及制書至越。似道又奉表辭太師，上復不允。遣使賜御筆曰：師相盛烈元勳，允合維垣之顯拜；高懷雅志，今因宅揆而力辭。陳請甚堅，執謙難奪。予惟成王初政，方有賴于經邦；周公爲師，曾何嫌于作輔。至勤累疏，再徇陳辭。雖重咈于予衷，然愈成于厚德。姑仍舊品，益壯賢猷。式慰仰成，彌深嘉歎。似道奉詔再辭，乃從之。將入朝，聞有旨令百官班迎于郊，似道又上表固辭，上望其來，乃降内批從之。其文曰：公衮來歸，朝紳迎候。羣臣有請，宜遵仁廟之舊章；師相力辭，且援先朝之近比。欲成謙志，宜徇忱辭。于是似道始入朝。既至，有旨令師相謁告日【八】，不請歸班，令閤門獨員引見。似道聞命，又上疏力辭。上乃許以謁

【八】有旨令師相謁告日　「令」字原脱，據《粤雅堂叢書》本補。

告日仍舉朝儀，遂降褒諭詔曰：惟冲人之凉菲，倚師相以經綸。洊秉台衡，益隆朝棟。篤前人光烈，作周孚先；暨乃僚同心，惟説納誨。資良猷之忠告，纂慶曆之盛時。欲推車之必行，若和羹之相濟。此開忱布公之道，而集思廣益之規。顧機務賢勞，或俾當于謁告；則疑丞佐列，宜無廢于在朝。嘉歎昌言，亟從來請。既見，乃再拜右丞相，降内批曰：師相忠存體國，志切愛民。比造闕庭，來游經幄，國勢底定，人心翕孚。予惟機務不可以久隳，朝野僉期于再入，合延新命，嚴肅具瞻。師相可依前太師、右丞相兼樞密使、魏國公，仍加恩。令學士院日下宣鎖。

咸淳元年乙丑。春正月元旦日，勑下御筆曰：予以寡昧，嗣承基緒，懼德弗類，心爲憂危。永惟古今，天下治亂，各有攸召。然未有用君子而不治，用小人而不亂者。《泰》《否》二卦，著此審矣。要其所以爲泰否者，特小人之一往一來，陰陽之一内一外，其幾甚可危也。今予初服，正《書》所謂「自貽哲命」之時。惟有愛護善類如元氣，屏絶憸壬如邪沴，庶幾自治之道。因念我朝以賢立國，自咸平作興培植以來，大者光明俊偉，小者靖共豈弟，數世流衍，邦家奠安。熙、豐以後，一起一仆，汔爲奸慝所勝。逮至孝宗，尤爲篤意，由乾道及淳熙，彬彬輩出，號爲極盛。不惟在上者爲人物之依歸，而在下者可爲儒學之表倡正人正道，相爲彪炳，雖紹熙、慶元、嘉定間，用之不盡。皆此時涵養之功，治象于此可以槩見。予荷豐芑詒謀之澤，環視在列，罔匪俊乂。寔先帝簡拔以敷遺者，若不待夢寐以求，則淵阿空谷矣。緊爾服休服采之臣，尚體予意。必保固凝聚而無遐心，必搜求荐達而無隱情，必期于立政而不習于立名，必勤于相厲而不致于阿附。使根植壯而有益蕃之望，氣類全而無可乘之隙。聞于下者，皆知今日杜羣枉之門，開衆正之路，莫不懷忠信、厲廉隅以待舉。而士大夫之習爲之丕變，是亦正人心之一機也。審此則奚愧于咸淳之紀元，方二祖之盛際。惟予以懌。

詔斥貢羨餘。其文曰：朕嗣臨大統，承保先帝受命；民爲邦本，所關務先惠養。惟郡國貪殘之吏，舊染汙習，繭絲之取，不盡不止，痛哉！甚者，矯虔奉貢，稱曰羨餘，此又借公上之名，以甚其毒者。我朝自藝祖乾德之詔，列聖守以爲家法，朕用寶之，以警無良。繼自今如贓吏之罪無所貸，敢有修貢羨爲名者，以盜贓之罪罪之。

上幸太學，陞邵雍、司馬光從祀。其詔曰：邵雍天挺人豪，英邁蓋世。司馬光有德有言，有功有烈。朱熹贊之，與周、張、二程俱。雍述經世書，發先天奥旨，而內聖外王之學，寔闢吾道。光著《通鑑》，貽後世治法，而真履寔踐之美，爲儒宗師。蓋非前代諸儒或以章句文詞得祀于學者比。朕將臨辟雍，因思朱熹所贊，已祀其四，尚遺雍、光，非缺典歟？令學宮列諸從祀，以示奬崇。

呂文德授少保，制曰：朕紹纂丕圖，睠時英傑。屬大事當一面，久著績于幹方；立少保曰三孤，首疏恩于進律。況輯瑞頒朝之日，乃聽鼙思帥之初。爰簡剛辰，誕敷列辟【九】。具官吕某，沉雄有守，英果無前。家傳籌畧于渭濱，世擅勳名于江表。以左護軍陳計納策，下南郡以定荆州；爲大司馬清野奏功，分武昌而督右郡。以其苗裔，念兹成功。志清漢鄂之氛埃，耳洗岷峨之悽愴。據荆出益，未嘗忘北方之圖；首蜀尾吴，亟欲重上流之勢。錫之雙節，整我六師。足食足兵，惟征惟築。敵行如鬼，飲江復梗于投鞭；將通于神，獲醜不勞其折箠。兹歲華之晏粲，喜邊信之平寧。朕涖政方新，倚毗惟舊。惟孝祖初膺于大統，惟吴璘特表于殊庸。繡黼在裳，焕貳公之典册；珥戈導節，兼舊鎮之威儀。申衍户封，陪多采邑。壯矣軍容之重，煌乎命秩之隆。式循昭代之彝章，勿替先皇之殊遇。惟明于信人者善繼其志，惟忠于事主者不二其心。朕歷觀古人，可驗今日。周亞夫將兵再世，迄能守節以有勳；郭子儀受命先朝，惟以效忠而永譽。予欲固封疆之備，爾思齊閥閲之勞。茂對寵光，益恢遠畧。可授少保，依前職任，加食邑七百户、寔封三百户。文德上表固辭，且乞歸田里。上答之曰：覽奏，能體予諭，不復以護送先帝靈駕爲請，且爲寬顧是圖，備見憂愛之切。亞保之除，予嗣服之初，禮貌舊勳之意。比已專使將旨，諒已深悉。又曰：省所奏乞歸田里事，具悉。昔周元臣年九十，猶秉旄鉞。晉之宅牧上流者，臨邊四十一載。威信以久而益孚，勳績以久而益茂。睠我貳公之彦，夙隆方面之功。定江漢以告成，兼益荆而用武。臂指列屯之聽令，精神千里之折衝。朕每謂賢于長城，卿乃曰未能保障。馮異不伐，雖嘉陳誼之高；方叔壯猷，難狗遜能之請【一〇】。秋防

【九】誕敷列辟　「敷」原作「敭」，據《粤雅堂叢書》本改。

【一〇】難狗遜能之請　「請」，《墨海金壺》本、《粤雅堂叢書》本作「謂」。

伊爾，勉爲朕留。所請宜不允。文德復上表辭。上又批答曰：卿七年分閫，一忱爲國，此予所深知也。近師相奏卿又結約成都之叛將，及勦除大理之殘寇，疇昔之忠貫日月，功高古今，愈隆而愈著矣。安危佩于一身，其可言去？來奏卷還，宜體眷意。文德遂始拜命。

上即位之初，尤重經帷衆臣，賜御筆曰：予嗣大歷服，惟懷永圖。學古于訓乃有獲，與治同道罔不興。是用首闢經帷，示思先務。諸賢舊從游者，無非天下端士，比復旁起望于時者，以益學而勤嘉謀啓告【一一】，俾學日益而治日隆，則予以懌。于是殿講黄萬石、禮部尚書盧鉞馬廷鸞、給事中留夢炎、禮部侍郎李伯玉趙汝暨，皆得輪直奏事經筵，各盡所學。是歲，上以諒陰，命宰臣類試，進士依廷試例賜出身有差，擢阮登炳爲第一。

詔陞温州，改爲瑞安府；嚴州爲建德府，宜州爲慶遠府，忠州爲咸淳府。

二年丙寅。春，臨安府士人葉李、蕭至等上書，詆賈似道專政。似道因求退相位，上勉留之。降御筆曰：元臣碩輔，惟祖宗之付予；惇德精忠，惟社稷以爲悦。經綸萬化，消伏羣陰。紀綱正而君子有所依，精神强而敵人知所畏【一二】。既克底定，遹觀厥成。□□爲相二十六年，豈曰成功即退；彦博維師書四十考，又何拘滿之疑？屢諭衷忱，冀回冲守。四封安堵，而善治欲其迓續；衆賢聚朝，而正脉欲其堅凝。矧予菲凉，倚重師相。如漢朝慮輕而賴有德，如周王思艱而惟舊人。期萬年其永歡，此先帝之所屬。可久則賢人之德，用翊相于昇平；至公以天下爲心，願恒保于明哲。益隆柱石，增耀旂常。所請

【一一】以益學而勤嘉謀啓告　《守山閣叢書》本、《粤雅堂叢書》、《墨海金壺》本及藝芸書社抄本均作「以益所學而嘉謀啓告」。

【一二】精神强而敵人知所畏　「敵人」，《守山閣叢書》本作「遠人」。

宜不允。參政姚希得亦上表留似道，奉御筆曰：輔臣列銜請留師相，議論其可畏【一三】，當破千載謬論之非也，此與予同一愛國之心。至于典禮，固爲後世故事，然有時異事殊，不可同日語矣。師相勉爲國事，留而輔予，以秉庶政，此亦可爲後世法也，願毋固執。于是似道又上表乞並相，上復不之許，降御筆曰：予先力勉師相，以佐天下之重，洪濟艱難。先帝命元勳宅百揆，示委任之專也。一相經綸于上，衆賢叶贊于下，廟堂有翕受之公，朝廷有肅和之美，景定之治，敷遺後人，此委任之効也。奏篇遽上，復以更命一相爲請，予覽悚惕。且並相之弊，先朝訓戒昭如日星，予其敢違先訓？況師相守文應變之全才，開忱布公之宏模，謂如孤立無助，何太謙乎？予觀泰否消長之機，惟體統一，則可以杜絕憸慝。《書》不云乎：任賢勿貳。幸念先帝垂裕之謹，思冲人仰成之忱，勿執謙遜，以一觀聽。宗社生靈永永扶植，師相雖勞，而天下安矣。所請宜不允。

姚希得奏辭潭州安撫，上不允，降御筆曰：省卿所奏，具悉。惟長沙千里之雄，選以爲屏；君子萬夫之望，用之則行。卿以當代鉅臣，兩朝碩德。有憑有翼，在前疑後丞之間；所試所瞻，皆方伯連率之職。惟重湖通川陝之氣脉，九郡控蠻猺之喉衿。中興以來，厥寄攸重，遠則有珙，近則有葵，按漢東公孟珙以寧武軍節度使致仕，冀公趙葵爲武安軍節度使。率以殿帷而領藩服。前修祖述，夫豈考槃在澗之時？美政咸懷，尚體求牧與芻之意。朕命惟允，爾行勿遲。

【一三】議論其可畏　「其」，《粤雅堂叢書》本作「甚」。

王爚乞解罷參政，不允，詔曰：朕若稽祖考彝訓，諭至切矣。再牘懇辭以疾，尚以去爲高哉！二三執政，猶吾股肱，其關于國體之重。迺者君臣一心，相與喜起，庶績惟熙。今朕無斁其康事，爾惟求朕攸濟，以敉寧武圖功，裨闕失而舉綱維，勿俾徵、珪專美于唐。朕言已再，卿其勉之。沿江制置使馬光祖亦上表乞致仕，上不允，回御筆曰：朕觀《采薇》《車攻》之詩，服勤王事，不敢懷歸，忠臣之誼也。矧商飈既高，天壍當防，無日不申警，至于惜分陰，庶克有備無患。若曰保身之榮，于卿則得之矣，豈朕北門管鑰之意乎？蹇叔之方未懲，楚兵之謀始伏。益懋幹方之略，勿陳知止之言。所請宜不允。

冬十月，詔行郊祀。詔曰：禮脩肆類，大舜所以致嗣位之恭；祀秩肇稱，成王所以昭受命之敬。朕以菲質，仰紹慶基。粤從遺大以投艱，愓若臨深而履薄。永惟萬事，于今三年，常對明威，敢忘先訓？式克勤勞王家，惟既增修國政。加璧以聘老，側席以待賢。杜羣枉以爲明，令四方毋來獻。我其夙夜，允懷濟時之思；心之憂危，每軫奉詔之慮。疆埸曷繇而庶定？年穀奚自以屢豐？罔知于兹，其何能淑？惟天惟祖宗之畀付，在上報有祈，盍爲大芘黎元之地？盍揭虔于始郊，以答貺于初服？念其難其慎，曾微可告神明之功；而有在左右之鑒觀，盍爲大芘黎元之地？卜云日以至吉，適當月而禫文。顧予何言，惟恐德弗類；唯帝孜古之制，無以卑廢尊。是用裒對剛辰，儀圖款謁，躬齋精而殷薦，命誓戒以具修。唯帝孚佑下民，敢私祝釐歸福之美？其爾典聽朕命，各肩展采錯事之忱。朕以今年十一月十七日款謁于南郊。咨爾攸司，各揚乃職，相予肆祀，毋或不恭。

太史奏十一月十六日夜，月食。乃改郊，復下詔曰：朕嗣大歷服，稽古禮文。勑命惟時幾，益思謹憲；毖祀于上下，式敬在初。既孚號于前期，將蔵事于長至。念天威之明畏，常若鑒觀；適月食之推占，敢忘儆戒。遹觀舊制，常改始郊。惟乾德上甲之肇祀，蓋疑近晦；隆興元日之展采，允叶履端。茲參二祖之規，克接三才之奥。裒對孟陬之吉，尚迪導迪嗣歲之和。肆類而徧羣神，率循舜典；大報而就陽位，宜用夏正。載涓休辰，尚迪彝訓。所有南郊行禮，改用來年正月一日。其文武官封贈奏荐及諸軍賞給等，並照隆興二年典，于今年冬至日舉行。

三年丁卯。春正月己丑朔，有事于南郊，黎明肆赦。其文曰：朕嗣受丕基，式循彝典、虞典之類于帝，率惟正月上日之初；周邦之單厥心，祇若昊天成命之始。永懷先哲，敷遺冲人。既付中國民，忱敉圖之匪易；無疆大歷服，凛持守之惟艱。顧菲薄懼弗克勝，而兢業未知攸濟。三陲庶定，益思戒備于不虞；八蜡雖通，猶慮豐穰之艱必。無日不惕，賴天之靈，井絡奏勳，寖恢舊宇。臘霙呈瑞，寔兆有年。遹求厥寧，敢曰能享。載稽隆興之詔，仰法至道之規。維泰時之肇禋，于孟春之朔旦，以大報本，式敬用休。然念黍稷非馨，必至治而神明感；牲醴以告，必嘉德而民力存。篤其棐忱，惟予寔意。蓋常崇節斂之制，廣賑貸之仁，屏遠憸壬，申儆貪墨。凡立政立事，灼知厥若；庶在宫在廟，不顯亦臨。敷前人之大功，乃建鴻號；秩元祀之縟禮，乃宿熙壇。相維辟公，初見宗祖，恭館奉幣，長發其祥。大室祼圭，既備乃奏。儼一忱而對越，輯衆正以伻從。肅巾車五路之容，涖甘泉八觚之址。絢陽曦于嘉旦，溢瑞氣于崇霄。迪惟嚴恭，庶幾宴享。于是被衮而薦鬯，昇丘而燔柴。合法兩儀，協乾坤之交泰；陟配二后，昭功德之兼隆。賓八卿于桂尊，穆東皇于瑶席。神鴠吉而高游，詹星彪而殞幄。燕祉皇天，馮馮翼翼；介壽文母，怡怡愉愉。迄用有成，俾爾單厚。飭躬奉幣，以蒙嘉氣，敢專鄉于蕃釐；行慶施惠，以及兆民，盍丕承于洪造。予其大賚，咸予維新，可大赦天下云云。於戲！克相上帝，寵綏四方，惟始和而觀治象；爰建皇極，敷錫五福，惟好生以洽民心。蓋春者德之元，而祭者澤之大，尚賴股肱爪牙之勵翼，岳牧侯衛之布宣。永敷萬國之歡，勿替億年之敬。

壬辰，執綏官、禮部侍郎陳宗禮奏，郊祀在輅玉音問答，録付史館。

上幸辟雍，謁先聖，并侑曾子、子思配享；子張封陳國公，升十哲；伯魚列從祀。

上以郊見禮備，詔有司擬上皇太后尊號，丞相賈似道等擬進「壽和」二字。復詔有司詳具儀禮。其詔曰：享帝于郊，祀既成于報本；介福于母，德莫大于鴻名。迪愛敬之丕彝，侈榮懷之鉅慶。皇太后道參悠久，性秉寬柔。體仁靜于躬行，茂寔履吉【一四】；廣惠于内治，允叶坤元。丕徽範以厚倫，贊聖謨而與子。顧惟眇質，夙荷隆恩。嚴恭肆類于熙壇，孚訓仰承于太極。受天佑而繩祖武，惟冲菲之弗勝；事地察而通神明，輯休嘉之

【一四】茂寔履吉　「茂寔」，《粤雅堂叢書》本作「咸宜」。

並貺。寔惟保佑，敢後尊崇？裒四海之歡心，稽累朝之盛典，用申景鑠，祗上鴻稱。敘疇曰壽以居先，億年多祉；育物以和而爲大，萬宇皆春。式昭平格之功，永奉怡愉之樂。皇太后宜恭上尊號曰壽和皇太后。其令有司詳具儀禮，上册寶。册文曰：維咸淳三年歲次丁卯正月某日，皇帝臣禥謹稽首再拜言曰：臣聞嗣宅丕后于前人，莫重于嚴大報以致享；聿懷多福于上帝，尤重于隆至眷以推尊。睠凉菲之弗勝，每寅畏以自度。繄我慈極，方寸之澤流于無垠；錫予昌期，景長之禄同于有載。屬諏吉于元日，以有事于陽垓。曾徽明德以荐馨，時保小心而敬事。詎曰能格，愈不敢康。荷后皇之溥臨，暨祖宗之孚佑。始爲乂安百姓，冀蒙嘉氣以獲豐年；今已祀郊上元，盍推申休而尊明號。用昭積慶之本，恪紓歸美之忱。皇太后殿下靜專而柔明，端穆而厚裕。亦莫不庶，如《天保》之升恒；無爲而成，同《中庸》之位育。遡正始，播二《南》之化；既垂憲，貽萬世之傳。重開景運于艱難【一五】，寔濟先皇之兢業。漢家累治，固由衣練以稱賢；周室復興，端賴脱簪而有助。宜揚蕤于汗竹，式作則于塗椒。改紀以來，流徽深著。謀深豐水，而尤資母訓之力；娶擇畬山，而獲同子職之供。恩斯勤斯，鬻以閔斯；至矣盡矣，不可加矣。迨夫全付所覆，遹求厥寧。越天棐忱，何由而顧諟；惟皇作極，何由而靈承。克俾冲人，率循丕式。自貽哲命，厥德之嗣在初；敷時繹思，于父之道無改。凡答揚先訓之實，皆兹迪彝教之功【一六】。方今遠格邇安而治象熙，内修外攘而政理飭。宮中府中俱爲一體，卿從

【一五】重開景運于艱難　「重」，《守山閣叢書》本作「遂」，《墨海金壺》本作「垂」，《粤雅堂叢書》本作「兆」。

【一六】皆兹迪彝教之功　「皆」，《墨海金壺》本、《粤雅堂叢書》本作「對」。

民從是謂大同。奉祀事孔昭，其敢專鄉于己；念親恩惟厚，尤當不忘于天。肇舉鴻儀，祇宏嘉典。然極九州之奉，曷表中心；必加萬世之名，庶昭懿則。乃詔禮氏，乃命宰臣，采實徽以揆殊光，篤熙序而申景鑠。以壽爲五福之首，而和乃百嘉所生，裒形容之辭，伸推崇之詣，意存歸胙，忱寓介眉。餮金相于未央，奉玉巵于長樂。輯是穰簡，溢爲怡愉。拊瑟戞球，聲既昭于物備；函璧衮繡，瑞畢至而光舒。以俾耆艾而熾昌，以成元亨而利正。臣不勝大願，謹奉玉册金寶，上尊號曰壽和皇太后。伏惟壽和皇太后殿下涣膺鉅典，深鞏丕基。慈者仁之原，惟仁則壽；元者一之謂，惟一斯和。備之則禄名位有兼隆之符，等天地而逾久；充之則聲氣形有交應之象，合宇宙以長春。遠齊喬松之齡，如在唐虞之際。雍容懽佩，允觀河清岳靜之期；鞠跽稱觴，同慶泉醴露甘之瑞。長居太極，祇奉懽顔。臣禥寔懽寔抃、稽首拜手謹言。

榮王與芮進封福王，黄氏封隆國夫人。

賈似道太師、平章軍國重事。其制曰：三公坐而議政，莫先軍國之宏綱；九經所以尊賢，丕奉朝廷之茂典。朕仰成元老，勸相我家。卿養志不違，冀娱慈侍。留行雖切，未諭至懷。若稽勳德之殊褒，厥有平章之重事。遹崇體貌，誕播絲綸。具官賈某，心貫兩儀，道高衆望。安社稷以爲悦，建武之元重開；以仁義爲事君，貞觀之言既效。上追先帝之遇，敬保冲人之初。簡修進良而羣枉消，開忱布公而百度飭。政刑明于閒暇，益固本根；德威成于安强，寖恢疆宇。曰雨曰暘之順敘，宜郊宜廟之洽熙。綜名實以新泰長之亨，治禮樂以介坤元之壽。有馮有翼，永言宗祏之焉依；惟孝惟忠，亦既君親之兼盡。昔元祐之迺慕循陔之樂，屢辭宅揆之繁。朕惟柱石之臣可有遐心，彝鼎之功盍加異數。其作孚先，罔俾制治，倚彥博之維垣。視國爲家，書四十之考；服人以德，懾萬里之衝。其作孚先，罔俾專美。仍進公孤之秩，特爲廊廟之遊。三日一朝，以便綵衣之奉；多聞建事，更陪廣厦之咨。理内御外，謀焉就之；贊元經體，識其大者。人才進退，國論否臧，凡係安危，率惟裁決。若時導教訓之益，申以疇爵邑之恩。邁昔參、騫，爲今衡、旦。於戲！國之將興，尊師重傅，式隆四海之具瞻；天之欲治，舍我其誰，懋建萬世之長策。以擬任賢勿貳之績，以恢主善協一之規。光昭前聞，永扶昌運。可特授太師、平章軍國重事。

葉夢鼎右丞相。其制曰：太微上台之象，開德宣符；北極次輔之躔，出度授政。朕上稽乾則，首正皇綱。寔維阿衡，既任天下之重；儀圖山甫，式遹東方之歸【一七】。若時登庸，兹仍俾乂。念無踰于舊學，遂分理于繁機。載揆剛辰，誕揚丕號。具官葉某，氣和而德粹，識遠而謨明。有公輔之才，當大事而能斷；多保釐之績，雖小物以克勤。簡在先朝，揚于二府。是爲耆艾骨鯁之望，允也股肱心膂之臣。習于正人，敢忘受業之後；率時昭考，爰念繼猶之初。肆予思艱，往求攸濟，密藏彌縫之用，迄底礮假之平。忠既報于原陵，曰宅乃牧；政遂成于青社，以粒我民。有嘉勤勞，深切注想。乂臣不改，朕心乃

【一七】式遹東方之歸　「遹」，《守山閣叢書》本作「遹」。

知。方今建大政，興太平，一本《春秋》尊上公之義；聚衆思，廣忠益，允賴旦夕弼厥辟之謀。必左右大夫國人皆曰賢，則朝廷百官遠近正于一。久矣金甌之覆，幡然衮衣之來。每懷朕即帝位之時，維公暨汝；兹當爰立作相之日，寔帝賚予。君臣遇合，夫豈偶然；祖宗付託，庶其在此。笙鏞斯叶，巖石具瞻。昔彦博提軍國之綱，而臣光膺機衡之位。有謀則就，用成元祐之隆；同氣相求，兹推西洛之老。乃延登于端揆，以光紹于前修。特超賜位之階，仍總本兵之柄。申陪多賦，併衍真畬。於戲！先王敷求哲人，是爲後嗣之輔；天子動無過舉，必繇右弼之咨。適當四年既效之期，共翊萬世無疆之業。予欲遠法堯、舜之道，汝亦昌言；予欲誕保文、武之民，汝其猷訓。同躋于治，惟暨厥心。可特進右丞相兼樞密使。

留夢炎樞密使，制曰：朕圖功于武，成務惟幾。斗極一星，式應天樞之象；籌勝千里，允咨人傑之真。政途加已試之庸，使領陟久虚之選。誕揚垣綍，敷告大庭。具官留某，端重而裕和，高明而密察。陳堯、舜之道正，冠臯、伊之倫魁。有猷有爲，獨得寬大之體；同愛同敬，盡根忠孝之心。重在本朝，間于兩社。蓋烈考所以燕翼子，而元老所以暨乃僚。一體相須，四方其訓。於基命有密之地，肆其靖之；若勸行仁義之言，亦既效矣。厥今遺《采薇》之戍役，備《車攻》之修攘。主善爲師，既謀謨于廟堂之上；爽邦由哲，尚綢繆于牖户之間。用集衆思，爰度同德。睠西樞之明陟，亞右揆以同升。二人深相知，在秦府表留之日；衆賢罔不肅，有周家相遜之風。精神可以折衝，氣運應于亨復。重我兵本，若時真儒。昔曾在景祐之元，庠在慶曆之盛，皆以英彦而冠宥庭。適追藝祖之□，用成今日之懿。相尊等爾，益增重於事權；國庶幾乎，將永清於科瑣。中陪井幹，真衍圭畬。於戲！帝王之道出萬全，莫先於理内以御外；《春秋》之義大一統，莫嚴於内修而外攘。惟協心爲能濟謀，惟長慮爲能立事。務行所學，以懋乃猷。可特授樞密使。

賈似道上表力辭太師，遂改太傅，供職。

侍讀陳宗禮、給事中包恢、侍讀趙順孫危昭德並陞殿講，范東叟陞右史，王應麟除禮部侍郎，各以明堂恩數，轉官有差。

太傅、平章表上《十箴》。其略曰：心爲一身之主，道爲一心之主，作《存道心》；德勝則性于德，氣勝則性于氣，作《尊德性》；以位爲憂，不以天下爲樂，作《思艱難》；以一人治天下，不以天下奉一人，作《崇節儉》；樞機所發，榮辱之主，作《謹言動》；毫釐之差，千里之謬，作《審萬幾》【一八】；巧言如簧，《小雅》刺之，作《察邇言》；繁纓假人，《春秋》譏之，作《惜公器》；酣酒爲色荒之媒，作《戒彝酒》；左道乃亂政之門，作《屏異端》。臣似道一縷血忱，因辭述意，陛下不以其愚，克永觀省，是臣區區追先帝之遇而報陛下之心也。涓塵助成于滄海，螢爝增輝于太陽，斐然成章，不知所裁，惟聖明留意焉。上覽奏，復書曰：師相元勳碩德，粹學鴻名，以真儒傳正學。羽儀廟堂，領袖旂厦，忠言嘉

【一八】作審萬幾　「審萬幾」，潛説友《咸淳臨安志》卷一「熙明殿」條注引作「審萬微」。

獻，沃于朕心。若《無逸》《立政》之書，周公所以誨成王者，惟日望之。《十箴》之來上，肅容披誦。正大淵奥，表裏六經，朕曷敢不勉。謹當書紳佩服，列爲屏障，以代韋弦。猶恐寡昧，未足以進于帝王之盛，更覬師相時惠藥石之言，終始扶翼，俾萬年其永觀，是爲冲人至望。敬以奏篇與《無逸圖》並陳座右，朝夕觀覽，期於躬行力踐，庶克紹祖烈。仍録付史館，以示朕崇重師訓之至意。

賜吕文德奬諭詔曰：朕懋《采薇》治外之勤，謹徹桑未雨之備。日申儆軍實，無競維人；天毖我成功，所助者順。狡焉韃靼，竊據開城。裒兇鞠頑，弗顧佛貍之讖；折衝制難，靡忘鉅鹿之思。卿策慮通于神明，忠忱衛于社稷。奮鷹揚之勇，卯詔辰行；率虎闞之師，風驅電擊。我環攻而氣倍，彼株困而技窮。氊裘之援莫前，金湯之險遄復。膚功甚駿，勝勢用張。巴夔西土之喉衿，既克敉定；襄峽上流之唇齒，尤肆窺覦。恃吾有以待之，惟卿獨能平耳。以身督戰，先事候情。百將一心，凡屐履之間當任；四牡三捷，從枕席之上過師。運奇伐謀，并力逐北，俾投鞭之衆遠遁，而阻隘之羣一空。迄奏肅清之勳，深嘉扞禦之略。荆州運蜀而用武，朕方觀葛亮之規模；江滸出車而告成，卿尚圖召虎之事業。益恢疆宇，丕耀旂常。文德拜詔，因上奏，欲於大禮合奏換京官恩澤，改授次子師夔。上從其請，降御筆曰：朕思文德忠勳，豈在中興功臣下，宜與比援，而師夔已知閤門事，且屡典閑闔，綽著聲稱。其守漢陽，實當曹世雄聞變棄城之後，委有奇節，非其他保任比。若祇換授京官，不但師夔積階累功竟成虚擲，亦非朕所以優待忠勳之意。今畀自特恩，超授朝奉大夫，除正郎差遣。

秋八月，詔申飭諸邊閫帥守曰：朕夙夜惟邊是憂，未嘗不日討軍實而申儆之。睠爾别閫，暨于總戎守將，多先帝舊臣，所與戮力戡難者。平時好以衆整，好以暇，亦罔或不戒，謀所以稱意，豈待論而後乃然？朕今每飯未嘗不在鉅鹿下，況諜問哀凶鞠頑之久，欲逞志于我。朕惟風寒不止數處，一物不牢，俱受其弊，寔允賴熊羆之士干城其民，用保乂于王家。爾尚一乃心力，求所以事事備。萬一敵人昧于一來，決使之不得颺去，以應佛貍死卯之讖【一九】，而朕憂以寬，時乃懋哉！

九月，詔以廣安軍改爲寧西軍。

冬十月，趙葵卒。

十一月戊子，雷。賈似道上表引退。其畧曰：臣獨念平時怙一是而衆嫉起，守公法而私怨叢，綿力不足以勝弊奸，血忱適足以來口語。熏心憂畏，無歲不疾，必指牖下以爲歸。最後先皇帝鑒臨責切，以臣之謹慮而從之者，將許以終事而退。擬俟有請，而飈御已賓天矣。哀號擗踊，痛不得以身代也。恭遇陛下正乾位，繼離照，訪落小毖之時，惟當奉恤欽若。一委而去，其于憑几之言，寧不有負？是用恫身屏息，以俟復土登祔之後，乞此餘生，歸老閑寂。亦曰先帝之終，陛下之始，揆之臣心，固已粗謂兩盡。無何還越，意可奉

【一九】不得颺去以應佛貍死卯之讖　《守山閣叢書》本、《粤雅堂叢書》本及藝芸書社抄本作「不能颺去以雪削地喪師之恥」。

輕軒以閑居，安菟裘而終老矣。陛下眷意殊特，召趣紛至，朝紳貂使交徹于道，奎札勉諭日每十數。終復動以先帝之恩，臨之以東朝之旨，叔父之重，將命勉督不置。暨後叨授節鉞，侍經之幄，必謂上相印，甜賜第，則留京猶越也。由是儆若以往，無敢差池。宣對未幾，再覩遷播。臣于是時凌兢欲仆，形軀精爽，皆非己所得有。頃之又罹霜露之病，證狀與常時殊，衆醫相視愕眙，自分永陟今古。臣推其故，殊在于溢，物盈則人厭之，人盈則天厭之，臣可違天而不自厭之？亟請削公師極品。而陛下從之無難，則聖衷固以灼見于此。視疾宣問，趣旨頻煩，必令少安東第而後造朝。又浹辰扶曳傾欹，瞻覲殿陛，陛下憐之，而見者莫不共異之。夫以攘臂下車，已竊羞爲士者之笑馮婦；況于膏上肓下，可不危二豎之逃秦緩乎？又曰：戊子之夕，雷發非時，其占曰大臣專政。臣詎可偃然而不知天威之當懼乎？臣在先帝時，屢有天時難必、人事好乖之説，臣亦嘗告之陛下矣。今天且厭之，陛下欲不承天意，得乎？臣本欲更俟陛下視事之時有請，兹若有以迫之者，遂不可緩。欲望聖慈亟從所請，免至再三，有類具文。取進止。上不之允，乃以來章緘之，且批答曰：予恃師相如心膂，非特左右手。然風采猶昔，駭聞駕言，亟以親筆導意。兹又復來奏，爲之嘆不能已。又周公之詩曰：恩斯勤斯。師相之勤勞於予父子者，惟天惟祖宗照臨之久矣，予曩于侍側耳熟焉。今又日親相勵翼，期于亹亹者，固不待周公自爲之聲言也。蘇轍之贊韓琦曰：「天之生是人也，將使之任天下之重，是宜終自處乎憂患之域，而行乎利害之塗矣！」予每以轍爲知言。今舉以方師相之劬瘁，師相不以予爲知己乎？乃戊子之夕，天若儆予，爲屆練期，哀慕不寧。方將與師相共圖所以側身銷變，尤未可捨我而去也。前書轉意未白，兹親染翰，併置來奏，須止嗣音，幸體至意。葉夢鼎亦上表乞罷相【二〇】，上不允，賜詔曰：朕惟雷主陽，君之象也，神光流于天道至教，所以儆戒耶躬，敬怒畏威，夕惕若厲，以干天和。在《易》之《震》曰恐懼修省，于《益》曰遷善改過。寔賴舊學良弼，訓于朕志。卿有協恭之謨，有思職之勤。若天棐忱，惟旦曁奭其濟。乃述必大故事，引燮調之愆。朕聞淳熙之詔有曰：一人有過，豈宜移寘大臣？克謹天戒，迪惟祖訓是憲。卿其陳善格非，正朕不逮，儀圖消沴導和之實。矧内外治孔殷，懋思時幾相飭之義，毋復有陳。所請宜不允。

【二〇】葉夢鼎亦上表乞罷相　「葉夢鼎」原作「葉夢得」，據下文改。

卷下

四年戊辰。春正月。

閏月戊辰，大風，雷雨。是日，楊淑妃降生皇子。上乃降德音，告中外曰：朕以菲質，嗣宅綿區。天地祐我邦家，實兆無疆之業；祖宗施于孫子，永垂有道之基。每寅念於繼承，曷克臻於蕃衍？乃歲當豐茂，時屬泰亨。先鳦至以應祺【一】，繄熊占之叶夢。積善必有餘慶。夙著天庭；命吉在厥初生，是膺帝祉【二】。維詔王居門之月，後烈祖流虹之辰，居然誕彌，允也顯相。□太后之欒，將侈愛於綠車；聳國人之觀，竚備儀於朱芾。夫重嗣續者，禮必具舉；輯榮懷者，澤必旁流。豐水貽謀，仁已深於數世；孟春行慶，惠斯德於兆民。式契驩心，肆頒宥典。以篤非常之祜，以覃大賚之恩。降誕皇子，依典禮可降德音云云。於戲！華封之請祝者三，胥有多男子之望；皇極之錫數維五，是亦作父母之心。聿同浹洽之霑，共慶延洪之盛。

元兵圍襄陽，守臣呂文煥告急於朝。詔遣高達赴援，賜獎諭曰：朕惟總士卒之重，護九重之嚴，非有重望，孰寄心膂？卿以忠義見稱，督勵將士，往捍上流，敵愾爲多。玆乃委以此任，卿其亟往，勿替朕命。

校勘記

【一】先鳦至以應祺　「祺」，《守山閣叢書》本作「祥」，《墨海金壺》本作「禖」，《粵雅堂叢書》本作「期」。

【二】是膺帝祉　「是」，《粵雅堂叢書》本作「宜」。

賈似道上表乞巡邊，上不之許，降御筆曰：朕以凉菲，統理萬方，率惟師相，一乃心德，力任天下重，用底于治。兹覽來疏，遽以上流之行爲請。師相一忠體國【三】，靡殫於勤。圖乂思艱，尤見大節，然師相豈可一日而去【四】？朝廷經制西事，當在廟堂，自泉流瀕，以感於天下。今軍國大務叢於師相之身，坐運勝籌，用師衽席，師相平日計之熟矣。謝太傅指授未嘗臨邊，處置得宜，千里之外應之，何以踰度遠計爲辭？況我朝制度，未聞以辨章巡邊，正不可以裴度出使比也。師相其深長思之，雖跬步之近，亦不可舍去。謹勿復請，以重朕憂。

葉夢鼎上表乞歸田里，不允，賜御筆曰：師文王之大國，五年必爲政於天下。朕臨御願治，於今五年，此正天命至難諶之日，民心罔常懷之時，君子小人消長之機，中朝外敵盛衰之候。一念及此，凛如淵冰。丞相受先帝之殊知，有大臣之雅量。爰自舊學，登於上台，儀刑百僚，簫勺群慝。辨章元老，總提宏綱；二三股肱，叶規同力。延英盛夏，方欲講天下之事；科瑣防秋，尤宜先天下之憂。舍而去之，誰與領此？趨進有度，精神煜然，何嫌何疑，欲解機政？畏天命而悲人窮，聚君子以强中國，盡展所學，弼予一人，不但爲政於五年，亦永右弼於萬世。幸乎隆眷，勿復再陳。

詔行科舉曰：國家用儒之效，與三代比隆。朕紹休聖緒，於今五年。粤若恭默之時，亦既選士，未遑親策，兹將進於庭而問焉。恭惟仁祖臨軒之初，太史奏雲瑞，名臣輩出，施

【三】師相一忠體國　「一」，《守山閣叢書》本作「公」。

【四】然師相豈可一日而去　「去」原作「輕」，據《粤雅堂叢書》本改。

之事業，碩大光明，朕甚慕之。先帝道久仁洽，凡今宗工獻臣，莫非豐芑【五】。涵濡之澤，燕貽我後。顧惟天下之才無窮，長育而新美之，亦有無窮之用。思昔敷納以言，明庶以功，興賢舉能，出長入治，所取皆有用之實。爰自以文設科，視古寖異，然經術詞章所以覘濟時之藴，徒文乎哉！學問粹而器識宏，其文渾厚雅正，實用於是乎見。朕既臨雍，表章儒先，首崇善化，以風四方。矧景運維新，叶於五緯聚奎之歲，爾多士其必躍然興起矣。盍飭操履以培其本，明理義以浚其源，勿事穿鑿，以稱作人之實意。羣有司尚亦公爾考擇，明爾鑒裁，俾抱負器能之士，惟朕時舉。庶得賢立太平之基，式克迪前人之光。其率朕志無斁。

冬十月，上臨軒親策試進士。其試題曰：天下之生久矣，邃古之初，紹天闡繹，由皇而帝，由帝而王，豈不同條共貫歟？而其大經大本，率惟自身而家，自家而國，其事可得聞歟？人有常言，天下雖大，治之在道；四海雖廣，治之任心。夫自道心一語，舜以命禹，實爲千萬世人主之心法。根於其心，發於其政，仁義禮樂皆其具也。當此之時，則至治已。《傳》曰：善爲化者，其道密庸，其功同大。大道爲公，其是之謂同歟？三代令王，同得其全治之所由粹；漢、唐諸君，同得其偏治之所由駁。或粹或駁，吾將安考？道不行，千載無善治；道不明，百世無真儒。而群聖人之道僅載之空言，豈心法不傳而治法隨之歟？惟我藝祖以何物最大，質之元臣。上接三聖傳心之印，洞開諸門，正如我

【五】莫非豐芑　「芑」原作「水」，據王應麟《四明文獻集》卷二《科舉詔》改。

心，用肇造區夏，丕式於後之人。朕獲承至尊休德，迺念爲君之難，望道未見。顧惟萬派一宗，異情同理，思與宇内共臻斯治。然志洽而未治，躬化而未孚，其故安在？欲省賦斂，而官與胥爲蠹民，是上澤壅於下流，而莫之省憂也。何以厚民生？姦者舞法，貪者壞法，便文自營，非爲公家忠計者也，何以飭吏治？見大夫無可使者，深詔執事，非不薦人才也，應令者多，序績者鮮。抑徼幸之門，戢浮競之俗，非不正士習也，而一私纏繞，攘攘熙熙，利往利來，朕獨安取。非不尊燉屏惡也，今或以隨聲是非爲公論，以縱釋有罪爲可喜。非不賤貨貴德也，今或陰事於牟攡，或嘗試於貢奉。是人心獨未嘗古也。關楮本以權錢也，弊輕多姦，是奉吾詔不謹也，今或官涎益饞，有因之以爲利者矣。推排本以平賦也，旦暮吏來吾鄉，並緣爲姦，今或强宗巨室有不可問者矣。興言在兹，未燭厥理，朕所爲祇祇兢兢，夙興晨慮，於今五年。每下詔書，凡以爲民，而未有恩志【六】，豈朕之心然而千萬人之心未之或然歟？心猶慊於道，故未能措時於理歟？昔孝祖龍飛策士，首及於循堯之道，期於不下堂而治。欿然於古之弗及，必於綜核名實爲大務。此朕家法也，緊欲立治以道，立道以心，舉事事物物，一是爲實之歸，以庶幾乎二祖之道德風烈，何若而可？今朕詳延四方之士，始策於廷，子大夫其據古以對，靡有所隱，用宏理本，朕將親覽焉。是歲廷對之士五百三名，擢陳文龍爲第一，各賜出身有差。

上以邊患，召沿江安撫使朱禩孫赴闕。引見，禩孫上殿奏事，上曰：「卿此來，專欲

【六】而未有恩志　「志」，《守山閣叢書》本、《墨海金壺》本、《粤雅堂叢書》本作「至」。

以蜀事付卿。」褀孫奏：「臣職在馳驅，敢不東西惟命。」上曰：「當今財用甚爲可憂。」褀孫奏曰：「祖宗時，以全天下事力備西北二邊。渡江以後，半天下事力備三邊。今日又以東南一隅之地備四邊，事力可知。」上首肯。復問曰：「蜀中境土如何？」褀孫奏曰：「六十餘州，今止有二十餘州。所謂二十餘州者，又皆荒殘，或一州而存一縣，或一縣而存一鄉。古人雖一成一旅，尚能祀夏，未嘗有不可爲之事。然曰兵曰財，一無所出，內則仰望朝廷科降，外則仰荆閫應援。內外脉絡相通，臣方展布。」上曰：「然。朕甚以蜀爲憂，欲復版圖，得以無負先帝付託，須卿一行。」褀孫曰：「陛下率寧人疆土，憂顧如此，臣敢不鞠躬盡瘁，盡力以爲報塞？至於成敗利鈍，雖諸葛亮尚謂不能逆睹，臣亦豈能？自必惟知盡忠而已。」上曰：「雲頂、清居如何？」褀孫奏曰：「項已陷併入成都，今惟清居最緊要。須是清居寇去，然後渠、廣無憂，夔路方可捍蔽。」上首肯曰：「卿爲朕一行，旦晚便出，命凡有申請，卿可稟平章奏來，朕當從行。」

五年己巳春正月，皇子賜名，降制曰：受祉□於子，莫先名爵之榮；立愛始於家，莫大宫闈之慶。荷皇穹之錫羡，肆上聖之發祥。屬逢歲籥之周，爰迪邦彝之懿。其頒贊册，以告昕庭。皇子賜名昰，體性茂淳，識知岐嶷。金相玉質，早占碩大之祥；絡褓綺齠，日奉怡愉之樂。惟禮有册名於外寢，更宜屏植於勝衣。暨考我朝之彝，昉自神祖之盛。初帶觿而祝，式應於宫；及在褓而封，迺授以節。蓋履常之兆載夙【七】，建侯之儀斯皇。

【七】蓋履常之兆載夙 「常」，《守山閣叢書》本作「帝」。

朕思宗廟之尊，培本根之輔，是用差穀，旦錫嘉名。言纁斯裳，親秩杓星之位；有偉斯革，陳儀壽軫之都。封國若予之初，與邑介爾之禄。緊累聖之澤，太母之慈，衍厥慶源，哀時茂渥。於戲！親親之重社稷，茲率厥常；幼幼以御家邦，必授之職。有俶宗廟之建，尚加德器之成。祇對榮懷，永綏福履。可授檢校太尉、武安軍節度使、益國公、食邑三千户、實封一千户。

丙子，葉夢鼎去國。

己卯，以江萬里爲左丞相。其制曰：國家所以興，尊師而重傅；冢宰所以立，佐王而經邦。聞昔上公，迪予明訓。曰若稽於祖則，胥對秉於國成。猗我泰陵，號稱盛際。三賢謀政，推重德以總宏綱；一人同心，維名臣而居左輔。睠時求舊，視昔承休。聿符考卜之謀，暨登厥典之望。誕揚贊册，敷告大庭。具官江某，高邵而懷忠，魁宏而迪哲。其爲人好善，有憂天下之風；將以道覺民，有思匹夫之志。克篤賢人之藴，簡在聖考之知。貽厥孫謀，訪予落止。尚記衣冠從遊之偉，再陪帷幄決勝之籌。爾有嘉謀嘉猷，我其立政立事。上下勤恤，夙夜浚明。告孺子以微言，皆《無逸》《七月》之戒；詔長者以理效，猶神爵、五鳳之時。用則有成，灼知厥若。豈予罔克，謂督弗忘。成湯初年，蓋已得仲氏；吕尚既老，盍入相有周。矧元勳嘗暨於乃僚，而國人亦望其來相。體特勤於加旅，式遄其歸；義有賴於同舟，實相以濟。維大人之能文，乃平生之素志。德無朋，比無援，其矯哉不倚；政爲師，教爲友，其休焉如容。旨哉乃言，觀其所麗。是用登之端揆，贊我辨章。次乃分隸於治機【八】，總持乎樞柄。爰陟文階之峻，同陪表海之封。丕紹前聞，允副茲選。於戲！太平之輔，常思爲國以持盈；有道之君，能使樂用而忘老。氣類合則元祐之業可大，識慮定則紹聖之禍不萌。欲至萬年，以遇交修之日；各秉大節，務培長治之基。往奮厥庸，同底於道。可特授金紫光禄大夫、左丞相兼樞密使，依前南康郡開國公，加食邑一千户、實封四百户。

馬廷鸞右丞相。其制曰：星辰象官也，輔弼所以佐北斗之政；君臣同體也，股肱所以成元首之功。爰立聽朝，率作興事。咸有一德，既主善以爲師；篤棐二人，尚敷心而悉命。繄汝惟允，於右實宜。載布明綸，敭於拱著。具官馬某，行應世表，德茂儒宗。仁義與王言，皆本朝忠厚之懿；經術斷國論，有前人淳灝之風。蚤迪令猷，式符昌歷。祗遹文考，化成以觀乎文；敷遺後人，輔翼以歸諸道。暨予小毖，服在大僚。共濟時艱，用乂厥辟。風雲之會得再，時幾之勑奚窮。惟予立武四鄙，用寧豈忘綢繆之計；惟予立政三隅，用穆奚謹醆假之求。迺貳籌帷，迺参政本。職近則委寄彌大，望隆故畀付甚嚴。今《春秋》尊上公，亦既任重；朝夕輔台德，尚賴協恭。思皇我家，莫盛元祐。咨師巖以大事，分宰輔以繁機。惟我有臣，茲率厥典。若時元老，稱汝曰賢。惟周公、惟君陳，所期同底於道之治；舉皋陶、舉伊尹，茲爲不仁者遠之懲。非正毋干其間，相遜乃和之至。爰

【八】次乃分隸於治機　「次」，《守山閣叢書》本作「茲」。

登次輔，兼總本兵。以增秩益封，以同德度義。於戲！開忱而布公道，既會君子之真元；謀政而階太平，是陪國家之壽脉。爾其穆穆乃位，贊贊曰襄。惟德之明，彰有常之吉；惟識之裕，受無疆之休。勉思古人，以稱朕意。可特授正議大夫、右丞相兼樞密使，依前鄱陽郡開國公。

三月庚申，上既命並相，乃賜賈似道御筆曰：今朕爲師相，已命並相，分理機務。師相可自今六日一朝，一月兩赴經筵，此即師相所謂留而逸者也。

陳緯直秘閣。

九月辛酉，有事於明堂，升陪理宗配享。禮畢，上易服御紫宸殿，受百官賀。黎明，肆赦。

賈似道等奏，恭奉御筆：朕恭薦初禋，升陪烈考，袛奉慈極，愈當尊崇，合加上壽和皇太后尊號，可令有司討論典禮以聞。臣等恭惟壽和皇太后殿下，克諧内治，密贊中興。多壽多福，膺萬年之至養；極和極順，爲六合之太平。方犧牲玉帛之薦陳，格神袛祖考之安樂。況心存雝肅，所以聖詠於《詩》；德備正中，於其福著於《易》。考二經之言論，并四美以推崇。今恭擬增「聖福」二字爲尊號。更合取自聖裁。於是命有司奉玉册、金寶，加上尊號曰「壽和聖福皇太后」。

楊棟侍讀學士。

夏貴上表辭免沿江制置副使，上不之允，賜詔曰：充國之爲漢將，已老而自謂亡踰；廉頗之思趙人，雖老而亦稱可用。卿結髮百戰，賈勇三軍，夙負壯猷，屢收多績。輒從蜀右往鎮江，干護數處風寒，可無索裘之慮？第二層門户，兹爲擊柝之防。亡踰老成，奚用多遜。

賈似道奏乞巡邊，上不許，賜手詔曰：朕倚師相如左右手，豈可輕去？載覽親疏，所請以三月相期。機務之重，雖一日不可曠，況三月乎？師相疇昔宣力四方，至今邊陲之民、諸大將已下，固已憚威服德。制勝雖身在内，其敢有越厥志？況内外孰輕孰重？朕惟内撫則外寧，一身而二任，則擇其重者。且士大夫布滿中外，詩書謀帥，若彀也可，師相一指顧間是矣，何必遠役耶！勿復重陳，以副朕懷。

冬十月己丑，吕文德除少傅、寧武保康軍節度使，進封崇國公。其制曰：周以宗祀來四方之儀，漢以明堂受諸神之祀。迺者躬飭厥典，著定其常。饗帝饗親，允協孝思之則；盡情盡物，迄臻熙事之成。惟元祐有以分邊閫而均鼇，紹興有以督諸將而盼餕。肆敭獎策，用洽舊彜。具官吕某，忠毅沉雄，耆龐福艾。王事靡盬，天地可對此心；我武惟揚，戎狄頓落其膽。于蕃四國，兹曰三孤。屬以季秋，禋於路寢。皇矣上帝，溥臨中壇。戎有良翰，越在外服。予閱庶旄翠旌之仗，則思秉節鉞之勞；予登錫鸞和鈴之車，則思紀旂常之績。肆敵王愾，簡在朕心。治外可告神明，敢忘加勞；除封斯致孝享，疇實曰多。

用肇錫於國封，仍申陪於邑采。誕敷貺施，特重褒康。於戲！有事於文武而賜齊侯，爰受之胙；來甸於江漢而賜召虎，載揚於休。上公於五列最崇，師干以三命維吉。思答景貺，益展壯猶。可依前少傅、寧武保康軍節度使、京湖安撫制置大使兼屯田大使、兼四川策應大使、兼判鄂州軍州事、兼管内勸農營田使、兼湖廣總領、兼侍衛馬軍都指揮使，進封崇國公，加食邑八千六百户、食實封二千九百户。文德拜表辭曰：臣叨承聖恩，分閫十載，力綿任重，福過災生，一病七月。顧惟上流保障之重，調度方殷，實非可以卧治。所合罄瀝忱悃，仰干天聽，乞賜終惠時髦，俾臣俯遂休致，使便醫藥，以畢餘生，實拜天地隆厚之賜。

十有一月丁卯，吕文德特除少師、依舊武寧保康軍節度使，進封衛國公，依所乞致仕。其制曰：經營江漢，允懷召虎之勞；圖定荆襄，俄告吕蒙之病。若將革矣，良用惕然。垂車之請莫回，進律之恩宜厚。其頒言綍，以諗廷紳。具官吕某，忠義本於天資，智勇謂之人傑。蚤從在渭，符非熊非彲、非虎非羆之占；亦既歸周，負有馮有翼、有孝有德之望。曩自大將之召拜，許先帝以驅馳。險阻備嘗，緩急可任。戰城濮次於城濮，克虎牢戍於虎牢。八千捷淮淝，餘衆棄甲；五月渡瀘水，深入不毛。今則畫郊圻、固封守於方城漢水之間；執鞭弭、屬櫜鞬於夏口武昌之上。掎角此寇，折衝如神。用勣賢長城，惟天助順取。闢告廟社，不日成功。朕每動鼓鼙之思，深念旂常之績。黄河如帶，顧申誓之莫窮；　神武掛冠，胡抗章之太遽？　營星未艾，卓地若何。　是用遂爾雅懷，緩其佚景。　孤卿之位，陞以亞師；　列爵之封，改而大夏。　以旌其節，以介其年。　於戲！　定邊事而角巾，與歸東里；　納侯印而加紼，果痛博陽。　尚體眷勤，勉親醫藥。　可特授少師、依舊武寧保康軍節度使，進封衛國公致仕，食邑、食實封如故。

十有二月壬申朔，吕文德卒。　遺表上，上爲之慟，奉旨贈太傅，依條與致仕遺表恩澤，仍令户部支賜賻贈銀絹一千兩疋。　戊戌，降制書曰：　問將無踰老臣，云倚幹方之畧；　遺奏不及家事，無忘納書之忠。　宜厚恤章，誕敓恩綍。　具官吕某，一身是膽，束髮從戎。　計多兵權，應獵遇渭濱之兆；　口占牋疏，有撫定荆州之勞。　生聚十年，守衛中國。　士卒同其甘苦，草木知其威名。　錫盾琱戈，雙節掌總軍旅；　篆車絺冕，貳公是爲孤卿。　居然護江面之風寒，俄爾告營中之星隕。　良翰凋謝，我心盡傷。　以功名自終，死且不朽；　而遂贈加厚，禮亦宜然。　進之正一品之崇，於以爲九京之賁。　噫！　熟知疾狀，莫如前代之視衛公；　名墮淚碑，徒使故人之思羊祜。　諒其英爽，歆此寵靈。　可特贈太傅，餘如故。

六年庚午。　春正月，詔曰：　繼今謹擇慈良，分命牧養。　其有才堪選使，各表章以聞。　内而侍從、給舍，外而制、總、監司，各舉所知，務撫其實，有缺則選。　所舉縣令於民最近，詎宜闕官？　比比皆然，爲病甚矣。　監司其亟選辟，苟非其人，議各官舉者罪。

甲寅，吕文德賜謚武忠，誥曰：　秉節鉞，制軍事，久宣維翰之勞；　聽鼓鼙，思帥臣，遽覽告終之奏。蔽自朕志，錫以美名。具官呂某，結髮從戎，奮身許國。入探虎穴，盛年吴下之蒙；出展龍韜，晚歲渭濱之望。營壘信其號令，草木知其威名。梯棧半空，捫参歷井；舳艫千里，據水斷橋。在洞庭則有掩虜之功，在夏口則有益城之助。扞我南國之紀，寬吾西顧之憂。惟能護數處之風寒，於是有十年之生聚。每思相度督戰，授李愬入蔡州之方；猶望汾陽果存，庶回鶻知懷恩之詐。將星俄隕，予日慨思。既疏之以公主之封【九】，復遂之以帝傅之秩。厥惟節惠【一〇】，可後涣頒？曰武者謂禦侮以折衝，曰忠者謂忘家而慮國，合是二美，賁於九原。噫！李繼隆之北伐有功，始膺顯號；韓世忠之中興佐命，乃副徽稱。尚其爽靈，歆此休寵。尋又進封和義郡王，誥詞曰：安邊在良將，適中外之多艱；封爵勸有功，舉國家之盛典。丕昭眷注，罔間幽明。具位呂某，沉毅有謀，忠勇無敵。挽天河而洗甲，乃其夙心；專方面而建麾，次有威績【一一】。間關於百戰之際，從容乎萬全之謀。簡在先朝，書於太史。既草木之威名尚在，豈山河之盟誓可忘？功大難酬，禮有闕典。爰進王封之秩，以隆上郡之名。和以表其全師保勝之功，義以明其殉國忘家之節。萃兹二美，賁於九原。噫！撫髀以思廉頗，雖莫追於既往；圖形而頌充國，克懋勸於方來。英爽猶存，寵光未艾。

三月，詔禁珠翠銷金。其文曰：羣臣之言崇儉者屢矣，朕聽其言而行之者亦屢矣。其言尤不置，是不容不周思熟慮，求以置身於無過之地也。然必自宫掖始，斯可以息人

【九】既疏之以公主之封　「疏」，《粵雅堂叢書》本作「加」。

【一〇】厥惟節惠　「惟」原作「推」，據《粵雅堂叢書》本改。

【一一】次有威績　「次」，《守山閣叢書》本作「厥」，《粵雅堂叢書》本作「各」。「威」，《守山閣叢書》本作「成」。

言。其珠翠銷金之飾，實崇儉之大者。遠而藝祖，以至列聖，家法可考。一越乎此，皆禍所伏。近而先帝，率而從之，尤表表在人耳目。朕烏可不仰遵詒謀？其自宫禁，敢以珠翠銷金爲首飾服用，必罰無貸。臣庶之家，亦宜體悉。工匠犯者，一如景祐之制，定從重典。

江萬里罷相。

重修《成天曆》成。太史局序其事，上奏曰：咸淳六年王正月，詔太史局重修新曆成，賜名《成天曆》，重授時也。聖宋繼天立極，寶曆無疆。自建隆《應天曆》之造，距至於今日，凡更曆十有九。列聖紹承，是正曆紀。若稽乾象爲之損益，迎送消息，罔有差忒。夫曆者，天施地生，人事之紀也。治曆者，以氣朔爲本，立紀而推其復，觀天而順其應，定閏而歸其餘。諏經稽傳，千載可推。《漢志》曰：至、朔同日，謂之章。至、朔同在日首，謂之蔀。蔀盡六旬，謂之紀。歲朔又復謂之元。凡十九歲曰章，爲閏者七，四章歲七十六曰蔀，爲閏二十有八。蔀歲一千五百二十曰紀，三紀歲四千五百六十曰元。《四分曆》以八十章爲紀，《太初曆》以八十一章爲紀，曰統曰紀，增減不同，爲章則一。自遠古以來，章而蔀，蔀而紀，紀而元，而歲月日時，俱復循環無窮，必究其所起，而後可言曆。律起黄鍾，曆起甲子，歲冬十一月甲子，夜半朔旦冬至。無大餘，無小餘，日月閏餘皆從所起。章主於天九地十之合，故十九章，章數始於一，故曆必起於三紀，畢盡無大餘、小餘之末。由下而推上之數，以極其初起於三紀，畢盡之終；由上而推下之數，亦必起於三紀，畢盡之始。《漢志》曰：以前曆一元太初四千六百二十歲【一二】，至於元封七年，復得閼逢攝提之歲，仲冬十一月甲子朔旦冬至，日月在建星。是由元之始推而至於元之再建也。曆數求於太遠則失之迂，太近則失之淺，盡十九章之一，又四其章而蔀，又二十而蔀者三，於四千五百六十年，究章蔀元之初與復，不失之淺，亦不失之迂矣。章蔀紀元餘分之所積，以千百年計，猶可運之掌上，久則非巧曆所能計。分至啓閉之遲速，始也差於秒忽之際，久則積日累月而不能正，必觀天象，稽中星，順其所應，以求氣候之正。章至十九年七閏，當畢蔀紀與元，皆章之積，二十四氣有節有中，中朔相承，其月爲常。有節無中，其月當閏。自一起數，天之元也；因天之曆，天之則也；以閏歸餘，天之成也。天道不遠，人事相貫。恭惟聖上聰明憲天，一似帝堯，景緯清明，陰陽和理，迺迎日推策，調曆式序，以前民用。其年庚午當閏，日官以曆來上，屬以秘書省備。前泰州通判臧元震言：曆以無中爲閏，中在月初，則前月閏。是歲閏當十月，越十有一月，則至、朔同日，始與一章七閏之法合。於是命局官鄧宗文、譚玉、章元德、劉茂祖審訂而釐正之。君子以治曆明時，取其革而當也，故名《成天》，實自庚午始，爲將千萬年與天地相爲無窮矣。臣嘗謂曆，天地人之紀，聖人又天地人之宗主也。堯考星定，閏在執中；舜察文齊，政在審己。孔子作《春秋》，係年係月係日，紀二百四十二年之行事，其意以天道乃人事之應，不可不謹也如此。

【一二】以前曆一元太初四千六百二十歲　「一」、「二十」，《漢書》卷二一上《律曆志》作「上」、「一十七」。

臣待罪北門，承詔爲之序，序所以更曆之意。臣不佞，謹再拜稽首，裁瀝愚忠，以備一覽。

夏六月，賈似道以疾上表乞閑，上不允。奏凡四上，賜御筆曰：天生師相，助朕眇躬，師相當以國家爲家，天下爲身，以安社稷爲悦。藥餌有間，時遊廟堂，家居之樂，無以異此。若必釋辨章之□，而遂内祠之奉，則朕與國人何所恃賴？一日二日萬幾，寧無曠弛之慮？師相其念之重念之。丞相馬廷鸞、樞密趙順孫、給事中章鑑、臺諫、侍從、宗室、檢校少保、節度使與□等三十六員皆上奏乞留平章似道，乃止。

七年辛未。春正月，詔曰：朕欲耆壽俊在厥服，寤寐以之。湯漢、洪天錫屢召不至，頻以老以瞶辭，朕亦諒其德矣。聽之輿論，迺其未能諒朕之德也。年高而德愈卲，聽重而心實聰，奚其病疾，驅以副朕藥石之意【一三】。仍令郡守臣以禮勉諭，俾勿固辭。

皇子昰進封建國公，制曰：發祥帝武，毓秀天支。日角珠庭，挺生嶷嶷之質；畫堂甲觀，時奉愉愉之懽。若稽剪髫之辰，宜有植旄之典。子授之職，乃遲越於累年；父尚於慈，寧小卑於品秩。惟名以德命爲義，道以謙尊而光。美哉始基，詒爾多福。是用遠法祥符之正式，近取紹興之徽章。太微鈎陳之庭，周廬以翼；星紀須女之分，熹後攸宜。迺分金仗之班，乃畀環圭之寵。與之采邑，實以租腴，以成王室之强，以表人倫之厚【一四】。於戲！天被爾禄，□□□迪之蕃；蒙養聖功，遹觀育德之茂。欽承猷訓，益迓恩榮。可特授左衛上將軍，進封建國公。

【一三】奚其病疾驅以副朕藥石之意　《守山閣叢書》本、《墨海金壺》本、《粵雅堂叢書》本作「尚其力扶疾以副朕藥石之意」，藝芸書社抄本作「尚其病疾驅以副朕藥石之意」。

【一四】以表人倫之厚　「厚」，《粵雅堂叢書》本作「彦」。

秋九月，上官涣上封事曰：臣聞天下之患，莫大於玩敵。夫敵情叵測，變詐不常，彼之爲謀，何嘗一日忘我哉！時出以相困，多方以見撓，以伺吾可乘之隙。夫苟幸其乍退而不思方來之憂，熟於習見而姑爲苟安之計，防慮踈略，備禦單虚，一旦出我不意，潰裂四出，使吾左支右吾之不暇，而天下事去矣。隋人取陳，其爲計曰：「量彼收穫之際，徵集士馬，聲言掩襲，廢其農時。彼既聚兵，我便解甲，再三若此，彼以爲常，猶豫之頃，我乃濟師。」後周謀吴，議臣獻策，亦謂江北可撓之地二千里，備東則撓西，備西則撓東，但以輕兵撓之，彼必大發以來應。數大發則民困而國竭，一不大發則我獲其利。今之敵情，何必異此，其可玩而視之乎？大抵事變之來，出於創見則人情易以警，接於習熟則人情易於玩。警則操心危而慮患深，玩則安其危而利其菑，此勢之所必至也。敵欲致吾之玩而不可得，一或玩焉，是墮其計中矣。自洛師言旋，敵警始烈，破蕩荆襄，蹂踐淮蜀，江面震動，國勢阽危。此時此意，凛凛乎朝不謀夕之憂矣！我是以修浚城池，申嚴備禦，攻守之具多出新意，而又堅壁清野以待之。故近年邊城僅僅自保，然非泰山四維、長城萬里之勢也。朝廷之上，但見邊烽雖警，未幾而自息，敵騎雖來，未幾而自退，遂謂黔驢之技僅止此耳【一五】，而不知彼計愈深，後憂方大。前年縱横於安、黄之境，去春盤旋乎舒、蘄之郊，曾不踰時，襄又告警。來則如入無人之境，去則曾無後顧之憂。我之將帥，方以敗而爲功，待其去而奏捷。最是間諜不明，探報不的，賊已入境，猶未知其所向，往往探聽於避敵之

【一五】遂謂黔驢之技僅止此耳　「黔驢之技」，《守山閣叢書》本作「敵人之謀」。

人，況望其知軍戎萬里情乎？疆埸風寒，蕩無限隔，關隘險阻，視若坦途。邊民困於流離，事力窘於酬應。揆今事勢，正如厝火積薪之下，遇風中流之時。苟非日夜警惕，殫智畢力，以爲拓裏撑表之計，則隋、周之謀，彼將逞於我，可不念哉！今日守邊之務，固非一端，而其大者有三焉：一曰固江防。長江，國之門户也。天限南北，賴有此險。每歲哨騎之來，徑至江濱，江北諸路閉門自守，無復藩籬之衛。幸而敵謀止是刦掠，萬一果有它志，重兵臨江，内地寧不震恐乎？如京口，如龍灣，如采石，舟師粗整，尚堪調用。池陽而上，大槩踈鹵，每隘不過二三千人，船三四隻，見之使人寒心。卒有警急，能拒敵乎？近令上下三流措置遊擊一軍，固得古人遊兵循江、上下勦擊之意。漢陽、池口，漸成規模，然地分闊遠，赴援良難，兵船單寡，且慮抽調。謂宜將沿江閑慢隘口人船併歸緊要隘分，俾之防託，一處有警，則令旁近隘分併力救禦。更宜行下制閫，相度上流事體，不可苟簡塞責。如或人船欠闕，作急區處，務要緩急可恃，庶幾三流氣勢增壯，首尾掎角而江面可保矣。二曰强兵力。兵者，國之爪牙也。本朝恃兵立國，東南財賦大半耗於養兵，尺籍伍符，其數非不多也。姑以兩淮言之，官兵不下十七八萬，每年防邊，又調江上諸軍以赴之，而常有敷布不周之慮。蓋緣嘉定以來，州縣往往增築城壁，自謂備禦密於先朝，而不知備多力分，反貽後患。而況冗占既多，虚籍不補，終歲役使不休，平時無以養鋭，一旦有警，乃欲責其先登陷陣之勇，可乎？宜嚴督制閫，招填缺額，痛革役占，精於簡練，撫以恩意，仍於中選一二萬人作一大屯，專爲策應之用。至如諸地流民，亦可團結强壯，以助聲勢，庶幾兵力稍震而攻守可恃矣。三曰儲帥才。帥閫，國之藩翰也。故將軍之遣，禮重推轂，良將之擇，恃以安邊，其責可謂重矣。非有文武全材之望，志慮忠純之人，不在兹選。是故有光弼以代子儀，則氣色爲之精明；有仲淹以代范雍，則西賊爲之破膽。用得其人，則必能討軍實，厲將士，必能運帷籌，必能護保障。一或非才，寧不敗迺公事耶！今之分閫於外者，固不乏人，而二矛重弓之備，不可不早圖也。謂宜平居無事，預思儲待，内而侍從、臺諫，外而藩臣，各許薦舉。如得深沉有謀之士，曉暢軍事之人，或置在上流，或使鎮江面，付以事任，試其材能，以爲登壇授鉞之備，庶幾緩急有人爲上所使，亦不至仰勤拊髀之思矣。江防固則根本安，兵力强則聲勢壯，帥才得則事功集。外治之事，莫切於此，皆今日之所當加意者也。恭惟藝祖皇帝躬擐甲胄，肇造區夏；高宗皇帝匹馬渡江，克濟中興。訪籌策於風雪盛寒之時，閲邊報於夜分已寢之後，艱難辛苦，以爲子孫萬世之計，其所望於陛下者深矣。可不焦心勞思，慄慄危懼以保有金甌之業哉！今日君臣上下，非不以憂邊爲職，而未免視爲常程。喜聽内有長江之言【一六】，而幸以自寬；厭聞事勢危迫之語，而詆以譬敵。樞庭本兵之地，屬掾久而不除，除而未至，是豈祖宗别置廳事以議邊事之意乎？二三大臣每日上殿，不過對細事數條而退，是豈祖宗開天章召問禦邊大略之意乎？幸苟安之歲月，無靠實之規模，日玩一日，歲玩一歲，竊恐他日之患或出於防慮之

【一六】喜聽内有長江之言　「内有」二字原倒，據《守山閣叢書》本乙正。

所不及，豈不大可畏哉！臣願陛下日與二三大臣留意邊事，共惜分陰，如立課程，亟圖實政。常若禍至之無日，凛然大敵之在前，念念在兹，事事有備，敵雖强，不足爲吾患矣。

是歲，上試進士張鎮孫以下，賜出身有差。御製詩賜之，詩曰：臨軒再策匪虚文，要語詒謀敢勿遵。昭假天心惟致敬，封培邦本在深仁。詳延喜見洋洋對，來譽知爲蹇蹇臣。始進便當思遠到，會須華國有儒珍。

九月己丑【一七】，全皇后降生皇子，羣臣稱賀。

詔淮西催造戰船。上又以襄圍未解，遣殿前指揮使范文虎帥師赴援。

十有二月，夫人俞氏降生皇子。

八年壬申。春，詔曰：朕惟有虞之時，明功實以定德，公執量以程能【一八】。官於其職者，蓋終身不易。而考察之法，必於三載之後，又積而三之至九載，始進其有功者，而其不能者退之。兹萬世不易之典，漢之爲吏者，長子孫亦有遺意。朕既未能法於古，而博聚賢儁，制官授職，甚有望焉。比年吏習日偷，人懷一切，怠忽荒政，乃罔畏畏，豈獨無一心勞職、不懈於位如古之人哉？昝在夫計日待遷，而任事之日淺也。夫任事日淺則功不能成，計日待遷則人無固心。以無固心之人，而乏功能之可紀，博觀内外，胡可謂治？天下之情，樂進陟而苦留滯，僅習其事，乃未克究，則又望而之他。於是吏胥習玩，益得以執其柄，而復有取足於願，欲惟引去之爲急。私爾忘公，既不可以訓，雖欲任之，其能久乎？

【一七】九月己丑　「己丑」原作「己巳」，據《宋史》卷四六《度宗紀》改。

【一八】公執量以程能　「公執量」，《粤雅堂叢書》本作「久藝業」。

終亦相率而爲僞也。若稽祖武，自藝祖有罷歲月序遷之制，列聖相承，一是不越。如任中丞者十二年，班尚書者十年，典誥命者二十餘年，居經筵三司者各十餘年，守齊州者十七年，前後守西山者二十餘年，守河北者亦如之，蓋不可一二數也。嘉祐有察能久其官者，元祐有再任乃陞一職資序之法。以至紹興九年、隆興元年之詔，可謂深切著明。當是時，人無固滯之歎，國享得人之效，何其盛也！兹當正歲，率作興事。繼今内而郎曹、外而牧守以上，更不數易，以隳實政。厥有治狀昭著，自宜奬異，固無嫌於久也。凡未顯擢者，固不以此限。咨爾有位，咸知朕意。

夏，馬廷鸞罷相。

秋九月，祀明堂，詔曰：崇節儉而國用猶屈，斥貪殘而民瘼未蘇。堅壁相持，蟣虱生於介胄；連營久戍，牛馬疲於轉輸。深惻於懷，未燭厥理。匪藉高穹之祐，曷臻廣宇之安？卜用辛之吉，既有典常；戒先甲之期，罔不祗肅。我將我享，亦惟治内外而始憂勤；有報有祈，庶幾去災害而來福祉。朕以今年九月有事於明堂，咨爾攸司，各揚乃職，相予肆祀，毋或不恭。

是歲，賈似道爲大禮使，胡美人之兄胡顯祖帶御器械爲太常理直，駕宿太廟之翌日壬戌，質明，上將升玉輅，大雨如注。顯祖檢討開禧登輅遇雨乘逍遥子典故上聞，上於是冒雨乘逍遥子直入和寧門，百官愕然莫知所以。禮成，肆赦。似道奏：臣充大禮使，而陛下舉動不得預聞，乞罷政。即出嘉會門，待罪於浙江亭。上遣中使降御筆勉留之曰：「迺者用辛大報，款原廟，裸大室，氣景晏温，神祇祖考之安樂，於此可驗。暨將事於總章，質明而雨，俄即開霽。至躬執圭幣，以展孝思，星月明潔，天宇肅清。神既介享，端闈昕御，澤霈霶流。朕方歸福東朝，以奉怡愉之樂。忽覽奏牘，師相乃以遇雨引咎，翩然出關。駭愕傍徨，罔知所措。乃若避法駕而不御，此朕所以盡寅畏之實，而不害其爲熙成矣。師相豈可借此以言去耶！其勉爲朕留。」似道乞去不已。三降御筆勉留，仍鐫罷胡顯祖官，及出其妹胡美人付妙淨寺爲尼，似道乃還朝。次日，羣臣稱賀。上曰：「合宫蕆事，上天孚佑，此皆二三大臣顯相之功。」似道奏曰：「熙事告成，兹蓋陛下聖德格天所致。臣使領失職，禮合引去。陛下不惟赦之，復使之留。」上曰：「朕爲小人所誤，今幸師相肯留。」似道復奏曰：「臣深慮累犯天威之不可貸，又以恩眷有加，强顔就列，糜捐以報，實惟素心。保全末路，更祈勿替。最是赫然天斷，勇決無疑，遂使却輅之譏，轉而爲合辭之贊。臣以爲懷姦罔上之誅正於一時，去讒遠色之德垂於萬世。有君若此，誰忍負之。」上亦再三遜謝而罷。

◎佚　名撰

昭忠録

燕永成　整理

點校説明

《昭忠録》一卷，不著撰人。清四庫館臣認爲：「詳其詞義，蓋宋遺民之所作也。」

該書詳細記載南宋末年忠節之士的事蹟，記事起自理宗紹定四年元兵克馬嶺堡，總管田璲等死節，至至元二十六年謝枋得殉節。其間共記載有曹友聞、陸秀夫、汪立信、文天祥以及謝枋得等忠節之士凡一百三十餘人，並且在史事編排方面，先列諸地忠節之士姓名官爵，再記述其死難事實。與《宋史·忠義传》相關事實相比較，爲其所失載者甚多。尤其是有關張世傑在崖山以及謝枋得被徵事蹟，所載比諸書詳備。因此，該書對人們全面瞭解南宋末年忠節之士的事蹟，具有極高的參考價值。

該書現存版本主要有：《四庫全書》本、《墨海金壺》本和《守山閣叢書》本，後两种均出自《四庫全書》本。此外，尚有《粤雅堂叢書》本，以及羅以智所校清抄本（上海圖書館藏）。這次整理，以《守山閣叢書》本爲底本，校以《粤雅堂叢書》本、羅以智所校清抄本（簡稱清抄校本）、文淵閣《四庫全書》本（簡稱四庫本）、《墨海金壺》本以及《宋史》等等。

校勘記

【一】楊銳爲摧鋒統制領千兵戍守　「制領」二字原倒，據四庫本乙正。

失名

田璲忠義總管。　李實鳳州知州。　張度鳳州通判。　張叔寅鳳州教授。

紹定辛卯三月十三日，元兵自興元府邊面乘無關入境。十八日，闖鳳州，至馬嶺堡，忠義總管田璲以兵二千駐堡，鏖戰數日，援絶死之。四月二十七日，城陷，知州李實、通判張度、教授張叔寅死之。

陳寅西和州知州。　楊銳守將。

紹定辛卯秋八月十四日，元兵入西和州。初，楊銳爲摧鋒統制，領千兵戍守【一】，與陳寅率兵民憑城死戰，俘殺甚多。西和削山爲基，四面陡絶，獨水門一路有釁，將官劉卓挾小忿踰城以水門降，元兵乃併力攻陷，寅與其家四十口自鴆死，銳率諸將力戰死。寅先籍城中三十七萬九千單八口，告急制司求援，至是盡殲焉。

楊起沔州知州。　王友仲沔州通判。

紹定辛卯冬十月十七日，元兵至青野原，都統張宣以兵二千守之，部將馮擇僞降，誘殺大將蘇布罕，遂拔營去。二十日，攻沔州，都統知州楊起戰死，通判王友仲死之，沔陷。

全貴步將。　董鵬飛階州知州。

紹定辛卯十一月二十七日，元兵逼文州，聲言報花石峽之役，都統曹友聞遣步將全貴往援，戰歿。詰朝，自文合兵攻階州，被圍援絶，知州董鵬飛拒戰。十二月二十日，城破，鵬飛全家死之，元兵屠其城。

時當可天水知軍。　陳瑀西和總管。

端平丙申，制司檄時當可知天水軍，白大安提兵度關之官。三月十九日，趨麥積山【二】，擣北寨，斬首數千級。翼日，元兵乘其跋涉初至，擁衆追躡，當可力戰死，兵盡没。夏四月，元兵至同慶，西和州總管陳瑀提兵巡屯，遇元兵於赤莱谷，力戰不敵亦死。當可字文舉，天水士人也，與曹友聞相得，從友聞軍屢立功，智數膽略，友聞常謂不如。尤輕財，得賞賜均與戰士，死之日，妻子赤立。瑀字伯玉，西和貢士也，累戰有功，軍民惜之。

曹友聞都統。　張宣都統。　曹萬　劉孝全　夏用　王漢臣　吕嗣宗　王畏俱友聞部下將。

曹友聞，同慶栗亭人也【三】。擢丙戌第，爲天水軍教授，以功名自任。制司命招忠義，就以爲總管，所部皆兩界亡命及武仙汪世顯麾下回回、西夏十八族之不歸附者，敵甚畏之，目爲短曹遍身膽，友聞遂以「遍身膽」爲旗號【四】，每戰勝即分其家貲以賞。丙申秋

【二】趨麥積山　「麥」下原衍一「山」字，據《粤雅堂叢書》本删。

【三】同慶栗亭人也　「栗亭」原作「粟里」，據《宋史》卷四四九《曹友聞傳》改。

【四】友聞遂以遍身膽爲旗號　「遍身膽」，《宋史》卷四四九《曹友聞傳》作「滿身膽」。

八月，二太子及塔海元帥以精兵五十萬於初三日入大散關，友聞議堅守沔州，會合四川忠義赴沔州【五】，制司連檄友聞屯大安，友聞不可，督以軍令。友聞嘆曰：「武休出奇，前既失機。沔陽堅守，今又掣肘，以此誤蜀，蜀必亡，吾與俱亡矣。」九月九日，不得已離沔赴大安。十六日，至謀於諸將曰：「前日沔州主客勢殊，故元兵月餘不敢動，其計謀欲誘我也。制司已墮其術。沔州既不守，敵已得志，大安平坦，旦夕必併兵至。若與之戰，衆寡不敵，止有雞冠山一堡可守，然無糧無水，諸君能堅守五日乎？」諸將曰：「若堅壁不戰，何止五日，但恐糧盡。」友聞曰：「今日見兵二萬，以一萬付汝等守此山，而自帶一萬出奇。彼止謂我在堡上，必來攻，汝等逆折其鋒，佯敗入堡。我決乘夜擣其背，以兩聲鼓爲號，聞聲則出，内外夾擊。」又令大開陽平關以誘敵，營内不立旗幟，炊烟不出，雞犬不聲。二十日，元兵至十八里。二十一日，友聞入教場選精兵健將，皆二十以上四十以下，忠義七千人，兩戎司兵七百人。夜一鼓後，由大安渡江，直經七篙隄【六】，逆上三百餘里。復渡江面，幹來劉溪、黑水一帶谷道，出敵背退伏。二十二日，元兵節次至。先有哨馬至，見關門開，無人，徑入，伏兵斬之。大隊繼至，曹萬、劉孝全麾兵戰關外，自辰至未，元兵敗績。日暮，萬等斂兵駐雞冠山，元兵環堡擣塹，排木數層圍之。二十七日，友聞探知元兵已掠大安，令諸軍束裝，戒諸將曰：「我曹家一軍，累年忠赤報國，聲撼秦隴，今與汝等在敵之背，正欲出敵不意，用奇制勝。且北兵今號百萬，爲攻蜀計，諸君食君之禄，用民之

【五】會合四川忠義赴沔州　「會」原作「無」，據四庫本改。

【六】直經七篙隄　「直」原作「真」，據四庫本、《粤雅堂叢書》本改。

財，正宜奮發，忠勇立功，上報國家，下報蜀民，大丈夫當於死中求富貴。先鋒夏用可提兵奮入陽平關，直趨北營；王漢臣、呂嗣宗可提兵分頭入左右隘，奪隘口入關；統制王畏可專駐陽平關外捉敗馬。居常夜劫寨止二三百人，今提萬人，謂之夜戰，各帶白搭膊，以『全勝』二字爲號。」再三告戒訖，遂進行二十里，少憩，值暴雨如注，索途冥行。嗣宗謂友聞曰：「今大風雨不息，人馬疲乏，不若在此待明朝。」友聞曰：「雞冠山無糧無水無城，初約五日，今已十八日【七】，此山一破，技無所施，雖大風雨，機會豈可失也。」至水牛嶺，分三道入北營，轉戰至晚，破數十營，直入陽平關。北兵備内不備外，又以雨作，盡歸氈帳，殺死十數萬。雞冠山之兵聞鼓聲，出堡夾擊，轉戰至回回寨，二太子欲取韓溪路走，會天大明，分騎爲百十隊，更迭馳突鏖戰。二十八日午未間，友聞馬中數箭，步騎五六百人，諸將曰：「軍雖戰没，然殺敵亦過半，將軍曷若突圍而出，以圖後舉。將軍身在，敵決不敢入蜀。」友聞乃率餘騎突陣而出，敵俱披靡，至酉戌時，友聞中流矢，下馬步鬬，死之。夏用等諸將皆戰死，曹萬僅存五百餘人入堡，謂劉孝全曰：「兄既亡兵，且堅守此堡【八】，猶可制敵，然即日無糧，與其坐而待亡，孰若突陣而出，可則可，不然，與兄俱亡。」二十九日黎明，率諸將轉戰至龍門，萬、孝全俱死之。張宣守七里堡，面中兩矢，亦死。曹兵苦戰，制司遠遯，竟不遣援。三泉之下，白骨山積，元兵不意友聞死，盤旋大安，搜戰地三日，得「遍身膽」旗及其屍，然後舉手加額，平明入蜀矣。制司嘗旌以旗曰：「元戎刦敵世間

【七】今已十八日 「十」，四庫本作「至」。

【八】且堅守此堡 四庫本作「不能決戰計惟有堅守此堡」。

有，教授提兵天下無。」每戰，揭之前驅。友聞前與元兵戰于花石峽【九】，獲捷。

王翊制司參議。

元兵既滅曹兵，遂破閬州，取漢川路【一〇】，直入成都。十月十七日，至懷安軍金堂縣，哨馬渡江，成都太平日久，不識兵革，制司丁黼昏庸無謀，哨馬至閬，猶晏然。十八日巳時，哨至漢川牟池鎮，鐵騎三百申時至成都城北駟馬橋，城中忽聞有軍至，疑是潰兵，元兵沿城至大東門，徑登城【一一】。十九日，元兵往來城内，居民皆縱觀。及晚，五巷内南角數人擒殺一騎，民間始知是元兵，市人或執梃與馳，或以几卓欄截街巷，元兵復出屯城外。二十日巳午時，再入城，居民皆閉門，有舉家身縊者，有舉家自焚者，制司丁黼與甥王茶幹、徐監倉遁，微服至南門，假道石筍觀音院，哨及，三人俱死【一二】。二十一日，官屬俱遁，惟制司參議王翊及僚屬二人召軍民，立賞格，與共擊北兵。二十四日，元兵步騎十萬至成都，入自東門，二太子坐府衙文明廳，令卜者占。其法用五龜實伍盤中，按五方，五龜動不止，卜者曰：「民心不歸，成都是四絶死地，若住，不過二世，不若血洗而去。」二太子大書「火殺」二字，城中百姓無得免者。火光照百里，火逼制參王翊，公裳秉笏堅坐，兵士何龍扶至府衙東所避火，元兵問是何人，翊曰：「小官食君之禄，臨難不能救，死有餘責，可急殺我。」又問何以不去也，曰：「願與此城同死。」元兵相語曰：「忠臣也。」令人守之，戒勿逼。二十六日，府治火，龍又扶翊至柳堤，赴井死。

【九】友聞前與元兵戰于花石峽　「前與」，四庫本作「前年與」，清抄校本作「年前與」。

【一〇】取漢川路　「漢川」原作「四川」，據下文及四庫本改。

【一一】徑登城　「登」原作「當」，據四庫本改。

【一二】三人俱死　「三」原作「六」，據四庫本改。

劉鋭權知文州。　趙汝薌【一三】文州通判。　劉同哥鋭之子。

元兵攻文州，權州劉鋭、通判趙汝薌激勵軍民八千堅守，自九月十九日，晝夜接戰五十餘，城無水，仰給江流。元兵別浚江道，移向南山，城中水絶，人馬渴死過半。有興元都統陳昱以過拘文城，夜踰城出降，告以虚實，攻益急。鋭自度不免，夜集家人盡飲以藥，聚屍及金帛誥命焚之。鋭家素有禮，少子同哥纔六歲，鋭所鍾愛，飲藥時，同哥猶在抱，下拜而受之，左右大慟。鋭與長子及餘兵皆渴悶僵立不能行，鋭自殺，汝薌突圍被執，臠殺之。城破，餘兵皆奮空拳巷戰死。被圍七十五日，軍民死者五萬餘。

范辰孫綿州知州。　李大全簡州知州。　史顯孫懷安知軍。　劉當可漢州權州通判。　趙太保宗室。　邵復漢州節制。　羅由漢州知録。　袁拱辰教授。　羅君文知縣。

元兵分哨入簡州，知州李大全死。知懷安軍史顯孫避于簡，亦死。元兵至漢州，通判權州劉當可與一宗室太保率民兵城守，太保出城往羅山，謁賀靖借兵，歸遇元兵，見殺。遂破城，忿而血洗焚蕩，死者十餘萬家，當可與節制邵復、知録羅由、教授袁拱辰、知縣羅君文皆遇害，知綿州范辰孫亦死。

和彦威金州守臣。　楊福興統制。　汪統制前軍。

和彦威守金州，丙申八月元兵入蜀時，遣兵守饒風關，不攻而過。彦威與忠順軍統制張珍謀擣其虚，十一月，提兵五千從金州箐口十八谷徑詣長安，襲其家計寨。是年元兵至

【一三】趙汝薌　《宋史》卷四四九《王翊傳》作「趙汝鄦」。

成都不久駐者，以彦威牽制也。及元兵自鳳州出，彦威始由上路歸。其後諸州殘破，彦威提孤軍守孤城，外絶救援而堅壁屹立，北軍數攻饒風不下，乃自箐口斡腹【一四】。明年六月，大隊從谷中奄至，百道攻城，彦威死之。金州陷【一五】，謀窺開、達，下瞿塘。夔州路安撫盧普集兵，命李安國節制諸軍，分守雲安、白帝等關。十一月二十七日，元兵自州後卧龍山穴至白崖，統制楊福興戰不利，普及安國遁，福興再戰敗績，所部止三千，殺傷相當，收兵入關。元兵四面蹙之，前軍汪統制戰没，西門餘兵止三百人，福興猶戰不已，援不至死之，兵皆没。

何進都統。　張珍都統。　王誥【一六】統制。　王侃統制。　呼延棫統制。　王履正制置使。

紹定辛卯冬十月二十四日，元兵攻大安，都統何進開關以戰，殺北馬七百餘。勵兵再戰，忽望山後狼烟數通，元兵自龍門由馬家陵斡腹，已越大安四十餘里，進急分兵防遏，至新灘，兵寡不敵，進及統制王誥、王侃、呼延棫皆死。戊戌冬，都統張珍隨制置使王履正行邊入綿州。十月十七日，走彭州之竹溪，元兵進襲逼甚，珍以二千人伏山谷中，自將五百人陣于谷陰。北騎五百衝其陣，珍弓矢齊發，引騎趨谷陰，伏發，錯愕，珍呼曰：「我是張憨子，可急投降，不降更何處走？」麾兵薄之，元兵遂衄。珍雖捷而元兵追襲不已，再戰於導江，履正已渡，珍爲後，拒三日，糧絶力倦，急引兵趨橋，橋已斷，乃入茂州界，險隘失

【一四】乃自箐口斡腹　「斡腹」原作「幹腹」，據四庫本、清抄校本改。下同。

【一五】金州陷　「金州」原作「金口」，據清抄校本改。

【一六】王誥　四庫本作「王浩」。

援，軍不成列，又戰于牛溪橋、威戎關，珍死之。部將孫棟收散卒屯汶川【一七】，什存二三。

李沖同慶知府。　尹震教授【一八】。　趙章統制。　胈慶統制。　張憶牧知府。　趙拱實【一九】主管文字。　王朝總領財賦【二〇】。　何充黎平通判。　渠帥【二一】：　石戴卭徠部【二二】。　秦忠孝都統。　田廣安都統。　鮮于渭施州知州。

紹定辛卯十一月二十三日，元兵入同慶府，知府李沖、教授尹震死之。二十五日，攻殺金坪，統制趙章戰死。端平乙未八月十五日，統制胈慶戰死於河池。嘉熙丁酉十月二十四日，元兵至嘉定府，知府張憶牧全家死。元兵至遂寧府，轉司主管文字趙拱實死，四川總領財賦王朝被執死。戊戌冬十月十八日，元兵至黎平，通判何充不屈死，卭徠部渠帥石戴以千兵與元兵戰歿。己亥正月十五，哨馬至成都城外，都統秦忠孝、田廣安引所部至，遂前鏖戰，軍士死者萬人，忠孝父子皆死之。十二月二十二日，元兵至施州，知州鮮于渭被執死。

陳隆之四川制使。　蒲東印制司參議。　蒲東實【二三】隆州知州。

嘉熙辛丑冬，元帥禿薛以兵攻成都，制使陳隆之嬰城固守，元兵苦攻不克，欲退而都統田世顯開大安門，元兵遂入，執隆之，先殺其家，制司參議蒲東印而下死者十數人。執隆之至漢州，俾招都統王夔，而隆之止書「城破被執」四字示之，呼夔勉力堅守，禿薛大怒，手刺殺之。事聞，贈待制，立廟，推恩族屬以爲嗣。知隆州蒲東實被執，不屈死。

【一七】部將孫棟收散卒屯汶川　「汶川」原作「汝川」，據清抄校本改。

【一八】教授　「授」字原脱，據四庫本、《墨海金壺》本、《粵雅堂叢書》本補。

【一九】趙拱實　四庫本作「趙拱寅」。

【二〇】總領財賦　「領」，原作「管」，據下文及四庫本改。

【二一】渠帥　原作「渠師」，據四庫本改。下同。

【二二】卭徠部　「卭」上原衍「俱」字，據下文及四庫本删。

【二三】蒲東實　四庫本作「蒲東寅」。

陳元桂臨江軍守臣。　趙孟濟清江知縣。

開慶己未，元兵至臨江軍，制置使徐敏子寓閫金鳳洲，擁妓王妙日酣飲，以兵少，辭不迎遏。哨漸近，士民恃敏子不遷避，郡無城，列木爲栅。哨騎將至，知軍陳元桂坐城門，飛矢墜前，衆勸其少避，不從。俄而元兵至，中飛矢而死。事聞，特轉元桂五官，贈寶章閣待制，立廟，賜謚正節，賜錢十萬助葬，官其二子。制司近隔一水，終不調兵，士民趨浮橋，將依金鳳洲，敏子已斷橋自保，迭擁入水，死者十數萬人。厥後敏子貶死封州。清江知縣趙孟濟亦死於賊。

黄仲文總統。　廉節保義郎。

景定辛酉六月，都統、知瀘州劉整以瀘降，北人稱整曰賽存孝。翼日即除湖北副總管，總統援蜀諸軍。黄仲文有衆三千戍瀘，衆欲乘未定奪舟東走，整詿之曰【二四】：「以俞興兵故移拜，與公無傷也，事定當厚禮遣公。」翼日整乃分散其兵，誘使降，仲文大駡不屈，整殺之。保義郎廉節奉制檄糴麥於瀘，不降遇害。事聞，仲文贈武顯郎【二五】，除致仕恩澤外，更與一子恩澤。節贈忠訓郎，與一子進武校尉。

許彪孫觀使。

許彪孫，簡州人，狀元奕子也。罷郡奉祠禄，寓居瀘城，人稱許觀使。劉整使修降表，誘之降，彪孫朝服以拜天地祖先，率一家由少而長自絞死。贈中奉大夫、直祕閣，除致仕

【二四】整詿之曰　「詿」原作「誅」，據四庫本改。

【二五】仲文贈武顯郎　「武」原作「五」，據四庫本、《墨海金壺》本、《粤雅堂叢書》本改。

恩澤外，再與一子恩澤，謚介節，立廟。

張桂都統。　金文德都統。

制置俞興、都統張桂金文德等收復兵逼城，整出兵江山，大戰敗走，逐北至城門，僅得入，氣息垂絶。興弗知，不乘勝奪門，乃以日暮收兵。明日，整乘城拒守，乞紐憐濟師。興復圍城【二六】，城中勢甚窮促，而元兵來援。八月，摘圍城兵，命都統王達晨往迎敵【二七】。逮午，復摘東門圍城卒往助，易他卒補缺。更替未定間，整登城見而悟，亟命勇士從暗門突東圍，始維百十卒，繼乃大至，衝興師，大潰。興得小舟奔南岸黄市，還重慶。達聞敗亦遁，附馬尾渡江，士卒擁溺者十八九，流屍蔽江而下。惟桂、文德力戰不敵，死之。桂嘗守老鼠隘，軍中號曰老鼠張。桂誓取整，一日，整令呼曰：「吾今日放猫捕矣。」桂以氣吞整，不戒，果遇害。事聞，贈桂容州觀察使，文德復州團練使。

張順都統制。

元兵圍襄陽五年，闖知其西北一水曰清泥河，原於均、房，於彼造輕舟百艘，以三舟聯爲一舫，中一舟裝載，左右舟則虚其底而掩覆之。出重賞募死士，得三千。求將，得民兵部官張順、張貴，智勇素爲諸將所服，俾爲都統。出令曰：「此行有死而已，汝輩或非本心，宜急去，毋敗吾事。」人人感奮。壬申夏五月，漢水方生，發舟百艘，每舟載卒三十、鹽一袋、布二百疋及他物，以二十二日稍進圍山下。越二日，又進高頭港，結方陣，各船置火

【二六】興復圍城　「興」上原衍「乘」字，據四庫本删。

【二七】命都統王達晨往迎敵　「王」原作「屯」，據清抄校本改。

鎗、火炮、熾炭、巨斧、勁弩。夜漏下三刻，起矴，以紅燈籠爲號。貴先登，順殿之，乘風破浪，徑犯重圍。至磨洪灘以上，北舟布滿江面，無隙可乘。衆乘鋭凡斷鐵絙攢杙數百，元兵迎敵，近南船躍入，竟墮水中，溺死萬計，轉戰百里。二十五日黎明，抵襄城下。城中久絶援，聞救至，踴躍增氣。及收軍，獨失主將張順。越數日，有浮屍泝流而上，被介冑，執弓矢，直抵浮梁，視之順也，身中四鎗六箭，怒氣勃勃如生。諸將大驚以爲神，結冢斂葬，立廟祀之。

張貴都統制。

張貴既入襄，襄帥吕文焕力留共守。貴恃其驍勇，欲還郢，乃募二士能伏水中數日不食，使持蠟書赴郢求援。元兵圍守益密，鹿門山水路連鎖數十里，列撒星樁，雖魚蝦不得度。二士遇樁及栅即鋸斷之，竟達郢，還報，許發兵五千駐龍尾洲夾擊。刻日既定，以七月七日别文焕東下，登舟點視所部軍，失去帳前親隨一人，乃宿有過被撻者。貴驚曰：「吾事泄矣，急行，彼或未及。」知復不能銜枚隱迹，乃舉礮鼓噪發舟，乘夜順流斷絙破圍冒進，衆皆辟易。既度險地，夜半天黑，至小新城，元兵數萬邀擊，以死拒戰。沿岸束荻列炬，火光燭天如白晝。至勾林灘，漸近龍尾洲，遥望軍船旗幟紛披，貴軍喜躍，舉流星火示之，軍船見火即前迎，及勢近欲合，則來舟皆北師也。蓋郢兵前二三日以風水驚疑，退屯三十里，而元兵得逃卒之報，遂據龍尾洲以逸待勞。貴既不爲備，戰已困，出於不意，殺傷殆盡，身被數十鎗，力不支，爲元兵所執，不屈死。乃命所降卒四人舁屍至襄，令于城下曰：「識矮張乎？此是也。」守陴者皆哭，城中喪氣。文焕盡斬四卒，以貴附葬順處，立雙廟祀之，以比于張巡、許遠。

牛富都統制。　范天順都統制。

咸淳癸酉三月十八日，襄陽帥臣吕文焕以城降，右武功大夫、馬軍統制牛富守樊有功，樊破守襄，城降之際，傷重不能步，乃就戰樓以首觸柱數四，投身火中死。後贈靜江承宣使，賜謚忠烈，妻胡氏封郡夫人，三子各予恩澤，居鄂。武功大夫、都統制范天順與張貴同入襄。及城降，仰天大呼曰：「好漢肯降？便死也做箇忠義鬼。」乃就所守地分自縊死。後贈定江軍承宣使，賜謚忠愍，妻徐氏封宜春郡夫人，二子予恩澤，仍賜白金五百兩，田五百頃，居黄。

邊居誼提舉官。

甲戌十一月二十三日，沙洋、新城守將黄順踰城出降。二十七日，屠其城。提舉官邊居誼死之時，居誼呼其儔張弓箭同發，應絃而斃。後傳爲神。

趙卯發昌州人，池州通判。　雍氏發妻。

德祐乙亥春二月，元兵至池州，通判權州趙卯發嬰城守禦，度不能支，有弟在他州，卯發裂衣書一詩寄之，曰：「城池不高深，無財又無兵。惟有死報國，來生作弟兄。」又題于壁曰：「國不可負，城難以降，夫婦俱死，節義成雙。」遂與其妻雍氏俱縊。初六日，武將張琳以城降【二八】，丞相巴延命琳於公帑内支錢買棺斂葬，作佛事以表之。琳尋見殺。

唐震饒州守臣。

元兵至饒州，通判縱妓女迎焉，將佐聚飲野寺止妓宿。詰旦，妓歸言曰：「昨所迎非真北人，其言語舉止皆南人也，豈姦黠作飾爲盜邪？」郡守唐震謀勦之，兵遂出。元兵亦衝入城，城内亂，震避于州治之後圃，爲元兵所執，命之降，不屈遇害。有以醬瓿覆其屍於州治之廡下者。元兵據城後，戒毋擄掠，唯敷派撒花銀輪官。江東提刑黄大任言：「敵勢鴟張，如鄂、如江、如南康則賣降【二九】，如寧國府守臣趙與則棄城遠遁，獨饒州守臣唐震誓死不去。昨得判官鄔崇節報，知爲北兵所害，已下本州如法官斂安葬，乞行褒贈。通判萬道同輕徇迎降，乞行追勒。」於是贈震華文閣待制，賜謚，立廟，二子與京官恩澤。道同追三官勒停。有司具衣冠斂震，于其肘得州印云。

江萬里丞相。　江萬頃南劒州知州。

元兵之下饒城也，前丞相江萬里家城内，聞變，于其家止水亭前池内赴水死之，闔門悉受屠戮。弟萬頃前知南劒州，亦遭變。後贈萬里太傅，與致仕遺表恩澤，賜謚文忠。

趙崇源宗室。　汪立信端明殿學士、沿江招討使【三〇】。

襄陽之受圍也，汪立信帥湖南，貽書賈平章，陳三策：一謂内地兵多無所用，宜盡抽

【二八】武將張琳以城降　「張琳」，《宋史》卷四五〇《趙卯發傳》作「張林」。

【二九】如南康則賣降　「如」原作「州」，據四庫本改。

【三〇】趙崇源宗室汪立信端明殿學士沿江招討使　按：據元趙景良《忠義集》卷四《昭忠逸詠·宗室趙公崇源》注引，該標目下正文處當有：「崇源號江村，寓居信州，有詩名。兵至郡，自縊而死。原注：一本但言『自死』，無『縊死』二字。」

摘可五六十萬起赴江北，或百里，或二百里，分置一屯，各設都統，江面七千里諸屯相望，設大藩府二以督之，急則上下流互相應援，必無能破吾聯絡之勢者，久而勢成，雖進亦可。二謂久縶北使郝經何益？不如遣使送之北歸，啗以厚利，緩其師期，年歲間，我江外之藩垣成，氣勢亦固，江南之生兵日益，禍少紓矣。三謂若此二説不可行，惟有准備投拜。蓋欲激賈似道行前二策也。似道見書，怒駡：「瞎賊，敢爾妄語！」蓋立信目眚，故云。襄失，以立信鎮江陵。未幾，召爲刑部尚書，不拜。元兵渡江，起爲端明殿學士、沿江招討使。立信知國事已去，以其家囑愛將金明。時兩淮猶能固守，立信渡江趨淮，會似道出督師，相遇江上，撫立信背泣曰：「端明、端明，不用公言，以至於此。」立信曰：「平章、平章，瞎賊今日更道一語不得矣。」似道問何往？立信曰：「今江南無一寸乾潔地，欲去尋一片趙家地上死，要死得分明爾。」遂抵高郵，寓高涉亭。丞相巴延入建康，駐立信宅，有告立信嘗獻三策者，巴驚嘆謂：「江南有人，若用其言，吾安得至此。」因厚待其家，議遣使迎立信歸，金明不敢泄所寓，密价至高郵以報。立信拊掌笑曰：「吾猶幸得在趙家地上死也。」大慟而卒，蓋乙亥二月廿有一日云。

文天祥丞相、信國公。　杜滸　尹玉　鞏信　趙時賞　張汴　劉洙　繆朝宗　孫㮚
陳龍復　蕭明哲　彭震龍　蕭燾夫

文天祥字履善，一字宋瑞【三一】，吉州人。寶祐丙辰進士第一，時年二十一【三二】。累

【三一】一字宋瑞　「宋瑞」，四庫本作「文山」。

【三二】時年二十一　「二十一」，《宋史》卷四一八《文天祥傳》作「二十」。

仕至湖南提刑，遷知贛州。元兵渡江，天祥首張榜檄暴揚諸呂罪狀【三三】，糾合義勇，期入衛君父，卓爲四方勤王之倡，除江西安撫兼提刑，乙亥春也。天祥召募，應者雲合。夏四月，有祖母喪，解官治葬。起復，趨入衛，提其兵以行，戈甲精明，號令嚴肅，未出境，遽留屯隆興。天祥抗章言軍士踴躍，願赴國難爲勤王也。奉詔留屯，大沮士氣，乞如前詔赴闕。久乃許之。八月至行在所，駐兵西湖。九月，除淛西江東制置使、江西安撫使、知平江府，陛辭，乞斬賈似道釁鼓。冬十月九日，領兵赴鎮，元兵已圍劉師勇於常州，亟遣兵五千救之。二十七日，戰於五木，敗績，贛將尹玉死之，師勇單騎突圍走常州。下廣德軍，繼下安吉，危獨松、千秋，二關俱震，京畿危急，趣天祥入衛。十一月二十二日，發平江。既至，拜疏自劾，以所部州降陷也，請誅斥，詔不允。令疾速赴督府議軍事【三四】，進資政殿學士，陞制置安撫大使，令制司餘杭，守獨松關。明年丙子正月三日，兼知臨安府，辭不拜，詣闕陳大計，不得見，所部聚富陽以俟。十八日，丞相巴延營于臯亭山。十九日早，以天祥爲樞密使，都督諸路軍馬。會使轍交馳，北師約當國大臣相見，執政侍從聚左相吴堅府，交贊天祥一行。天祥見奉使無留者，欲往覘虚實，歸而謀焉，乃辭相不拜。二十日，以資政殿學士出使，見丞相巴延、元帥唆都。天祥曰：「講解一事，前丞相首尾非予所知。今太皇太后以予爲相，予不敢拜，故來軍前商量。」巴延曰：「丞相來勾當大事，言甚善。」天祥曰：「本朝承帝王正統，衣冠禮樂所在，北朝欲以爲與國乎？抑欲毁其宗廟社稷

【三三】天祥首張榜檄暴揚諸吕罪狀　「暴」原作「子」，據四庫本改。

【三四】令疾速赴督府議軍事　「赴」字原脱，據四庫本補。《粤雅堂叢書》本作「趨」。

乎？」二帥以詔旨爲辭，謂社稷必不動，百姓必不殺。天祥曰：「爾前後約吾使多失信，今兩國丞相親定盟好，宜退兵平江、嘉興，俟講解之説聞奏，北兵待區處何如？」辯難甚至。天祥曰：「能如予説，兩國成好，幸甚！不然，南北兵禍未已也。」巴延憤，語侵天祥，天祥曰：「予爲南朝狀元宰相，止欠一死報國，刀鋸鼎鑊非所懼也。」乃羈縻天祥，不使復還。明日，宰執吴堅、賈餘慶、謝堂、家鉉翁、劉岊等以國降【三五】，天祥遂前責巴延失信留使，又詬斥吕文焕引敵陷國，并斥其姪師夔負國【三六】。所募兵在富陽者，潰而西歸。二月八日，堅等以祈請使赴北，併驅天祥登舟。二十日，至鎮江，用其客杜滸計得逸，與從者聾信、尹玉、趙時賞、張汴、劉洙、繆朝宗、孫㮚、陳龍復、蕭明哲、彭震龍、蕭燾夫十二人，以晦日登舟，夜走淮東。三月朔，入真州，與守將苗再成協謀興復，天祥喜甚，爲移書兩淮帥將等。初二日，李庭芝遣使至，出文書述脱回人李七二供有丞相往真州賺城，謂天祥爲北用使，諭再成決無宰相得脱理。縱脱，亦無十二人得同來之理，何不以矢石攻之，乃開門放入邪？意使再成殺天祥也。再成憐之，不忍害，然亦不敢留，出之西城門外。天祥與滸徬徨無所歸，從者皆無人色。再成俄遣二校將數十卒，擕行李還天祥，衛送出境，且覘其去就決處置。行野中，露刃甚惱，固叩其所向，天祥曰：「揚州。」二校勸令往淮西。天祥曰：「淮西與建康、太平、池州、江州對境，北兵布滿，無路可歸，止欲見李制使或能信我，尚欲連兵以圖興復。」二校曰：「揚州殺丞相，奈何？」天祥曰：「信命。」二校知無

【三五】劉岊等以國降　「劉岊」原作「劉巴」，據四庫本、《粤雅堂叢書》本改。

【三六】并斥其姪師夔負國　「師夔」原作「師孟」，據四庫本改。

他志，乃辭天祥，贈以金而別。夜徑北戍，銜枚疾行，三更抵揚州城下，門守森嚴，既前復却，風露淒清，鼓角悲慘。四更，澥曰：「李公必不見信，徒爲矢石所陷，不如趨高郵，從通州渡海歸江南【三七】，或遇二王伸報國志，徒死此無益也。」將曉，聞北哨至，乃變姓名、易服詭行，間關險阻。閏二月，至通州，航海至浙東，至台州。夏四月，至瑞安。五月，益王登極于福州，召天祥。六月六日，至，授通議大夫、右丞相兼樞密院使，都督諸路軍馬，與陳宜中並相。首責宜中當奉三宫與二王同奔【三八】，奈何棄其所重，宜中慚嘿。又數誚其怯懦，紀綱不立，權戚用事，且曰檀公上策，不意公能得之。宜中不樂。見大將張世傑，問兵數多少，世傑以所部對。天祥嘆曰：「公軍在此矣，朝廷大軍何在？」世傑亦不樂。天祥乃議宜規恢江西。七月四日，發行在所。十三日，至南劍募兵。冬十一月，入汀瞰贛。十二月初，命招討趙時賞以兵三千復贛之寧都縣，千户趙溍以兵自建昌至，時賞走，寧都復陷。千户關某、鎮撫孔遵以二十九日率師至。明年丁丑春正月，元兵向汀，天祥命江西提刑趙孟濚領兵收復。屯寧都城外，不戰而退，天祥退屯漳州龍巖縣。三月，屯梅州。夏五月，復贛之雩都縣。六月，進據興國縣，遣兵攻贛，不利。七月，元江西宣慰李恒統師至，乃分將援贛，走孟濚于贛城下，恒以兵擣興國，襲天祥，窮追四百餘里。八月十七日，至空坑。天祥敗，執其夫人歐陽氏及一子二女及趙時賞、孫㮚等，天祥竄榛莽中，追將囊家歹貪收金帛，因得逸。復收散卒。冬十月，入汀【三九】，復出會昌，入安遠，趨循。戊

【三七】從通州渡海歸江南　「州」原作「判」，據四庫本及下文改。

【三八】首責宜中當奉三宫與二王同奔　「三」原作「兩」，據四庫本改。

【三九】入汀　「汀」原作「江」，據四庫本、《墨海金壺》本、《粵雅堂叢書》本改。

寅春二月，屯惠州海豐縣。三月，屯麗江浦，遣使訪問御舟所在。夏六月，御舟泊厓山，天祥移軍船澳。八月，至，加少保，進爵信國公。冬十月，屯潮州潮陽。十二月，東省元帥張弘範舟師至【四〇】，移屯海豐。是時止備水道【四一】，不虞陸路也。趙孟瀿爲前鋒，鄒㵾殿【四二】，北騎二百兼程追襲。二十日午，至五坡嶺，望見山上步卒四集，叩之左右，咸謂鄉人捕鹿也。奄至中軍，天祥被擒，官屬士卒昔得脱于空坑者，至是俱遭執戮。唯孟瀿以先行十里得遁。明年二月六日，厓山師潰，國亡，送天祥如燕。十月朔，至燕，械繫千户所。十一月二日，以疾脱械。初九日，召詣樞密院，長揖不跪。丞相博羅命譯者問有何言，天祥曰：「我爲宋宰相，國亡，職當死，今日被擒，法當死，復何言。」博羅曰：「有人臣將宗廟社稷、城郭土地付與別國，復有逃者否？」天祥曰：「謂我曾爲宰相，奉國與人而復去之邪？我前除宰相，不拜，奉使伯顔軍前，即被拘執，別有賊臣獻國，國亡，我本當死。所以不死者，以度宗皇帝二子在浙東，老母在廣，故圖去耳。」博羅曰：「德祐幼主非爾君耶？棄嗣君，別立二王，豈是忠臣？」天祥曰：「德祐不幸失國，當此時，社稷爲重，君爲輕，吾别立君，爲社稷計，何謂不忠？從懷、愍而北者非忠，從元帝爲忠；從徽、欽而北者非忠，從高宗者爲忠。」博羅曰：「晉元帝、宋高宗俱有來歷，二王從何受命？」張平章曰：「二王逃徙，其立不正，是篡也。」天祥曰：「景炎皇帝是度宗皇帝之長子，德祐皇帝之親兄，何謂不正？啓位于德祐已去，何謂篡？陳丞相奉二王出宮時，具有太皇太

【四〇】東省元帥張弘範舟師至　「張弘範」原作「張宏範」，此處系避清高宗諱，今回改。下同。

【四一】是時止備水道　「止」字原脱，據清抄校本補。

【四二】鄒㵾殿　「鄒㵾」原作「鄒鳳」，據《粵雅堂叢書》本改。

后分付言語，何謂無所受命？」博羅曰：「汝爲丞相，若將二王同走，方是忠臣。」天祥曰：「此説可以責陳丞相，不可責我，我不曾當國也。」博羅曰：「汝立二王有何功勞？」天祥曰：「家國不幸喪亡，立君以存宗廟，宗廟存一日，則臣子盡一日之責，何功勞之有？」曰：「既知不可爲，何必爲？」天祥曰：「人臣事君，如子事父，父不幸有疾，雖明知不可爲，豈有不用藥之理？盡吾心焉，不可救則天命爾，今日天祥至此，有死而已，何必多言。」堂上怒，令吏引去，復入獄，獄中集杜句爲詩，備載所歷，皆忠憤淒激意。壬午春，自獄中寄書所親曰：「吾終之時，惟書一贊於衣帶間，云吾位居將相，不能救社稷，正天下，軍敗國亡，至爲囚擄，其當死久矣。頃被執以來，欲引決而無間，今天與之機，謹南向再拜。」其贊曰：「孔曰成仁，孟云取義，惟其義盡，所以仁至。讀聖賢書，所學何事，而今而後，庶幾無愧。宋丞相文天祥絶筆。」冬，因狂人薛寳住妄書告變，指天祥爲内應。十二月初八日，元世祖召天祥于殿中，天祥長揖不拜，左右强之拜跪，不可。或以金撾摀其膝，膝傷，天祥竪立不動。乃降旨曰：「汝在此久，如能改心易慮，以事亡宋者事我，當令汝中書省之任坐者【四三】。」對曰：「天祥受宋朝三帝厚恩，號稱狀元宰相，今事二姓，實負此心，非所願也。」世祖云：「然，則汝何所願？」對曰：「願與之死足矣。」世祖猶不忍，遽麾之退。初九日，宰相奏曰：「天祥既不歸附，不若如其請，賜之死。」可其奏。是日，宣使以金鼓迎之詣市，天祥聞之，欣然曰：「吾事了矣。」左右去其巾，戴黄冠，荷械出，顔

【四三】當令汝中書省之任坐者　四庫本作「我當令汝中書省行宰相事」。

德祐丙子春正月三日，潭州下，湖南安撫、知潭州李芾死之。潭爲荆湖重鎮，殷實繁色揚揚不少變【四四】。時燕市觀者如堵，宣使遍諭曰：「文丞相南朝忠臣，皇帝使爲宰相，不可，故隨其願，賜之一死，非他人比也。」宣使問天祥曰：「丞相今有甚言語回奏，尚可免死。」天祥曰：「死則死爾，尚何言。」天祥問市人孰爲東南西北，趨而南向，再拜就死，燕人凡有聞者，莫不嘆息流涕。天祥死後，大風忽起，揚沙石，晝晦，咫尺不見人，守衛者皆驚。吉州士人張弘道【四五】，字毅夫，號千載心，與天祥善，隨至燕，負其顱骨歸葬廬陵。天祥少有大志，明鋭忠壯，當世鮮儷。其自贛勤王也，繡其戰袍曰「拼命文天祥」。崎嶇萬里，歸翊行朝，赤心益堅，卒死臣節，芳名壯概，與宇宙同不朽云。

王安節常州守將。　姚訔常州知府。

德祐乙亥春三月，元兵攻破常州，將軍王安節被擒，不屈死之。安節，前守合州節使堅之子也。夏四月，督撫總統軍馬張世傑復常州，留劉師勇守之，即家起姚訔知府事。公，橘洲第三子也【四六】。常自十月八日被圍，至十一月十八日城破，師勇遁，元兵憤其堅守，屠之。初，元兵苦攻常不下，城上語之曰：「若要得常州，除是金山長。」歇後語也。遂挾金山長老，懼死，妄言此城乃龜形，擊其首破矣。至是併兵攻南城，遂克之，訔死之，謚忠毅。

李芾湖南安撫、知潭州。　沈安【四七】劊級。

【四四】顔色揚揚不少變　「少」字原脱，據四庫本補。

【四五】吉州士人張弘道　「張弘道」原作「張宏道」，此處系避清高宗諱，今回改。

【四六】橘洲第三子也　「橘洲」原作「橘州」，據《粤雅堂叢書》本改。

【四七】沈安　《宋史》卷四五〇《李芾傳》作「沈忠」。

麗，開慶兵難，帥臣向士璧力戰堅守，城迄全。咸淳中，襄圍急，汪立信爲帥，預憂之，爲浚築排栅計，湘人憚勞，議其迂。甲戌，留夢炎以觀文殿學士來鎮，元兵渡江。明年乙亥春，詔徵諸道兵入衛。夏五月，夢炎盡提戍兵且席捲府庫以行，乃以芾知潭州，主管湖南安撫司公事。芾，蜀人，僑寓衡州，嘗尹臨安，有能名。一日，因置水桶防虞，以油飾外，有請併油其内者，芾嘆曰：「今日如何由得内。」賈似道方顓制弄權，事多不從中。後聞芾譏己，大怒，嗾言者論繫，遂被重劾，列之贓籍，坐廢十年。其門生曾淵子登朝祈似道，得洗敘。長江失守，乃起芾爲湖南提刑。是年五月拜命，即家建臺。閲數月，陞帥將赴鎮，遣其長子避地南中以奉祭祀【四八】，芾乃與親友别，曰：「州無兵財，誠知難守【四九】，然君命無避，是行必不免，惟一死與城俱亡。」衆疑芾久廢觖望，謾爲是言。十月三日，右丞阿里海牙領重兵圍城，連營環鎖，城内僅存州兵守禦，芾慷慨自厲，軍民咸願死守。元兵攻擊無虚日，明年丙子春正月，攻益急，破其西北城。芾嘗厚一劊級沈安，一日，呼使前曰：「吾力盡，不能守矣，將就死，勿使吾身爲敵得，其爲我掩瘗焉，汝宜先殺吾家眷，而後殺我。」安惶恐不敢當，芾怒曰：「吾平日厚汝者何事，直爲今日矣。」安悟，挾刃入，一家俱死，芾就死，縱火府治焚其屍，安亦自殺。湖南轉運判官鍾蜚英收文簿、封府庫，與都統制劉孝忠及帶御械吴思聰以城降。潭民或自屠其家【五〇】，或自縱火，城内烟燄四起，元兵且入，死者數萬人，爭門出走死于城外者又不勝計。外十縣則先被屠掠，枕骸蔽野，十里無烟。

【四八】遣其長子避地南中以奉祭祀　「避」原作「君」，據四庫本、《粤雅堂叢書》本改。

【四九】誠知難守　「誠」原作「城」，據清抄校本改。

【五〇】潭民或自屠其家　「潭」原作「制」，據四庫本改。

廣西經略安撫使李與調兵來救，憚不敢進，僅駐衡、永間，爲靜江捍蔽。湖南提刑、提舉司亦就衡州置援潭局募兵，又招茶陵、桂陽劇盜數萬以救潭，亦不敢進。潭既下，羣盜潰散，反大掠而歸。是夏，有自潭來者，言城内蕩爲瓦礫，惟運司及皮參政龍榮故宅僅存，戍兵結茅以居，其一隅則敗屋數區而已。潭受圍至陷，凡三閱月。

尹穀衡州守臣。　尹岳秀穀之弟。

尹穀字耕叟，潭州人，登科入仕。乙亥歲，差知衡州，迓吏及門，潭已受兵，帥守李芾屈贊兵。明年正月，芾死城破，穀取平時所受誥勅置庭中【五二】，具衣冠望闕再拜，謂其弟岳秀曰：「弟宜急走，不可使尹氏無後，吾受國恩，義當死。」岳秀曰：「兄死弟安往，願得俱死。」于是全家四十餘口，老幼環坐，婢僕席地，鎖其門縱火自焚死。

趙淮江東運判。　某氏淮之妾。

趙淮，潭州人，席門蔭，仕至江東轉運副使，置司建康。元兵臨城，突圍趨溧水民寨，寨破被執，不屈，械繫詣揚州城下，令淮呼城中官吏出降。淮反其詞，元兵怒，復執歸建康殺之。淮之出奔也，一妾與俱。既及難，爲某萬户所得，與萬户曰：「妾願事相公終身，然趙運判既死，無人埋骨，願與妾往殯，殯畢即歸。」萬户惻然如其言，迨至死所，屍棄江濱，妾命輿夫推尸入水，水猶淺不流。妾乃取篙自推之入深水中，即仰天大哭，躍入水中而死。

【五二】穀取平時所受誥勅置庭中「時」原作「安」，據四庫本改。《粵雅堂叢書》本作「生」。

密佑都統制。

密佑，淮人，起行伍，爲將嘗戍荆、岳。會湖南北陷，諸州戍兵俱潰散，佑與劉浚奔江西，過撫州，制使黄萬石招隸麾下，不知萬石久已爲遁降計矣。乙亥十一月，隆興受兵，守臣劉槃屢請援，萬石遣佑將兵二千以往，戒勿戰。二十五日，至進賢縣之壁畬，猝遇元兵，佑忠憤即戰，戰正酣，矢貫其腦，猶自拔矢以指按瘡，呼軍士曰：「孩兒每正好用力殺。」俄而昏憊被擒【五二】，軍皆没。元帥宋都歹嘉其勇，以良藥傅瘡，使之降，不肯。命以千户金牌，叱不受，曰：「請死。」遂囚于隆興。久之，察其終無降意，遂斬於西華門外。臨刑，其子市北飯以進，佑叱曰：「此豈是吾喫底東西，亟將去【五三】。」復市南飯以進，飯訖臨刑。

司馬夢求沙市監鎮。

德祐乙亥夏四月五日，元兵至沙市，距江陵鎮十五里，兩城相望，中隔一水，築堤通行。市南阻川江，北倚江陵，地勢險固，爲舟車商旅之會，恃水爲防。是年，湖水忽涸，市南沙磧皆露，元兵陳磧上，乘南風縱火，肉薄登城【五四】，遂下。守將程文亮降，監鎮司馬夢求戰死，温國文正公七世孫也。後五日，川江大漲，沙市城脚皆没，已無及矣。

李庭芝淮東制置使。　姜才部將。

李庭芝字祥甫，其先汴人，後徙應山，又徙德安。登淳祐進士，權揚州，尋知峽州。襄

【五二】俄而昏憊被擒　「被擒」原作「裨將」，據清抄校本改。

【五三】曰此豈是吾喫底東西亟將去　清抄校本作「曰此是狗喫底東西亟將去」，四庫本作「去之」。

【五四】肉薄登城　「肉」原作「内」，據四庫本改。

帥吕文焕降元時，庭芝居憂寓鎮江，乃奪情，主管兩淮制置使事。庭芝馳至揚州，戎馬滿郊，幾爲所薄。元兵破鄂，詔天下勤王，庭芝首遣兵爲諸道倡，率所部郡縣城守。有李虎者持招降榜至，庭芝誅虎，焚其榜，日遣兵拒戰。德祐乙亥，元丞相巴延既下沿江諸郡，乃留平章阿朮鎮瓜州，自以四月十三日入燕奏事。張世傑復常州，命劉師勇守之，自帥舟師由海道向金山，約庭芝自揚州出兵向瓜州，殿帥張彦自常州向鎮江，期以五月一日三路並進，與北師決死戰，奪江面以通淮、浙之財。議已定，會連日西北風大作，庭芝疑海舟必乘風以至金山，乃不候元約，即以四月二十八日命都統姜才率步騎侵晨掩擊。時北兵輕視揚州，謂不能出軍，雖城揚州橋而守備終疎。才破其城，殺獲甚衆，部下勸才保勝歸，才曰：「吾受命取瓜州，何敢以小誤大事？」遂趨瓜州，則世傑海舟未至也，才失勢。元兵方圍真州，皆移營救瓜州，阿朮先登搏戰，才力戰至晡，不能勝。才率騎退走而所部步兵遮其歸路，才遂殺步兵取道還揚州城。元兵追至城下，騎兵死者十八九。五月一日，世傑舟師如期至金山，則才兵已敗矣，世傑乃結陣焦山，值風弱，海舟不能動，參政董文炳以快船進攻，往來如飛，世傑竟敗。獨彦爽約自保，兵不出，淮事遂去。揚恃通、泰爲援，元兵又築灣頭城，斷通、泰往來之路。秋七月，才再出兵攻其城，不克而走。步兵懲前敗，乃自殺騎兵之退走者，於是騎兵死者十八九，步兵死者十五六，而揚之精甲皆盡，閉關不復出。會益王稱帝於福州，間道召庭芝爲右相兼樞密院使，庭芝拜命，乃命淮東朱焕代帥，自與才將輕騎趨通、泰，謀泛海歸福州。庭芝甫出城，焕即以揚州降。元兵亟追，庭芝僅得入泰州，重兵圍城，知州孫泰臣開門降，庭芝及才被執，俱不屈，械至揚州，斬庭芝而臠才。才臨刑，含血噴駡不絶口。淮東諸郡皆降。

徐道隆浙西提刑。　趙良淳湖州知州。　徐載孫道隆之子【五五】。

徐道隆，字伯謙，婺之武義人，以父任入仕。汪立信制置京湖，奏請道隆爲參議官。甲戌，立信除兵部尚書【五六】，道隆偕賓客十人去江陵。明年，趙孟傳制置淮西，以道隆參其軍事【五七】，復除浙西提刑。元兵寖迫，文天祥棄平江，潰卒四出，爲浙西患苦，安吉尤甚。知州趙良淳莫知所爲，有旨令道隆措置。既至，取潰卒肆掠者竿其首於市。牛監軍遁去，時范文虎、程鵬飛、管景模俱遺書誘降，道隆焚書斬使。丞相巴延軍臨平皋亭山，令道隆間道入援，不敢輒留。時水陸皆有北兵，道絶不通，議由太湖經武康、臨安縣境勤王。即日乘舟出臨湖門，泊宋村，良淳唯倚道隆。道隆既去，或告趙總領與可欲挾知州以降，良淳聞之，與婦同縊于州治之碧蘭堂，乙亥除夕也。正旦黎明，追兵及道隆於江陵，親從軍三百人與殊死戰船上，食時矢竭船檠折，一軍盡没，長子載孫由船後牕蹈水死。道隆知不能脱，還入船中，端坐繩牀，元兵去道隆衣，掖至北舟。有間，一卒以道隆衣冠置所乘船中，曰：「吾總管説，降，與乘船還城；不降，且赢而俘之，令我置衣此船，須其降而後與。」禁人毋得輒登船。有頃，兩兵掖道隆，旋因得出船馬門，持道隆者稍怠，道隆亟躍水

【五五】徐載孫道隆之子　「徐」原作「趙」，「道隆」原作「良淳」，據四庫本、《宋史》卷四五一《徐道隆傳》改。

【五六】立信除兵部尚書　「兵」原作「刑」，據《宋史》卷四五一《徐道隆傳》改。

【五七】以道隆參其軍事　「事」原作「士」，據四庫本、《粤雅堂叢書》本改。

中死，北將猶令左右挽弓射水。餘兵有脱入臨安者，事聞，十六日，贈官賜謚，厚卹其家，立廟安吉，官其子孫。越三日，兩宫赴北不及矣。

高應松參政。

高應松，福州長樂人。登開慶己未進士第，由衡州教授通判廣德軍，歷羅田縣丞。乙亥十一月，入國門。時獨松關已破。十二月，兼權禮部員外郎、大都路總管。明年丙子正月，文天祥、張世傑入衛，時京城義兵踰十八萬，欲巷戰死國。丞相陳宜中守和議，收在城兵，人心皇皇，宜中懼，夜遁。先是，賈似道潰師魯港，退駐揚州，圖再舉。殿帥韓震欲護駕遷幸，然後議和。宜中一反似道所爲，斬震，貶似道。後元兵至城下，倉卒請和，元丞相巴延首問韓震頭何在？天祥贊宜中，復議幸閩、廣，太皇不許，故棄三宫而遁。范文虎引元兵自湧金門入，舉朝奔竄，留者九人，如應松及正言陳春伯、侍郎翁仲得、大理卿郭珙，皆三山人也。二十日，除應松中書舍人、直學士院。二月初二日，賜在城文武官各二階，旌其不遁也。初六日，除權工部侍郎。九日，除端明殿學士、簽書樞密院事、參知政事。未幾，宰執吴堅、賈餘慶、宋鉉翁等俱赴北，太皇命應松與劉叔子赴都堂視事。時國事已去，擁虚器耳。三月十二日，兩宫赴北，應松扈從。至燕，四月二十七日也。明日，即絶粒不語，越七日卒。

張珏蜀帥。

德祐乙亥夏，荆湖諸郡俱降，蜀之音問不復與東南通。制置使、知重慶府張珏猶振厲自立，招討梅應春以江安降，珏遣兵收復，擒應春至重慶府臠之。元兵收取江安，所部州郡俱降，惟張起巖帥夔，與珏共爲固守，屹然雙城，勢窮援絶。屢以虎符招珏不從，帳下將有勸其降者，珏未果，將遂畔，夜開關納元兵，珏率親兵巷戰不勝，登舟欲下夔就起巖【五八】，至中途，隨行將士利重賞，且念妻子俱已陷重慶，遂執珏獻。終不肯降，會應春之子朝燕，訴前事復父仇，珏遂遇害。

吴楚才大社令。　吴應登楚才子。

吴楚才，建昌南城人，名炎，以字行，世業儒。乙亥冬十二月，建昌降。明年春正月，楚才于其鄉嶺村糾聚丁壯，稱義兵，張榜聲罪。是時黄萬石猶以江西制置使走邵武，楚才遂繇邵武太守黎靖德請於萬石，乞濟師。萬石不許，而授楚才迪功郎、權制置司計議官以安之，且戒勿興兵。楚才不聽，二月三日自嶺村率衆，晨炊蓐食，將攻城。鉦鼓震動，甫至近郊之龜湖，城中出步騎三道蹴之。楚才所部俱鄉農，鎧甲不備，又倉卒起義，未經練習，一見元兵，輒噪詈。北騎左右馳突，其衆大奔，尾襲數百十人，奪其長梯鐵鈎等，因進攻嶺村，拒以木柵，不得入。事聞，益王元帥府承制遷楚才宣議郎、帶行大社令、知建昌軍，俾聚兵圖再舉。萬石匿其命。楚才既失利，且乏援，元人誘降其衆，衆多解去。楚才走光澤縣，爲人所擒，及其子應登以獻于建昌坐獄。上司遣録事婁南良訊之，南良詰之曰：「汝

【五八】登舟欲下夔就起巖　「起」字原脱，據清抄校本補。

何爲錯作此事?」楚才抗聲曰:「不錯。如府録所爲,乃大錯爾。府録受宋朝官爵,今乃爲敵用,還思身上緑衫何處得來?我不過鄉村一秀才,特爲忠義所激,欲爲國出力,事雖不成,正不錯也。」南良愧而語塞。至六月末,楚才宗人吴浚奉密旨爲江南制置招討使,起兵廣昌縣,建昌遂斬楚才父子,傳首諸邑。時益王登極于福州,聞而哀之,特贈五官,爲朝奉郎,即邵武、建昌境上立廟,贈額忠勇。

王士敏儒士。

王士敏,吉州太和人也。德祐乙亥,江西諸郡既降。明年,士敏與鍼匠劉世超聚兵興復【五九】。兵敗,世超縊死,嚼血書石云:「生爲趙民,死爲趙鬼,赤心報國,一死足矣。」士敏入獄,書詩於裾云:「此行無復望生還,一死都歸談笑間。大地皆爲腥血染,好收吾骨首陽山。」竟死于獄中。

陳文龍樞密、丞相。

陳文龍,字德剛【六〇】,興化軍人。祖俊卿,事孝宗,爲名宰相,開國于魏,謚正獻。文龍有文章,負氣節。理宗朝爲太學生,名子龍,咸淳戊辰,度宗初試進士,對策稱旨,擢第一,御筆改今名,授宣議郎、簽書鎮東軍節度判官廳公事。踐歷館閣,爲監察御史兼崇政殿説書。似道行公田,浙西苦之,文龍在臺抗疏力爭,辭旨剴切,似道不得已,爲罷浙西判官洪起畏以自解,而左遷文龍大理少卿,出知撫州。似道怒未釋,風言者劾之,罷歸里。

【五九】士敏與鍼匠劉世超聚兵興復 「劉世超」,《宋史》卷四五四《劉士昭傳》作「劉士昭」。

【六〇】字德剛 「德剛」,《宋史》卷四五一《陳文龍傳》作「君貴」。

似道敗，召文龍爲左史，以至執政。甫五月丐歸。丙子五月，行朝召拜樞密使。秋九月，拜閩廣宣撫使，鎮興化軍，平石手之亂。冬十一月，降將王世强引元兵攻閩【六一】，端宗航海，福州守臣王剛中降，遣使徇興化，文龍斬之，縱其副以還，復書世强、剛中，責以負國，且自署曰：「理宗學生、度宗狀元、德祐樞密、景炎宰相。」元兵進攻，文龍遣其將設伏，捷於囊山寺前。帥大怒，合兵水陸並進，先執其媦家許自，使致書誘降，文龍復焚書斬使。鐵騎四合圍城，文龍拒之，戰不克，城陷被執，逼其降，不屈，咸凌挫之。文龍自指曰：「滿腹子節義文章，汝曹還忍相逼耶？」衆皆義之，乃執以如燕，在道數辱罵送騎，行至臨安而卒。文龍既死義，繫其母於福州之尼寺，卧病無醫藥，左右或感泣，母曰：「吾今死無憾矣，但恨不一見吾兒，當與之共訴于地下耳！」及卒，皆曰：「此母能産佳兒。」爲之斂葬焉。

與檡嗣秀王【六二】。　方洪瑞安守臣。

丙子春，秀王與檡爲兩浙、閩廣察訪使。二月【六三】，至福州。五月【六四】，益王登極，而帝舅楊亮節居中秉權，與檡自以國家親賢，多所諫正，遂犯忌嫉，諸將憚之。未幾，元兵逼浙東，乃命與檡出瑞安，與守臣方洪共任備禦。朝臣言與檡有更生之忠、曹王皐之才，宜留輔以隆國本。譖者益急，卒遣之。冬十月，瑞安被圍，城中危急，與檡、洪誓以死守。小校李雄夜開門納元兵【六五】，與檡、洪率衆巷戰，兵敗被執。參政董文炳伏而問之曰：

【六一】降將王世强引元兵攻閩　「王世强」原作「王世傑」，據四庫本、《宋史》卷四五一《陳文龍傳》改。下同。

【六二】嗣秀王　「嗣」字原脱，據四庫本補。

【六三】二月　原作「一日」，據清抄校本改。

【六四】五月　原作「五日」，據清抄校本改。

【六五】小校李雄夜開門納元兵　「校」原作「枚」，據四庫本、《粤雅堂叢書》本改。

「汝爲秀王也耶，今能降乎？」與檡叱之曰：「我國近親，恨不殺汝以報陛下，今力屈而死，分也，尚何問焉。」遂殺之。洪亦伏尸而死【六六】。洪，莆田人也【六七】。

朱浚儒士。

朱浚字深原，建寧府人。酷嗜墨刻，人號之曰「朱古碑」。元兵至其家，浚曰：「豈有朱晦庵孫而失節者哉？」遂自縊死。時江西帥府遣使入閩説降。

劉仝子監丞。　林同福州處士。　林孺人仝子之妻，同之妹。

德祐乙亥，泉、福既降，明年春，御舟航海，命將收復，圍泉州未下，福州、興化、劍郡復歸。前監丞劉仝子家福清，糾合義兵，即故直寶章閣林瑑舊宅置局曰忠義，招募卒伍，以仝子爲福建招撫使。冬，元兵至，諸郡復失，兵向福清，仝子遣兵拒之，大敗。元兵至城下，仝子逸去。有林同者字子真，瑑之孫，寒齋高士，公遇之嗣也，號空齋處士，孝謹廉謙而深於詩，以世澤受官，弃不仕【六八】，有父風焉。仝子既建局于其家，敵至，衆勸其少避，不從，乃盛服坐堂上，題其壁曰：「生爲忠義士，死作忠義鬼。草間足可活，吾不忍爲爾。諸君何爲者，自古皆有死。」俄而被執，同乃大罵，不屈而死【六九】，仝子轉匿親故家。丁丑歲，元有司捕之急，株連被禍者甚衆，仝子知不免，自縊死。有司執其妻林氏孺人，詰仝子反狀，孺人叱曰：「我林家與劉氏世爲宋臣，欲以忠義報國，事之不成，天也，何謂反乎？汝知去歲有以血書壁而死者乎？我與我兄一忠義心也，死且求治汝于地下，可生爲汝等

【六六】洪亦伏尸而死　「伏尸」，四庫本作「伏節」。

【六七】莆田人也　「莆田」原作「蒲田」，據四庫本、《粤雅堂叢書》本改。

【六八】弃不仕　「弃」原作「弁」，據清抄校本改。

【六九】不屈而死　按：據元趙景良《忠義集》卷五《昭忠逸詠·孺人林氏》注引，此句下有：「孺人，公遇之女也，適劉仝子。仝子起義，既敗。」

凌辱耶？」遂遇害。

徐應鑣太學生。

徐應鑣，字巨翁，衢州人。德祐乙亥，兩宮赴北，瀛國公曁太學生百餘人皆從行。應鑣乃與其子琦、崧、女元娘誓共焚，子女喜從之。太學故岳飛第，有飛祠，應鑣具酒肉祀飛曰：「天不祚宋，社稷爲墟，應鑣誓不與諸生俱北，願死祠下，與王英靈永永無斁。」祭畢，以酒肉餉諸僕，俟其醉卧，乃與子女入梯雲樓，縱火自焚。一小僕未寢，聞火聲，穴牖視之，見其父子儼然坐立如塑像。走報諸僕，得不死，與其子女怏怏出户。翌日得其屍祠前井中，皆僵立瞠目，面色如生。

馬塈廣西經略。　賀文振裨將。

馬塈，關西宕昌人【七〇】。權廣西經略使、守静江府，元兵至，塈死守不降，城破被執，斬之。既死，身不仆者經時。裨將賀文振亦與之同死。

馬發潮州守臣。　藍某惠州通判。　劉得遇廣西提刑。

潮州破，守臣馬發死之。惠州破，通判藍某不降戰死。劉得遇，蜀人，號肯堂，任廣西提刑、知静江府，城陷死之。

【七〇】關西宕昌人　「宕昌」原作「巖昌」，據清抄校本改。

美人朱氏

美人從全太后赴燕，有悦其色者，欲娶之，使人喻旨。明日，寢門不啓，發視之，美人已自殺。有幅紙書曰：「向之未死者，以太后猶在。今事至此，豈復自辱，欲全節以見度宗於地下。」美人有一侍婢，亦自縊于其側。

陸秀夫丞相。　張世傑樞密。　蘇劉義殿帥。　張達都統。　蘇景瞻尚書。

厓山在廣州新會，蓋廣之海門也，東通廣州，僅容輕舫，南入于海猶二百里，水勢如牛角，然殊非地利。而張世傑乃奉御舟自碙州駐此，識者惑之。祥興戊寅冬十一月，制置凌震小捷于廣州城下，世傑喜曰：「北人無能爲【七二】，入夏且復走矣。」乃不嚴備，而於厓山東崖立草屋曰行宫，月朔則行朝會之禮，從官亦各結草屋以便起居。及周文英自漳州來，乃知别有北舟水陸並進。世傑驚，議守禦，有告者曰：「北舟旦夕至，若塞海口，我不能進退矣，請乘其未至，移我舟以塞之。戰而勝，固幸；不勝，猶可西走也。」世傑以士卒航海久，多有離心，恐一動則星散，乃曰：「頻年航海，何時是了？今須與一決勝負爾。」乃悉焚草市，以巨艦千艘結爲水寨，船尾皆外向，上設戰棚，爲死守計，衆皆危之，無敢諫者。明年己卯正月二日，浙東帥張弘範舟師發潮陽，直趨厓山。二十日，江西帥李恒發廣州，牽哨船會師。世傑不塞山門，護水寨，乃縱北舟入逼寨。十六日，北師大集，蔽塞

【七二】北人無能爲　「人」字原脱，據《粤雅堂叢書》本補。

江面【七二】，世傑乃調輕舟出戰，猶能牽取數舟。弘範所部俱海艘，無哨船可以趨利，故世傑以輕舟往來，樵汲自如。衆議恐恒以廣州舟至，則樵汲絶矣。世傑乃遣文英將步兵、王道夫將蜑船迎擊，又促凌震入衛。已而文英遁入新州；道夫與恒遇，不戰而遁；震亦不至。二十三日，恒至厓山，以哨船阻輕舟，樵汲路絶，每日止候潮平，唯有淡水至，汲以供日用，舟中糧猶可支半年。二帥屢遣使諭降，世傑輒以厚禮其使，唯請退屯廣東一道，以奉趙氏宗廟，軍中聞者歔欷。二帥令盡取舳艫與南船對壘，即北岸立砲，且縛船載火，南舟張布幙以當砲石，縛長竿於船尾以當火船。二月初二日夜，都統張達領快船出攻北之哨船，敗，亡失甚衆。初四日，定議進攻。初五日，三面進逼水寨。初六日，晨炊蓐食，恒乘早潮退，帥北面海船進攻，酣戰至午，殺傷相當。恒以船深入，千户林茂躍登南船，千户曾勝、百户解清繼之攻西北角上，衆大潰。俄而晚潮至，恒舟不能駐，僅奪數舟而還。弘範乘潮生，帥南面海船進攻，世傑摘北面守兵策應，士衆傷殘，俱無鬭志。恒復麾北面海船夾攻，呼聲動天地，水寨表裏受敵。會有仆其檣竿之旗者，諸船風靡，檣旗俱仆，世傑知事去，即抽精鋭入中軍自衛。諸船奔潰，招撫翟國秀、團練使劉浚解甲降，貴官士女多腰金赴水自沈，死者數萬人。北舟進擊中軍，戰至晡，海霧四昏，咫尺不辨，風雨大作，海勢退，世傑與殿帥少保蘇劉義、都統張達、尚書蘇景瞻等十九舟斫斷矴石，乘風水之勢決圍東走。帝舟重大駐内水，爲外舟壅隔不得動，丞相陸秀夫先沈妻子于水，乃奏幼主死社

【七二】蔽塞江面　「面」原作「西」，據四庫本改。

稷【七三】，以金璽繫主腰，秀夫抱赴水死之，宮人牽衣胥溺者十數輩。二帥止謂世傑必奉幼主南奔，恒率海舟追逐，弘範留部分降附，訊降人，始知祥興君相俱赴水。遂大搜金帛，拘括將士，所掠皆歸弘範。尋于軍中得金璽，訊之，卒云于小兒浮屍上得之，不識爲璽也，懼爲人所知，棄其屍矣。與降人言合。恒追世傑至高州界，不及，世傑後二舟來降，恒班師於厓山，刻石紀功而還。世傑等南奔不能達占城，于是回船，沿海收散卒，承宣使周文英等皆會。四月八日，至海陵港，遇颶風，舟遂覆，世傑溺焉。蘇劉義本吕氏之客，諸吕降，招之不從。至是與張達、蘇景瞻等皆死于海。明日，文英收世傑屍，火于海濱，文英以世傑樞密印及餘兵赴廣州降，宋亡。

謝枋得江東制置使。

謝枋得字君直，信州弋陽人。左目重瞳，腦若伏犀，口可容拳，髯踈而長，身不滿五尺。幼覽羣書，五行俱下，終身記憶。及長，雋偉有大志，好直言，以名節自任，洞究治體，爲文章有奇氣，單詞片語，識者傳誦。嘉熙戊午，年十三，領鄉薦。寶祐乙卯，再薦。丙辰，廷對以治道策士，枋得直以丞相丁大全爲答，考官佳之，欲俾魁天下，頗忤上意，臚傳出文天祥榜下第二甲第二人。以言不用，遂掛冠，賦詩曰：「玉皇殿下卸恩袍，羞見冥鴻惜羽毛。天地有心扶社稷，朝廷無意得英豪。早知骨鯁嬰時恙，何似山林遁跡高。次第秋風到蘭菊，歸家痛飲讀《離騷》。」扁讀書堂曰「疊山」，取重艮時止之義，學者尊稱曰

【七三】乃奏幼主死社稷　「奏」，《粤雅堂叢書》本作「奉」。

「疊山先生」。明年丁巳，試中教官科，除建寧府學教授，以大全柄國，不赴。開慶己未，除禮、兵部架閣文字，又不赴。景定辛酉，以選爲寧國府考試官，發策尤精愜，有《江東十問》行于世。似道怒，諷言者劾之，貶興國軍。咸淳丁卯放還，除史館，不赴。元兵渡江，似道仍改合入官，差主管官誥院，不拜。江州降，枋得與吕師夔有舊，乃上封事，大略謂：「文焕守襄六年，古無有也，勢窮援絶，遂失臣節，議者遽加以叛逆之名，今沿江諸郡有能守六日者乎？設遇文焕，以前語責之，不知其何辭以對。師夔非有異志，似道以爲刑部尚書，參贊軍事，欲召赴軍前殺之，不得已爲偷生保家計爾。師夔心欲歸朝不能，而以告之謝章，章不敢言而以告臣，臣請下詔赦師夔之罪，分沿邊諸路之屯，命之爲鎮撫使，而遣使赴北通和，庶可紓難乎？」言者劾其狂妄，罷其官。未幾，除江東提刑，捍禦饒、信，即取衣糧，枋得榜云：「信州米留供太皇太后、皇帝御膳，信州絹留供太皇太后、皇帝御衣，安仁縣置司，招集潰軍張忠孝隸麾下。俄兼江西招諭使。是年冬十二月也，師夔檄信州平生朋友，遂爾睽離，一旦相逢，惟有厮殺。」師夔怒。明年，兩浙下【七四】，枋得寓弋陽，北使王世英、蕭郁誘降，信州知州鄭疇降，遣人爲枋得索提刑司印，枋得避于信之雲碌嶺。景炎帝立，以枋得爲江東制置使，即弋陽起義兵。七月二十二日，攻鉛山縣，破其隘，俄而前軍潰，枋得以兵付江東招諭使傅卓，隱于江、閩之境。王世英、蕭郁以枋得不降，遣兵襲之，執其妻李氏、子熙之、定之、二弟三姪及一女二婢。枋得竄入閩，隱建陽，自以國亡痛

【七四】兩浙下　「兩」原作「京」，據《粤雅堂叢書》本改。

苦，麻衣草履終身。弟械至州，二使庭辱之，不屈，詰兄所在，不答，唯請死。殺之。囚其妻、子至建康，繫宣慰司獄。李氏丰姿冲麗，以善詞翰聞，宣慰使廉下默實海雅欲昏之，李氏佯許諾，始緩其獄。將昏之前夕，獄吏不戒【七五】，李氏同女泊婢俱縊。主者懼，上其二子于行省，猶文以不降，將盡殺之。適左丞崔某自北還，獄具，崔見二子皆荷校，曰：「若非謝提刑子耶？」命賦詩，立就。崔曰：「其父以忠遯，孺子何罪？」釋之，授省都鎮撫陳某，陳命諸子從熙之學凡六年，資其歸，遂偕弟往閩省父，枋得命熙之歸養祖母，定之留侍，日以賣屨爲生。久之，碩人訃至，夜間道歸治喪。葬畢，復隱閩。丙子歲，行臺侍御史程文海薦江南賢才三十二人【七六】，喻言爲【七七】：以枋得爲首，特旨喚至誠無爲，以公滅私，明達治體，可勝大任謝枋得。故相留夢炎爲吏部尚書，貽書促行。枋得復書云：「吾母年九十五，死殯淺土，妻女孌婢以僕連累，死囹圄者四人，弟姪死國者五人，遊魂難招，往痛莫贖。伏聞太母在此上仙久矣，惟北嚮長號，不能寄一帛書如任元受故事，或不能匍匐一灑麥飯，孤臣何面目應聘耶？且亡國之大夫不可以圖存，忠臣不事二君，烈女不更二夫，南八男兒死即死爾【七八】，不可爲不義屈，豈敢曰將以有爲也。」辭嚴氣直，累千百言，夢炎讀之汗下。復以書，辭程曰：「大元制世，民物一新，宋室孤臣，止欠一死。先妣以今年二月考終，自今無意人間事矣。三十而入仕，五十而休官，平生實歷不滿八月，俸祿無一毫歸家養親，已不可言孝，惟黽勉送死，或可以贖過。執事將隆旨以禮聘召，孰不

【七五】獄吏不戒　「不戒」原作「戒李氏」，據清抄校本改。

【七六】行臺侍御史程文海薦江南賢才三十二人　「三十二」，《宋史》卷四二五《謝枋得傳》作「二十二」。

【七七】喻言爲　三字原脱，據《粤雅堂叢書》本補。

【七八】南八男兒死即死爾　「即死」二字原脱，據清抄校本補。

興起。稽古之禮，子有父母之喪，君命三年不至其門，所以教天下之孝也，未有昌喪匿服而可以應聘召者。」遂不赴。明年，近臣同法師林樵谷奉旨江淮搜賢【七九】，仍以枋得稱首，枋得抗顔謝之。又明年，行省丞忙古臺奉旨驛召，親臨訪問，執手相勉。枋得曰：「上有堯、舜，下有巢、由；上有成湯，下有隨、光；上有周武，下有夷、齊。今存一謝枋得，聽其食西山之薇，又何損于國家？枋得母喪未葬，姓名不祥，不敢赴召。」丞相義之。未幾，江西省管左丞奉旨宣召，復謝之，迺深隱于建陽之后山堂。至元二十五年九月，福建省參政魏天祐賫特旨，宣唤不覷面皮正當底人謝枋得，就交魏天祐上大都，來的時分就省裏索氣力，一同將帶來者。行省委官洎建寧路官、建陽縣官至馬鋪，遣縣尉張某馳至后山堂物色枋得，告以故。復以母喪，辭弗獲。翌日，强登舟，至路遇崇真道院，賦詩别友云：「雪中松柏愈青青，扶植綱常在此行。天下久無龔勝潔，人間豈獨伯夷清。義高便覺生堪舍，禮重方知死甚輕。南八男兒終不屈，皇天上帝眼分明。」遂却粒不食七日，館伴者强進膳。九月二十日，又不食而神氣清爽，時絶粒九日矣。十月十二日，賦詩云：「西漢有臣龔勝卒，閉口不食十四日。我今半月忍飢渴，求死不死更無術。精神時與天往來，不知飲食爲何物。若非功行積未成，便是業債償未畢。太清羣仙宴會多，鳳簫龍笛鳴瑶瑟。安得神靈羽翼生，騎雲直上寥天一。」長子熙之自信來省，枋得曰：「大丈夫無兒女情。」拒弗見。門人惠寒衣，弗受。十八日啓行，十一月十日抵龍興，左丞吕師夔夙

【七九】近臣同法師林樵谷奉旨江淮搜賢　「奉旨」原作「春指」，據四庫本改。

相厚，遺寒衣一襲，力却之，有「身不絲綿二十年，后山凍殺分宜然」之句。二月十四日至采石，賦詩絶粒，日啖五棗。至元二十六年己丑四月五日至京【八〇】，問太后殯所洎德祐主所在，各嚮其方慟哭再拜，館伴者曰：「此是文丞相斫頭處。」以脇之。枋得曰：「當年集英殿下賜進士第，幸同榜，今復得從吾同年遊地下，豈非幸耶？」越四日，遷憫忠寺，壁間見《曹娥碑》，灑淚讀之曰：「汝小女子且能死，吾豈不汝若哉！」是夕卒。吕師夔適在京，爲具衣衾棺槨殯之文明門外【八一】。九月，門人李思衍使交趾回，與尚書謝昌元捐助，俾定之負其骨歸葬。

【八〇】至元二十六年己丑四月五日至京 「二」原作「三」，據四庫本、《宋史》卷四二五《謝枋得傳》改。

【八一】爲具衣衾棺槨殯之文明門外 「文」字原闕，據清抄校本補。

圖書在版編目(CIP)數據

全宋筆記. 第8編. 6／上海師範大學古籍整理研究所編.— 鄭州 ：大象出版社，2017. 6
ISBN 978-7-5347-9276-2

Ⅰ.①全…　Ⅱ.①上…　Ⅲ.①中國歷史—史料—宋代
Ⅳ. ①K244. 066

中國版本圖書館 CIP 數據核字(2017)第130181號

全宋筆記 第八編　六

出版人	王劉純
特約編輯	陳　新
責任編輯	郭一凡
整體設計	張　勝
出版發行	大象出版社
	鄭州市開元路16號(450044)
製　版	上海杰申電腦排版有限公司
印　刷	北京匯林印務有限公司
版　次	2017年7月第1版2017年7月第1次印刷
開　本	640mm×960mm　1/16　25印張
字　數	300千字
印　數	1—3000册
定　價	60.00元